Abhandlungen zur Kunst-, Musik- und
Literaturwissenschaft, Band 285

Romantisches Parodieren

Eine spezifische Erzählform der deutschen Romantik

von Bernd Anton

1979

Bouvier Verlag Herbert Grundmann · Bonn

für Z.

CIP-Kurztitelaufnahme der Deutschen Bibliothek
ANTON, BERND:
ROMANTISCHES PARODIEREN: e. spezif. Erzählform d. dt. Romantik / von Bernd Anton. – Bonn: Bouvier,
1979.
(Abhandlungen zur Kunst-, Musik- und Literaturwissenschaft, Band 285)
ISBN 3-416-01475-8

ISSN 0567-4999

INHALT

THEORIE DES PARODIERENS

THEORIE DES PARODIERENS

I. Die frühromantische Literaturform und
ihre Reform

> "Die Poesie muß jetzt und will jetzt durch
> E n c y k l o p ä d i e und durch R e l i -
> g i o n reformirt und centrirt werden. -"
> (LN 1864) [1].

Mit der ihm eigenen Bündigkeit faßt Friedrich
Schlegel das Literatur- und Bildungsprogramm
seiner Generation in diesen Zeilen zusammen.
Ihre Erläuterung scheint zur Einführung in eine
Arbeit geeignet zu sein, deren Absicht es ist,
in U n t e r s c h e i d u n g vom traditionellen Gattungssinn ("Gegengesang") die Bedeutung der Parodie, genauer des Parodierens als
eines spezifisch romantischen Erzählverfahrens
vor dem Hintergrund zeitgenössischer Literatur-
ästhetik nachzuweisen und damit die Diskussion
über "romantische Ironie" mit verläßlichen Kriterien fortzusetzen. Thema und Forschungssitua-
tion verlangen die Erörterung größerer Zusammenhänge, in denen die spezielleren fachwissen-
schaftlichen Frageansätze gesehen werden müssen.
So rechtfertigt sich die teilweise explorative
Methode der Arbeit, denn Forschungswissen, das
nicht mehr koordinierbar ist, ist nutzlos.

Im zitierten Fragment ist andeutungsweise
das Wesentliche enthalten: die zentrale Stellung der Poesie; die Reform im wörtlichen Sinne, daß somit die Form der Dichtung vorrangig
zum Problem wird - für den Parodiebegriff der
entscheidende Vorgang -; die Notwendigkeit die-

ses Unternehmens und abschwächend-vorsichti-
ger formuliert sein Absichtscharakter; schließlich die beiden Mittel der theoretisch-systema-
tischen Vereinigung aller menschlichen Tätigkeiten samt ihrer Produkte (Enzyklopädie) und die
endliche Darstellung des Unendlichen (Religion).

Eine inhaltliche Füllung der Reformidee, die Fr.
Schlegel über Jahrzehnte hin verfolgt hat,
hängt von seiner denkerischen Entwicklung ab,
und es scheint, daß die von Ernst Behler edierten und kommentierten "Philosophischen Lehrjahre"
(KA XVIII, XIX) die verschieden akzentuierten
Inhalte und zyklischen "Gedankenkreise" im Zeit-
raum 1796-1806 genauer widerspiegeln als das Drei-
stadienschema der sogenannten griechischen, ro-
mantisch-philosophischen und christlichen Phase,
das durch das zeitliche Nacheinander leicht zu
Schablonisierungen verleitet. Schlegels Begrifflichkeit hat den Vorzug und Nachteil ständiger
Überlagerung von Bedeutungsaspekten [2]. Die Absicht dieser Einleitung, Grundzüge der damals er-
folgten Uminterpretation des literarischen Form-
begriffs aufzuzeigen, kann chronologische Unterschiede weitgehend unterschlagen, zumal sich
Schlegels Interesse am Parodiebegriff wie an
allem derart Artifiziellen bekanntlich auf
die Jahre kurz vor und nach 1800 beschränkt.
Die Fülle teilweise ingeniöser Theoreme und
Entwürfe zeitigt dann ihre Wirkung im Sinne
von Nachfolge und Abkehr.

In der Einleitung zu den 1803/o4 in Paris
und Köln gehaltenen Vorlesungen über die
"Geschichte der europäischen Literatur" (KA
XI) behandelt Schlegel in einer zusammenhän-
genden Darstellung das literarische Formproblem
in seiner Abhängigkeit von Methode und Ziel
der neuen Poetik. Der Gegenstand der Vorlesungen ist die Geschichte der Literatur in Europa.
Zunächst sei nur ein vorläufiges Verständnis

von Literatur möglich, erklärt Schlegel ein-
leitend, weil "der vollständigste Begriff die
Geschichte der Literatur selbst ist" (KA XI,
S. 6). Dieses methodische Axiom [3] nimmt die
Literaturgeschichte als "Vorwurf" der sich
jetzt entwickelnden Literaturwissenschaft.
Hans Robert Jauß' Modell vom Schnittpunkt der
Horizontalen (Synchronie, Systematik) und Ver-
tikalen (Diachronie, Geschichte), das der Literaturwissenschaft die Weise ihrer Erkenntnis
verbürgen soll, weil hier und so erst Geschichtlichkeit zutagetritt [4], geht auf einen Bestandteil der Methode Schlegels zurück, die zur Wirkungsgeschichte führt, indem sie den Dichtungsbegriff wirkungsästhetisch konzipiert [5].
Den zweiten Methodenteil stellt das damals geläufige, die "Querelles des Anciens et des Modernes" fortsetzende Gegensatzpaar "das Alte -
das Neue" (KA XI, S. 5) dar, aus dessen Auflösung das utopisch-restaurative Programm der neu-
en Dichtart "romantische Poesie" - Klassik und
Klassisches inbegriffen - schließlich entwachsen
soll [6]. Die historisch-dialektische Methode ist
also das Vehikel der Reformidee, einer "IDEE
DES GANZEN" (KA XI, S. 4), wie es Schlegel hinsichtlich der Denkvoraussetzung und Intention
der Vorlesungen formuliert. Im Zeichen der
Ganzheit steht denn auch alles, was Schlegel
je unternommen hat, ob er es mit "Objektivität"
wie im frühen Aufsatz "Über das Studium der
griechischen Poesie" bezeichnet oder mit dem
philosophisch-naturwissenschaftlichen Fachwort
"Indifferenz" oder mit "Leben".

Nachdem er in der erwähnten Einleitung das
Gebiet der Literatur in Kunst (Poesie) und Wissenschaft (Philosophie) unterteilt hat, beide
aber auch so untrennbar verbunden sieht wie
Wurzel und Frucht eines Baumes (KA XI, S. 1o),
nennt er ihren ersten Koinzidenzpunkt [7]:

"Zudem haben beide den M e n s c h e n
zum vornehmsten Gegenstand, und zwar den
M e n s c h e n   i m   g a n z e n , in
seiner ungeteilten Einheit, während andere nicht bei der Betrachtung des Ganzen stehenbleiben und sich in einzelne
Teile und Zwecke verlieren. Deshalb ist
denn auch das Studium der Poesie und
Philosophie das der H u m a n i o r a
genannt worden." (KA XI, S. 11) [8].

Wenn es überhaupt sinnvoll ist, eine der verschiedenen "Ganzheiten", die Schlegel im folgenden nennt, an die erste Stelle zu setzen,
so ist es wohl aufgrund der inhärenten Funkti-
onsabhängigkeiten die Einheit der Menschennatur,
die mit sich selbst im Streit liegt. "Der Mensch
ist eine aus seinem reinen Selbst und einem
fremdartigen Wesen gemischte Natur." (JS I, S.
96). Schon in den frühen überlieferten Briefen
an den Bruder findet sich die Klage über den
- später begrifflich gefaßten - verlorenen
Einheits- und Erfahrungszusammenhang von theoretischer und praktischer Vernunft, Sein und
Sollen, Notwendigkeit und Freiheit [9]. Sie verrät vor allem in einer Wendung wie "die Menschheit sey (...) eine zweydeutige Mischung der
Gottheit und der Thierheit" (JS I, S. 96),
deutlich ihren topischen Charakter [10], ist aber
zugleich das Movens der vielen Versuche, mit
wechselnden Begriffen, Hinsichten und Schwer-
punkten mosaikartige Elemente zu sammeln, die
in der ästhetischen Erfahrung des je Einzelnen
annäherungsweise eine "Ganzheit" erwirken mögen,
eine unendlich-angestrebte freilich, denn
Schlegel hört in "Vollendung", wie man weiß,
das Wort Ende, Stillstand, Tod. "Das Spiel der
Mitteilung und der Annäherung ist das Geschäft
und die Kraft des Lebens, absolute Vollendung
ist nur im Tode." (KA II, S. 286). Eine Notiz

von 1806 lautet: "Meine bisherigen Deductionen
der Poesie betreffen alle nur den Zweck und
Werth derselben nicht das innere Wesen. - Dieses ist ganz absolut idealistisch als Indifferenzpunkt von Geist und Körper - Rückkehr des
Bewußtseyns in das Elementarische und Sideri-
sche (...)" (KA XIX, S. 172, Nr. 15o). Der
Geist triumphiert über seine Produkte und verbessert sich unbekümmert. Die Ästhetik läßt
nun ab von der Ichheit, "diesem falschen Zentrum
unseres Denkens" (KA VIII, S. 6o3).
Alle Romantiker sehen sich allerdings zu jeder
Zeit der angesprochenen Duplizität von Endlichkeit und Unendlichkeit ausgesetzt. Sie ist
philosophisches und literarisches Generalthema.
Das Beispiel des frühen Friedrich Schlegel
zeigt, wie die existentielle Zwiespältigkeit
des Menschen, Schillers Antagonismus der Trie-
be, unter veränderten erkenntnistheoretischen
Bedingungen in eine universalontologische, sub-
stantiierende Dimension vordringt [11] und vom
transzendentalkritischen Standpunkt aus
j e n s e i t s "den Bedingungen aller möglichen Erfahrung überhaupt" [12] eine ästhetische
Realität zu formieren sucht. Sie veranschaulicht
als "ästhetischer Absolutismus" [13] Einheitszusammenhänge mit Erkenntnisfunktion, die innerhalb der transzendental-kritischen Grenzen
nicht gelingen können [14].
Man entdeckt das Korrelat "Unendlichkeit" im
Menschen, in der Natur und in dem mit "gött-
lich" umschriebenen Transzendenzbereich.

> "Alle Wissenschaften und Künste, die auf
> das Höhere gehen und nicht bloß auf das
> Bedürfnis und das niedere Leben gerichtet
> sind, haben im Grunde nur e i n e n
> Gegenstand; das Unendliche, das absolut
> rein Gute und Schöne, die Gottheit, Welt,
> Natur, Menschheit. Alle haben nur diese
> eine Tendenz." (KA XI, S. 8).

Die Begriffe Geist-Natur, Innen-Außen, Unend-
liches-Endliches, Subjekt-Objekt, Bewußtes-Un-
bewußtes, Freies-Notwendiges usw. sind als einzelne sekundär, verglichen mit der Tatsache ihrer Entsprechung, der hergestellten Rapporte
und der Tendenz [15]. "Die Ästhetik ist die Philosophie über den ganzen Menschen." (KA XVIII, S.
2o7, Nr. 132). Die Wende Schlegels zur Offen-
barungsreligion radikalisiert eine stets laten-
te Theologie, das Suchen nach der " W i e -
d e r v e r e i n i g u n g   d e s   g e s u n -
k e n e n   M e n s c h e n   m i t   d e r
G o t t h e i t " (KA XI, S. 9), einer zweiten
Form der Ganzheit. Das Enzyklopädieprojekt (KA
XI, S. 7), die einheitliche europäische Gesamt-
kultur also (KA XI, S. 15 ff.), und die Annäherung jener "auf das Höchste gerichteten Wissenschaften und Künste(n)" an die "praktische(n)
Tätigkeiten (...), die auf die Bedürfnisse und
Zwecke des gewöhnlichen Lebens gerichtet sind"
(KA XI, S. 8), sie alle sind Bestandteile der
Bildungsreform, die auf ihre Fahnen die "IDEE
DES GANZEN" geschrieben hat.

Wie ist sie künstlerisch realisierbar? Welche Formen sind überhaupt tauglich angesichts
solchen Inhalts und solcher Ziele?
Ernst Behler nennt im Kommentar seiner kritischen Edition der Vorlesungen drei Möglichkeiten, an denen sich Schlegel gleichermaßen versucht hat [16]. Es sind die poetische Form des
Romans, die universal-historische Vorlesung
und die Systeme einer eigenen Philosophie.
Der Gedankengang der Einleitung von 18o3 kommt
demgegenüber zum zunächst Naheliegenden, der
bruchstückhaften Darstellung, also Fragment,
Charakteristik, Einzelvorlesung, und zum Sinnbild als ambivalenter Konkretisierung (Bild)
eines Unsinnlich-Allgemeinen (Begriff). "Was
nicht in einen Begriff zusammengefaßt werden

kann, läßt sich vielleicht durch ein Bild darstellen; und so führt dann das Bedürfnis der
Erkenntnis zur Darstellung, die Philosophie
zur Poesie." (KA XI, S. 9). Die Wurzel romantischer Bildlichkeit wird sichtbar und indiziert
ein allegorisches Weltbild, wie es Horst Meixner an Beispielen analysiert hat [17].
Die überlieferte Form der Allegorie aber, sämtliche vorhandenen Darstellungsmittel und Gattungen der Kunst sind für das von ihnen Verlang-
te nicht ohne weiteres geeignet. Die Darstellung jener Ganzheiten erfordert eine Kritik
bestehender Kunstformen und Gattungen. Kritik
heißt, analog Kant, Rechtfertigung von bislang
Gültigem, das an seinem selbst gesetzten Anspruch gemessen und korrigiert wird. "Alles
Historische über ein Objekt gehört auch zu
einer Kritik darüber und alles Kritische zu
einer Historie. Es kommt bloß auf das an was
die Form bestimmt, und diese wird dadurch bestimmt was das Objekt ist." (LN 717).

Die romantische Form ist eine Form sui
generis. Schlegel richtet sie nach den Erfor-
dernissen der Zeit ein. Diese lauten auf Be-
seitigung der Entfremdungsmodi durch die Ver-
anschaulichung des Erfahrungszusammenhanges in
der Kunst, damit sich der Mensch "in seiner ungeteilten Einheit" (KA XI, S. 11) durch die
Kunstformen und in ihnen wiedererkenne [18]. Sie
sind dann nichts anderes "als bestimmte Anwendungen unserer geistigen Kräfte" (KA XI, S.
11). Umgekehrt gedacht folgt daraus das Gesetz
der Ableitbarkeit.

"Gibt es nun eine Philosophie und Wissenschaft des Bewußtseins, können wir aus
uns selbst die Natur unseres Geistes
und seiner Kräfte und Fähigkeiten erkennen, so müssen sich aus dieser Er-

> kenntnis der Natur unseres Bewußtseins
> und seinen Gesetzen auch die Gesetze
> und Formen für alle Gattungen von Wissen-
> schaft und Kunst herleiten lassen. (...)
> Es ließen sich allerdings alle Gattungen
> und Arten der Poesie und Philosophie aus
> der Kenntnis unseres eigenen, d.h. des
> menschlichen Bewußtseins überhaupt
> k o n s t r u i e r e n ." (KA XI, S.
> 11) [19].

Mit dieser Konstruktion ist das transzendentalkritische Element der neuen Poetik genannt.
Schlegel gelangt zu einem neuen Formbegriff, indem er den methodischen Weg Kants [20] der Dichtung empfiehlt und ihre Formen vom Rückbezug
auf das Bewußtsein des Dichtenden her begreift.
Die Haltung des Dichters zum Werk ist vorrangig,
die Bedingung der Werkmöglichkeit tritt in Kon-
kurrenz zum wirklichen Werk, die Darstellungsmittel sind als Ausdrucksmittel [21] eines Subjektiven wesentlicher als der für sich gesehe-
ne Inhalt. Die Entwicklung seit Sterne und Wieland im Bereich des Epischen, daß die Modali-
tät der Darstellung zunehmend wichtig wird, erreicht einen ersten Abschluß in der romantischen Formrevision, die mit Hilfe der Philosophie und einer ihr entlehnten Methode und
Bewußtseinstheorie die Poesie für ihre Aufgabe
zurüstet.

"Eine solche Theorie", liest man bei Schlegel
weiter, "muß indessen demjenigen, der ohne
historische Kenntnisse hinzukommt (...) sehr
unverständlich sein." (KA XI, S. 11).

Die Geschichte als rezipientabhängiger Über-
lieferungszusammenhang und in Form unterschiedlicher Geschichtsphilosophie [22] ist das zweite
Element der neuen Poetik, die eine transzenden-
tal-historische ist. "Die Transcendentalpoesie

eigentlich absolut Historische Poesie.-" (LN
767). Transzendental heißt auch, etwas im De-
duktionsverfahren in seiner notwendigen Möglichkeit ableiten und als zurecht bestehend nachweisen. Die Wirklichkeit ist nicht deduzierbar,
es sei denn im absoluten Idealismus Hegels oder
des späteren Schelling und Fichte; zu ihr bedarf
es der Geschichte. Sie lehrt, ob die deduzierten
Formen ihr entsprechen und überhaupt gültig
sind, wobei Geschichtsentwicklung und Vernunft-
gesetz als identisch vorausgesetzt werden.
"Der Gegenstand der Historie ist das Wirklich-
werden alles dessen, was praktisch notwendig
ist." (KA II, S. 178, 9o.AF) [23]. Neben der De-
duktion neuer Formen, die im strikten Sinne nur
theoretische Möglichkeit besitzt, ist die An-
verwandlung der alten zu leisten [24]. Die Geschichte liefert dem reflektiert eingestellten
Bewußtsein die Gegenstände, die Bedingung der
Möglichkeit für Reflexion sind. Der Selbstbe-
zug resultiert aus der genetischen Sicht, die
jede geschichtliche Erscheinung hinsichtlich
ihrer Entstehung und Entwicklung nach Ort und
Zeit vergegenständlicht. Der Gegenstandsbereich der Reflexion und damit der Poesie ist
prinzipiell uneingeschränkt, da Schlegel gegen
Kant die Prämisse des Deutschen Idealismus
übernimmt, derzufolge die Identität des Idealen und Realen absolutes Prinzip ist [25].

Winckelmann, Herder und Kant/Fichte stehen also
zu gleichen Teilen Pate bei der Reform der Poesie, und man hat schon mehrfach die Hegel anti-
zipierende geistesgeschichtliche Konstruktion
hervorgehoben [26].

Für das Projekt einer europäischen Literaturgeschichte und den Vollbegriff "Poesie" kommen
als drittes Moment die Produkte der Geschichte,
die Charakteristik des Einzelnen hinzu und damit der wirkungsgeschichtliche Aspekt und die
Theorie der romantischen Literaturkritik [27].

Die drei Koordinaten sind beisammen, die
Begriff und Geschichte der Literatur, Poetik
und Poesie einrichten: das Geographische, Chronologische und Charakteristische (KA XI, S. 13).

Die Theorie des menschlichen Geistes ist der
geographische Grundriß des Ortes und Gegenstandes
der Literatur, die Chronologie steckt historische Zeiträume (Epochen) ab, in denen das Geographische Wirklichkeit werden kann, und gibt
geschichtsphilosophische Auslegungen; die charakterisierbaren Einzelerscheinungen s i n d
die Wirklichkeit und füllen den Raum. Bewußtseinstheorie (Philosophie) und geschichtlich-
praktische Erscheinung (Historie) gehören notwendig zusammen, weil Bewußtsein immer Bewußtsein von etwas und nur als reflektierend-un-
terscheidendes möglich ist und das Geschichtliche nur im Bewußtsein erscheinen, d.h. objektiv werden kann. Weniger formal und im Hin-
blick auf die Leistung der Poesie formuliert:
In einem Werk der Transzendentalpoesie reflektiert der menschliche Geist in doppelter Weise
auf sein geschichtliches Selbstverständnis.
Wie der Autor sich im Werk und durch es selbst
verstehen soll, ergeht an den Leser die Forderung, sein Werkverständnis zur Komplettie-
rung in den Darstellungszusammenhang einzubrin-
gen. "Dieses gründliche Verstehen nun, welches
(...) Charakterisieren heißt, ist das eigentliche Geschäft und innere Wesen der Kritik."
(KA III, S. 6o).

Schlegels Bemühungen um eine rechtferti-
gende Fundierung des Ästhetischen im Verstehens-
prozeß - und vice versa, denn die Kunst des
Verstehens gründet im Verstehen der Kunst -
gehen von einer dialogischen Erkenntnistheorie
aus [28] und nutzen die Potenzierung des transzendentalen Regresses, um auf ihn Doppelkategorien
wie Geist - Buchstabe, Autor - Kritiker, Pro-

duzent – Rezipient, Instinkt – Absicht, nachträglich kommentierende und konstruierende Kritik anzuwenden [29].

Die Kunstformen werden mithin anthropolo-
gisiert und historisiert. Die Historisierung
bedeutet zum einen, daß Schlegel bestimmte
Formen bestimmten Epochen zuordnet [30], um letztlich die Misch- und Syntheseform "Roman" als
der gegenwärtigen Aufgabe einzig angemessene
Form zu erweisen. Die "IDEE DES GANZEN" beansprucht zu ihrer Darstellung die vereinten Kräfte aller verfügbaren Möglichkeiten und kann dies
auch aufgrund der kritizistischen Fragestellung.
Jedoch verlängert sich der geschichtliche Ansatz
damit in eine und-oder übergeschichtliche Konstruktion. Das historische Moment der Methode
gerät mit dem systematisch-dialektischen in
Streit [31]. Es kommt erst wieder stärker zu seinem Recht, wenn Schlegel im Anschluß an Schiller
durch die Adjektivierung der Gattungsbegriffe
den Unterschied zwischen Gattung (Dichtart) und
subjektiver Ausdrucksform herstellt [32]. Die Adjektivierung soll das dichterische Verfahren im
geschichtlich-konkreten Einzelwerk ausdrücken,
sofern dieses Dokument seiner Gattung ist. Schlegel löst die Aporie der Geschichtlichkeit der
Gattungen transzendental, indem er die aus dem
Bewußtsein deduzierten Formen durch geschichtliche Beispiele dokumentiert sieht. Das Historische und Kritische muß koinzidieren können ("Alles Historische über ein Objekt gehört auch zu
einer Kritik darüber und alles Kritische zu
einer Historie." (LN 717), wenn das Bewußtsein
eine Geschichte haben soll und die Geschichte
als die des Bewußtseins gilt. Machen wir es uns
am Beispiel klar.
" C l a s s i s c h und P r o g r e s s i v
sind h i s t o r i s c h e I d e e n und
k r i t i s c h e A n s c h a u u n g e n . – Da kommen Kritik und Historie zusammen." (LN 714). Das

Progressive beinhaltet das Klassische auf höherer Stufe, denn die frühe " A n t i n o m i e
des Classischen und Progressiven" (LN 186) ist
in dem Moment auflösbar, wo das Klassische als
Selbstbeschränkung (LN 2o5) in das Romantisch-
Progressive als Ironie (LN 2o7 und KA II, S.
172 f., 51.AF) übergeht.

"Die Fantasie des Dichters soll sich nicht in
eine chaotische Überhauptpoesie ergießen, sondern jedes Werk soll der Form und der Gattung
nach einen durchaus bestimmten Charakter haben." (KA II, S. 3o6); noch deutlicher: "das
Klassische ist also mit dem Romantischen gar
nicht unvereinbar, ja die romantischen Gedichte sollen klassisch sein" [33].

     Schlegels Theorie der Dichtarten ist eine
Theorie des normschaffenden Einzelkunstwerks und
Resultat der Wirkungsgeschichte [34]. Ein Beispiel
ist etwa Cervantes, "in welchem die Prosa der
Spanier ihren Gipfel der Vollendung erreichte
und eine Norm geblieben ist" (KA VI, S. 272).
Werk und Gattung treten auseinander. Dieses Ergebnis der Historisierung der Formen in Schlegels poetologischen Überlegungen gilt es festzuhalten [35]
Die Anthropologisierung oder "kopernikanische
Wende" definiert Gattung und Form – wie gezeigt – "als bestimmte Anwendungen unserer
geistigen Kräfte" (KA XI, S. 11). Grund und
Ziel der Anwendung sind somit eigens zu be-
denken. Deshalb ist romantische Poesie kritisch-
potenziert. "Das Bewußtsein ist schon etwas Po-
tenzirtes." (KA XVIII, S. 38, Nr. 2lo). Der
Autor denkt – idealiter – bei der Produktion
die Wirkung im intendierten Leser voraus ("Der
synthetische Schriftsteller konstruiert und
schafft sich einen Leser, wie er sein soll;
er denkt sich denselben nicht ruhend und tot,
sondern lebendig und entgegenwirkend. (...)

Er will keine bestimmte Wirkung auf ihn machen,
sondern er tritt mit ihm in das heilige Verhältnis der innigsten Symphilosophie und Sympoesie."
(KA II, S. 161, 112.LF). Der Leser fragt bei der
Rezeption nicht nach der Absicht des Verfassers
im psychologisierenden Sinne, sondern nach der
Aussage des Werkes für ihn, den tatsächlich fra-
genden, geschichtlichen Leser ("Die Frage was
der Verfasser will, läßt sich beendigen, die was
das Werk sei, nicht." KA XVIII, S. 318, Nr. 1515).
Dem Dargestellten wird die "figürliche Unerschöpflichkeit" [36] an Deutung zugesichert, die
der Leser fragend in Angriff nimmt.

Die Kunstform des somit bedeutungsoffenen
Werkes drückt virtuell Verhältnisse aus, die die
ontologische Duplizität reflektieren, nämlich
das Verhältnis des Menschen zu sich selbst, des
Autors zu Werk und Leser, des Lesers zu sich
und der Werkaussage, des Ästhetischen in letzter
Instanz zu dem, was sich trotz allem ästhetisch
nicht bewältigen läßt. Darauf läuft es vom heutigen Interpretenstandpunkt gesehen hinaus.

Der zweite Teil dieser Arbeit stellt Werke
vor, in denen das parodistische Verfahren Lösungen anstrebt und gleichzeitig Widersprüche
aufdeckt. Sie sind sehr wohl literarisch und
nicht notwendigerweise gesellschaftstheoretisch
aufzulösen, wenn es stimmen soll, daß in einem
literarischen Werk alles, auch das Gesellschaftliche, ästhetisch vermittelt ist. Damit wird
keine wie immer geartete Kunstautonomie vertre-
ten, sondern der Versuch gemacht, Widersprüche
aus Theorie und Text selbst abzuleiten und die
textexternen Bedingungen nicht zur Hauptsache
zu machen.

Dem Verhältnis, das die Form ausdrückt, liegen
in jedem Fall Kontraste zugrunde. Sie erklären

den Primat des Witzes und sämtlicher Arten des
Komischen in der romantischen Formtheorie. Von
ihnen bedroht ist aber nur die intellektuelle
Existenz des Menschen, weil sein materielles
Dasein ein Modus des Geistigen ist. "Die Materie ist ein Niederschlag des Geistigen." (KA
XVIII, S. 155, Nr. 383). Die Thematisierung
dieses romantischen Selbstverständnisses liegt
außerhalb der vertretenen Methode und Absicht.
Es scheint aber geboten, es erst einmal voll
anzuwenden, bevor eine Interpretation "gegen
den Strich" einsetzen kann.

Friedrich Schlegels Idee der Reform der Poesie,
durchgeführt mit den Mitteln Philosophie und
Geschichte, weil beide durch Kant/Fichte und
Winckelmann/Herder bereits weiterentwickelt
sind [37], prägt nun in dreifacher Hinsicht die
Form "Parodie" in der Romantik, wodurch die
Gattung "romantisiert" wird. Es sind die Affinität der Parodie mit romantischer Dichtung
überhaupt (1), das poetische Verfahren der
Selbstobjektivierung (2) und die gegenklassi-
sche Individualitätsdarstellung aus der Differenz von Werk und Gattung (3). Die bislang allgemeinen Erläuterungen bestätigen sich jetzt
am Beispiel, dessen Verständnis sie vorzube-
reiten hatten.

1.)   "Jedes Romantische Kunstwerk = π $^{(2}$ =
kritische Poesie verwandt mit der Charakteristik."
(LN 579). "Die Parodie ist eigentlich die Potenzirung selbst" (KA XVIII, S. 112, Nr. 995).

Der überlieferte Gattungsbegriff der Parodie
ist zwischen Nachahmung und Satire angesiedelt,
läuft formal auf einen "Parallelismus im Gegensatz" [38] hinaus und konstituiert sich neueren Forschungsergebnissen zufolge durch die
Auseinandersetzung mit einem jeweils vorgege-
benen Normenhorizont dichtungstheoretischer

und leserspezifischer Art [39]. A.W. Schlegel definiert: "Parodie ist nämlich der scherzhafte
Gebrauch einer Form bei einem mit ihr kontrastie-
renden Stoffe" [40]. Dieser Dopplungs- und Poten-
zierungscharakter macht die Gattung für F.
Schlegel wohl vor allem interessant, ist es doch
das Signum romantischer Dichtung, Poesie und
Poesie der Poesie, Darstellung und Reflexion
zu sein. Im Grunde hat jedes romantische Werk
seinem Anspruch nach etwas Parodistisches an
sich, schon wegen der notwendig mangelhaften
Darstellung des angestrebten Unendlichen. Indem die Parodie Einmaliges und Einzigartiges
wiederholt, ist sie eine Form der Säkularisation [41].
Ein weiterer Hinweis Schlegels bestätigt die
Affinität von Parodie und romantischer Dichtung
und verbindet beide über den Begriff "Spiel".
Es heißt:

> "Der innre Grund der Formverschiedenheit
> der Poesie ist noch zu entdecken. Die
> objektive hat mehr D u a l i s m u s
> in der Form; die romantische mehr Po-
> tenzirung. Jene beruht auf dem Spiel
> des Objektiv-Subjektiven, diese auf
> dem der F o r m und M a t e r i e ."
> (LN 1916); "Form und Materie sind das
> Wesen der Poesie" (KA XVIII, S. 338,
> Nr. 187).

Die entschiedenere Romantisierung der Gattung
erfolgt hinsichtlich des Poetischen, von dem
bislang nur unspezifisch feststeht, daß es etwas mit Spiel und Potenzierung zu tun hat.

2.)   Der Transzendentalismus ist eine bestimmte Art der Reflexion [42], nämlich ein alles
vergegenständlichendes Selbstverhältnis des Ge-
müts, das sein Bewußtsein von Gegenständen (ge-
gebene Vorstellungen, Objektives) mit den es

bedingenden Vermögen (Erkenntnisquellen, Sub-
jektives) daraufhin vergleicht, daß beiden
objektive Gültigkeit zukommt. Sie kommt ihnen
bekanntlich zu, sobald die Bedingungen des er-
kennenden Subjekts auch die des erkannten Objekts sind. Die transzendentale Reflexion geht
"auf die Gegenstände selbst" [43], um ontologisch
gesehen Seiendes als Gegenstand zu sichern, indem die Dingerfahrung als Bedingung der Möglichkeit für transzendental-empirisches Ich-Be-
wußtsein fungiert, und um herauszufinden, was
die Vernunft als Erkenntnisvermögen leisten
kann, ein Spezifikum, verglichen etwa mit der
logischen, ästhetischen, der psychologischen oder
absoluten Reflexion.
Im Bereich des Literarisch-Ästhetischen soll
sie in der frühromantischen Rezeption auf idea-
listischer Basis Erfahrungen ermöglichen, die
die außerästhetische Wirklichkeit verwehrt. Es
geht ihr wie in der Philosophie um Wert, Geltung und Leistungsvermögen. Der Rückbezug des
Objekts, d.h. des Werkes, seiner Inhalte, der
Darstellungsmittel, der Gattungseigentümlich-
keiten usw. auf das Subjekt, den Autor, ist Bedingung für dessen Selbstvergewisserung. Darin
besteht die hermeneutische Funktion der Poesie.
Gleichzeitig erhält auf der Objektseite das Zu-
rückbezogene eine neue Qualität. Aus der Gattung wird das poetische Verfahren, das Werk erhebt den Anspruch, literarisiertes Leben eines
Individuums zu sein: "Der Raum ist ein Leben,
als Buch" [44].

Die Optik der transzendentalen Reflexion
ist für die Parodie folgenreich. Das Ich kommt
auf zwei Ebenen vor. Das die traditionelle Gattung kennzeichnende Verhältnis von Vorlage (Ori-
ginal, Urbild) und Parodiewerk (Kontrafakt, Ab-
bild) verwandelt sich in die zunächst werkimma-
nente Spannung zwischen darstellendem und dar-

gestelltem Ich, Autor und Figur. Sofern beide im
Medium der Fiktion einander begegnen, ist der
Autor sein eigener fiktiver Rezipient und Leser, [45]
die Figur mehr als "nur eine schöne Kunstfigur" [45],
und es kommt dem Ich-Erzähler als Vermittlungsinstanz zentrale Bedeutung zu.
Die romantische Parodie fungiert im Sinne der poetischen Form der Selbstobjektivierung, die ver-
stehbar wird auf dem Hintergrund der eingeleite-
ten Form-Revision anhand philosophischer Prämissen des Deutschen Idealismus [46].

"Wir erkennen", schreibt A.W. Schlegel [47],
"die ursprüngliche Einerleiheit von Geist und
Materie, welche nur spekulativ dargetan werden
kann, unmittelbar, wiewohl unbewußter Weise durch
die Tat an." Die Tat ist der "absolute Akt" des
Dichtens, "(im weitesten Sinne für das poetische allen Künsten zum Grunde liegende genommen)" [48]. Dichten heißt Anerkennung des Axioms
ontologischer Identität, seine Bestätigung und
erneute Anwendung, die die "ursprüngliche Einerleiheit" wiederherzustellen strebt. Die Bestimmung "absoluter Akt" birgt eine Fülle von
Aspekten; hier steht nur die Feststellung an,
daß die Gesetze des Geistes Formprinzipien
der Kunstwerke (vgl. auch KA II, S. 191, 168
AF.) werden, ein Gedanke, der den naturwissen-
schaftlich orientierten Goethe seinerzeit in
Harnisch gebracht hat [49]. Seit Descartes reklamiert der menschliche Geist als oberstes
Gesetz die Selbstobjektivierung, gemeinhin
Selbstbewußtsein genannt. Die Romantiker haben
dafür eine dichterische Form geschaffen: die
Parodie. Mit dem Nachahmungscharakter der traditionellen Gattung, die natürlich weiterhin
besteht, hat dieses künstlerische Verfahren
nichts gemein.

3.)   F. Schlegels Notizen spiegeln den Bedeutungsübergang der Parodie vom Gattungssinn zur
subjektiv-individuellen Ausdrucksform selbst
wider.

Einer seiner unzähligen Werkpläne nimmt sich vor:
"Ironie und Parodie aller jetzt gangbaren Roman-
formen wie F a m i l i e n g e m ä h l d e
usw.-" (LN 949), und es erscheinen ihm etwa
" V o ß und R i c h t e r am parodibelsten"
(LN 2o22), dagegen heißt es, "Wieland ist nicht
einmal parodibel." (LN 158o). Die vom geschichtlichen Blick in bestimmten Formen erschlossene
Stoffülle soll "eine n e u e B e d e u t u n g
erhalten" (LN 342), durch Parodie und witzige
Überformung den hochgesteckten Zielen des Lite-
raturideals dienstbar gemacht werden, wobei offen
bleiben muß, ob Schlegel im Einzelfell "Parodie"
nur als Synonym für Potenzierung verwendet (so
gewiß in LN 1739 oder 897) oder an ein selbstän-
diges Werk denkt, ähnlich den scherzhaft bis
kämpferischen Produkten seines Bruders, Tiecks
und Brentanos (LN 2o22) [50].

Wie dem auch sei, Schlegels Absicht ist es jedenfalls nicht, Gattungsnormen zu erfüllen.
Shakespeare "hat den Stoff umconstruirt, nach dem
Ideal einer individuellen Poesie, nicht nach dem
Ideal einer Gattung. -" (LN 885). Der Kronzeuge
aus der Geschichte demonstriert den geschichtlichen Sinn des romantischen Kunstwerks: das Individuelle des Menschen darzustellen statt des
Klassisch-Generischen [51]. Man kann "Gattung" im
obigen Zitat auf die literarische Form und auf
die Klassifizierung des Menschen nach Art und
Gattung beziehen; beide handeln in der Kunst
voneinander.

"Das Individuum interessirt nur, daher ist
alles Klassische nicht individuell." [52]. Dem
klassischen Formbegriff der Vertilgung des Stoff-
lich-Inhaltlichen [53] steht der romantische mit

entgegengesetzter Intention gegenüber, nämlich
das Stoffliche zu poetisieren, es verwandelnd
zu verklären [54]. Natürlich sind Stoff und Form
in solch flinker Handhabung Abstraktionen von
Abstraktionen. Was deutlich werden soll, sind
einerseits die relative Aufwertung des Stofflichen im romantischen Formbegriff [55], die erfolgt, weil den Romantikern an der Schaffung und
Verwirklichung des von ihnen sogenannten Poetischen gelegen war, andererseits das Bestreben,
Techniken für die "Darstellung des Gemüths" [56]
zu entwickeln, auf daß sie weder klassische
Symbolkunst und Darstellung eines Substantiel-
len ist noch empirisch beobachtete Alltagswelt.
"Die Tendenz der Poesie ist allegorisch, ihr
Produkt ist classisch.-" (LN 1659). In der Form
der Poesie ist das absolut Individuelle wichtig;
so lautet wörtlich in syntaktischer Abweichung
ein "Gedanke" Schlegels (KA XVIII, S. 355, S.
41o). Über der Gattungsnorm steht das
Kunstgebilde, das mit den herkömmlichen Gattungs-
elementen nicht identisch ist, sondern "ein
Individuum für sich ist" (KA III, S. 134). Seine
Allgemeinheit heißt jetzt "Universalität" und
"Ganzheit" (LN 46, 434, 891). Schlegel nennt es
"consequente Gattung" (LN 35). Er meint damit
das Unbeschränkte und Offene zufolge des Sub-
jektivitätsbezuges und des Objektivitätsan-
spruches, so wie Adam H. Müller schreibt: "Die
Kunst muß beständig sagen: je individueller,
natürlicher mein Werk ist, desto allgemeiner,
göttlicher ist eben dasselbe, und umgekehrt." [57].
Der Roman erfüllt beide Kriterien.

> "Ein individueller Roman
> läßt sich nie vollenden, da
> selbst der Begriff der Gattung, sein
> Ideal nie vollendet werden kann.-"
> (LN 842).

Der Korrelation von 'subjektiv und objektiv'
entspricht, romantisch gedacht, das Individuelle als Vereinzelung und Unteilbarkeit. Daher
ist das Individuelle subjektiv wie objektiv
und das Subjektive (resp. Objektive) sowohl
isoliert-vereinzelt wie gebunden in eine
Ganzheit.
Die gattungshafte Norm wird nicht ersatzlos
gestrichen; an ihre Stelle tritt die anthro-
pologisch-historische Bezugsbasis. Jede auf
sie verpflichtete Form ist - wie ich an der
Parodie zu zeigen versuche - Ausdrucksform,
Verfahren oder Darstellungsweise eines Individuellen in unendlich vielen Dichtarten oder
einer einzigen, denn wo die Gattungsnorm fehlt,
kann man "eben so gut sagen, es giebt u n -
e n d l i c h   v i e l e als es giebt nur
E i n e progressive DICHTART. Also giebt
es eigentlich gar keine; denn Art läßt sich
ohne Mitart nicht denken." (LN 583) [58]. Die
Konsequenz, die Schlegel daraus zieht, ist
bekannt. "Aus dem Satz: Es soll keine besonderen Kunstarten geben, wird die Vereinigung
aller Künste hergeleitet." (LN 35) [59]. Die
"IDEE DES GANZEN", Leitidee der Bildungs- und
Literaturreform, kommt in dieser Art der Ganzheit exemplarisch an ihr Ziel.

Für den Begriff der romantischen Parodie
und das Thema dieser Arbeit ist die Differenz
von Werk und Gattung entscheidend. Sie folgt
aus dem neuen poetologischen Ansatz, der im
Werk das Gattungshafte als Gestaltungsweise
sehen läßt. Um diese Sinnverschiebung aus-
zudrücken, verwendet der Titel der Arbeit
die Verbform "Parodieren".

In den bisher edierten Schriften Friedrich
Schlegels kommt der Begriff "Parodie" ungefähr
sechzigmal vor, und zwar als Substantiv, in Verb-

und Adjektivform. Die grammatische Wortform
steht in keinem durchgehenden logischen Zusammenhang mit den vier Begriffshinsichten:
1.)   eigener Werktitel (KA V, S. 199),
2.)   die philosophische Darstellungsweise
        Platos (KA XVIII, S. 527-532; S. 37,
        Nr. 206),
3.)   literarische Gattung, oft als Werkplan,
4.)   literarisches Verfahren, wobei der Gat-
        tungssinn bisweilen nicht auszuschließen
        ist.
Meine Absicht ist es, die Parodie als ein von
der Ironie abgehobenes V e r f a h r e n in
der Romantik an Beispielen auszuweisen und so
durch die Differenzierung literarhistorischer
Begriffe zum Verständnis einiger romantischer
Erzählwerke beizutragen, die den Dichtungsbegriff des "Handelns im Kunstwerk" und der Ana-
logisierung von literarischem Werk und wirklichem Leben [60] verifizieren wollen. Der romantische Glaube an die Einheit von Kunst und Leben
schreibt der Kunst ihre hermeneutische Funktion
zu: leben und Leben verstehen in der Gestaltung,
Leben künstlerisch, d.h. episch-parodistisch
zur Geschichte im Doppelsinn des Wortes zu bilden. Daraus folgt nicht nur die entschiedene
Rechtfertigung des Ästhetischen für die Bewäl-
tigung der Lebenspraxis, sondern auch eine an-
dersartige Bestimmung der romantischen Ironie.
So gewiß sich die Literatur der Romantik durch
potenzierte kunsttheoretische Reflexion auszeichnet und Ironie ein Mittel der Selbstrepräsen-
sentation der Kunst (Strohschneider - Kohrs)
ist, so fordert der Glaube an die Möglichkeit
der Selbstverwirklichung in der poetischen
Existenz außer einer Ästhetisierung des Lebens
zugleich, daß die Werke, mithin sprachliche
Inhalte, verlebendigt werden. Wirkungsabsichten
und Verfahrensmerkmale kommen dann vor den Blick,
die über ironische Desillusionierung hinausgehen,

sie zwar implizieren, aber eher im Sinne eines
theoretischen Postulats denn als Gestaltungsprinzip und Mittel zur Analyse romantischer
Literatur. Der Ironiebegriff deckt so gesehen
nur die romantische Literaturtheorie ab und
auch sie nur zum Teil, wenn man nämlich die
dichterische Praxis auf einen Kunst- und Lebens-
begriff bezieht, der im Zirkel von Hermeneutik
und Lebens-Kunst, von Autonomie und Universalität, schließlich von Werk- und Künstlerästhetik
Ganzheit anstrebt.
Romantisches Parodieren meint unter dieser
Voraussetzung das Verständnis romantischer
Ironie in praktischer Absicht, als dichterisches
Verfahren.

Das folgende Kapitel soll ein Begriffsverständnis von "Parodie" anhand der Poetik Friedrich Schlegels erarbeiten. Seine Gedanken darüber können theoretischer Leitfaden und Weg-
weiser zu den Werken sein, die im Licht dieser
Technik Profil gewinnen und sie als bislang
vernachlässigte romantische Integrationsform
bestätigen. Die romantische Ironie hat in der
Forschung breites Interesse gefunden, aber
vielleicht gelingt der Nachweis, daß nicht alles Ironie ist, was man dafür hält. Der Einwand,
es handele sich gerade bei Schlegel immer um
Ersatz- und Verwandtschaftsbegriffe, trifft zu,
entbindet jedoch nicht von der Unterscheidungs-
pflicht, wo Unterschiede im Gebrauch greifbar
sind, die interpretatorische Konsequenzen
haben.

Die Themenstellung impliziert die methodische
Überzeugung, daß der Sinnzusammenhang eines
Werkes sein Darstellungszusammenhang ist und
ein "Wechselbezug zwischen menschlichem Selbstverständnis oder Selbstauslegung einerseits
und dichterischer Formensprache andererseits" [61]
besteht. Hier eröffnet sich ein Zugang, der

"die Geschichte im Kunstwerk (...) zu sehen erlaubt" [62], vorausgesetzt, man stimmt in der Be-
wertung des literaturwissenschaftlichen Materi-
als überein, "daß ein Faktum erst als gedeute-
tes die Richtigkeit seiner Deutung zu beweisen
vermag" [63].

Das Romantisch-Poetische hat notwendigerweise sein Ende gefunden. Die poetische Erfahrung
ist damit aber keineswegs aufgehoben, sie beansprucht im Gegenteil Aktualität [64].

II. Der Parodiebegriff in Friedrich Schlegels Poetik

Die Gefahr mancher Arbeit über Schlegel, leicht in Paraphrase und Fragmentenmosaik zu verfallen, will der folgende Abriß dadurch vermeiden, daß er sich an interpretatorische Leitlinien hält und funktionale Fragen stellt: nach Ort und Anwendungsbereich des Begriffs, nach Nachbarbegriffen, Verfahrenskennzeichen und den mit dem Verfahren verbundenen Absichten.

1. Prinzipien, Wege und Ziele der Poesie

"Die Formen sind einer unendlichen Umbildung fähig." (LN 188o). Dieser Bescheid leuchtet als Voraussetzung für die Reform ein. Wie geht die Umbildung vor sich?

" D e r   W i t z   i s t   d i e   R ü c k - k e h r   z u r   P o e s i e .-" (LN 1786) heißt es und: "Zu dem alten E n t h u s i a s m u s muß die Poesie wieder auf dem Wege des großen Witzes gelangen, und durch die W u t h der Physik. Das einzige Princip der Poesie ist der Enthusiasmus.-" (LN 1846).

Armand Nivelle hat zuletzt wieder deutlich gemacht, daß Poesie, Kunst und Dichtung für die Frühromantiker nicht einfach dasselbe sind [1].

Poesie im weiteren Sinne ist eine ursprüngliche, der Natur und dem Menschen immanente, bewußt- und formlose Kraft, im engeren Sinne

die im Künstler naturhaft-unbewußt wirkende
Fähigkeit des Hervorbringens, die auf Darstellung drängende Idee, die Schlegel "Instinkt"
nennt. Kunst oder "Absicht" (Schlegel) bezeichnen die bewußte Tätigkeit, das Wissen im Können,
die erlernbare Formgebung [2]. "Für den Dichter
ist die Poesie an beschränkte Werkzeuge gebunden,
und eben dadurch wird sie zur Kunst." [3]. Was Dieter Jähnig für Schellings transzendentale Kunst-
philosophie und deren historische Sonderstellung
zwischen Klassik und Romantik nachgewiesen hat,
gilt gleichermaßen für die frühromantische Poetik: Sie ist mitnichten irrational. "Im ächten
Künstler zugleich Absicht, Vorsatz, Verstand
- und Unwillkührliches Genie; beides in Superi-
orität über das andre.-" (LN 83). "In einem guten
idealischen Gedicht muß alles Absicht und alles
Instinct sein.-" (LN 413). Der Kreis schließt
sich, wenn mit Poesie "das menschliche Gemüth
selbst" [4] angesprochen ist, die ursprüngliche Entsprechung von innerer (bewußter etc.) und äuße-
rer (unbewußter etc.) Erfahrung, sofern sie in
literarischer Individualitätsdarstellung reproduziert wird. Dichtung ist schließlich eine
Artbezeichnung und meint Sprachkunst [5].

Wenn es der Literatur gelänge, den Einheits-
zusammenhang von Gemüt [6] und Naturerscheinung,
Theorie und Praxis - und wie die Entfremdungsmodi alle lauten - wiederherzustellen, wäre
"die Rückkehr zur Poesie" gelungen. Die Kunst
ist dann Medium der Entdeckung der Poesie, sie
ist Lebens-Kunst und bezieht ihre Gültigkeit aus
dem Welt- und Selbstverständnis, das der Mensch
im ästhetischen Auffassen des Lebens erlangt [7].

2.   Ort und Anwendungsbereich der Parodie

Witz, Physik, d.h. Naturanschauung und Enthusiasmus sind laut Eingangszitat die Wege und Prinzipien der Poesie. Sie markieren die Stationen
des folgenden Weges.

      Über den Witz haben sich Schlegel und die
Forschung vielerorts ausgelassen [8]. Hier genügt
der Hinweis auf die Korrespondenz von Poesie
und Witz in der "romantisch" genannten Literatur [9]. Der Witz bildet die Sprache poetisch,
weil er einerseits, "sehr nahe mit dem Wissen
verwandt", tiefsinnig und gedankenvoll operiert,
andererseits ein "Gedanken s p i e l " ist,
"eine absolut freie, von allen ängstlichen Re-
geln und Gesetzen unabhängige Tätigkeit" des
Erfindens und Verbindens [10], vornehmlich von
Gegensätzen, die auf "eine schöne phantastische
Unordnung" zielt.
Der Witz vereinigt die gedanklich-reflexive mit
der spielerisch-phantasievollen Sphäre, er versteht sich als Inbegriff der Genialität schlechthin [11]. Wie beide im Witz zusammenwirken und
sich in anderen Vermögen spezifisch ausdrücken,
ist der Denkansatz, der die Parodie einführt,
denn " P a r o d i e = poetischer (...) Witz"
(LN 1959). Der Ort der Parodie ist die Witzlehre.
Sie gehört in die "Psychologie", die philosophische Theorie des Bewußtseins. Die Parodie ist
eine A r t des Witzes und ihr künstlerischer
Anwendungsbereich das Epische. " P a r o d i e
ist der epische Witz." (LN 778).

      Das Epische zeichnet sich gegenüber dem
Lyrischen dadurch aus, daß es Ansichten statt
Gefühle darstellt, sich über den Augenblick
und die Gegenwart hinaus erinnernd und ahnend
in die Zeitextasen erstreckt und in der Fülle
der Gegenstände eine Universalität erreicht, wie
sie nur dank "der Phantasie als Vermögen, sich

über das Endliche zu erheben, möglich ist."
(KA XI, S. 65). Das Epische oder die epische
Poesie meint im weiten Sinne also weder das
Epos (antik oder modern) noch den Roman, sondern alle romantischen, d.h. progressiven, d.h.
die Antinomie des Klassischen (Antiken) und
einseitig Romantischen (Modernen) überwindenden
literarischen Formen. "Die epische Poesie ist
Poesie der Ansicht", sie ist " d i e P o e -
s i e d e s L e b e n s u n d d e r
P h a n t a s i e ." (KA XI, S. 62).

Das beste Beispiel, diese Schlagworte im
Zusammenhang mit Parodie, Witz und dem Epischen
klar zu machen, bietet die romantische Rezeption
von Cervantes' "Don Quijote", "eines der aller-
gründlichsten, tiefsten Produkte des Witzes und
der Parodie" (KA XI, S. 161), zumal dieser Roman
typische Verfahrensmerkmale des Parodierens erschließt.

3.   Cervantes' "Don Quijote"

Die übermäßige Lektüre der zeitgenössischen Rit-
terromane trockneten dem spanischen Junker Alonso Quijano das Hirn aus, so daß er den Verstand
verlor und sich fortan für den Ritter Don Quijote von der Mancha hielt.

Der Roman beginnt mit einer doppelten
Übertragung. Die Figur setzt den Inhalt ihrer
Phantasie (das Ideale) an die Stelle des Wirklichen (des Ralen), und der Autor übersetzt
die vorgegebene Vorstellungswelt der Amadis-
romane in einen neuen Roman. Cervantes' Trans-

formation der Ritterbücher ist Parodie im Sinne
der Gattung. Die poetisch-komischen Wirkungen
resultieren aus der permanenten Durchkreuzung
des Erwartungshorizontes der Leser [12].

Diesen Vorgang meint Schlegel allerdings
nicht, wenn er von Parodie spricht und erklärt,
der "Don Quijote" enthalte "ein System der romantischen Elementarpoesie." (LN 1023). Das Romantisch-Parodistische machen andere Dopplungs-
formen aus.

Der Roman besteht aus zwei Büchern, die
Haupthandlung ist durch erzählte Novelleneinlagen
gen unterbrochen, der Erzählvorgang arbeitet mit
Quellenfiktionen (Jahrbücher der Mancha, arabi-
scher Geschichtsschreiber als Gewährsmann), die
Figurenkonstellation ist bipolar, sofern Alonso
Quijano nur in Verbindung mit Don Quijote und
dieser mit Sancho Pansa existiert. Die so ent-
stehenden Polaritäten reproduzieren i n n e r -
h a l b des Romans und mit dessen eigenen
Bestandteilen dasselbe Verhältnis von Einbildung und Faktizität, literarischem und gelebtem
Leben, das die Gattung Parodie von außen her
einrichtet.

Man hat gesagt, die Gattung sei explizit
doppelperspektivisch [13]. Sie verschmilzt eine
historische Perspektive, nämlich den sich als
Erwartung objektivierenden Bezug auf ein Werk
mit einer ästhetischen, der Transformation des
Bezugsobjekts im Parodiewerk. Das romantische
Parodieren im Sinne des hier zu untersuchen-
den Verfahrens wendet sich von dieser Bezogen-
heit auf ein Urbild, einen äußeren Anlaß, auf
werkexterne Lesererwartungen ab und ersetzt
die historische Perspektive durch eine zweite
ästhetische. Kommunikationstheoretisch bedeutet die Uminterpretation, daß die Darstellung

ihre e i g e n e Rezeption sein will. Der Leser hat den Fall einer Rezeption als Darstellung vor sich und damit wieder einen historischen Ansatzpunkt.

Die Stilform "Parodieren" vermittelt eine
Sehweise - so die These - , die das Werk "vitalisiert" und das Leben ästhetisistisch "litera-
risiert".

"Die Parodie ist eine witzige Ueber-
setzung." (LN 1108). Die Technik des witzigen
Übersetzens schafft den werkimmanenten parodistischen Spielraum. Das Witzige der Übersetzung liegt generell in der Vereinigung des
vom gesunden Menschenverstand aus gesehen Un-
vereinbaren und im unerwarteten, plötzlichen
Umschlagen einer Situation, ohne daß die Personen dadurch ernstlich bedroht sind. Das Verhältnis der beiden Bücher zueinander belegt die
erste Möglichkeit, die Figurenkonzeption die
zweite.
"Die Hauptperson in II Don Quixote ist der
erste Theil. Es ist durchgängig Reflexion des
Werks auf sich selbst." (LN 1727).
Der Held Don Quijote begegnet zu Beginn des
zweiten Teils seinen Abenteuern aus dem ersten
Teil als Buch, und im 72. Kapitel liegt auch
bereits der zweite Teil seines Lebens gedruckt
vor. Figur und Werk reflektieren auf sich
selbst, werden sich selbst gegenständlich in
witziger Weise, denn daß jemand wie Don Quijote als Literatur existiert, zeigt die iden-
tifizierende Übersetzung von Einbildung in
Realität formal an. Der Inhalt des ersten
Romanteils, die Polarität der Wirklichkeiten,
wird jetzt zur Form. Mit "Reflexion des Werks
auf sich selbst" präzisiert Schlegel den romantisch-parodistischen Kunstgriff, der einen
ursprünglichen Inhalt innerhalb ein- und des-

selben Werkes in Form wendet und so jenseits
bloßer Übersetzung ganz neue Inhalte stiftet.

Schlegel bemerkt an Cervantes' Roman ein
Verfahren, das offensichtlich weit mehr ist als
eine "Bambocciate" [14]. Die Parodie der Stoffe
("der Bildung, des verständigen Gesprächs,
der ernsten Geschichte, der edlen Gesellschaft"
LN 1717) ist sekundär, verglichen mit dem Um-
setzungsmechanismus, der es zu neuen Stoffen
bringt.
In seiner Besprechung der Tieckschen Übersetzung des Romans insistiert auch A.W. Schlegel
auf der Komposition, dem Verhältnis der beiden
Teile zum Ganzen und darauf, wie sich thematische Kontraste formal niederschlagen. Er begründet die "Reflexion des Werks auf sich selbst"
im zweiten Teil damit, daß sie es erlaubt, Don
Quijote aus der Rolle des Hauptakteurs zu entlassen und dafür die tätige Reaktion der anderen, voran Sancha Pansa, in den Vordergrund zu
stellen [15]. Die Polarität der Wirklichkeiten
wird nun von der "realen Seite" her dargestellt,
so daß - nach Schelling - "die Welt (...)
selbst eine ideale" [16] ist, d.h. die anderen
gehen scheinbar auf den Don und dessen Perspektive ein und es entsteht eine neue Quelle des
Komischen. Das Gattungshafte dieses Vorgangs
haben die romantischen Interpreten zweifellos
auch gesehen und soll auch nicht weginterpre-
tiert werden. Nur verfehlt es den Kern der Sache. Als reine Parodie oder Bambocciade ist
der "Don Quijote" für die Romantiker zwar
"nicht zu verachten":

> "Allein die Dichtung des göttlichen
> Cervantes ist etwas mehr als eine
> geistreich gedachte, keck gezeichnete,
> frisch und kräftig colorirte Bambocciate
> (...): sie ist zugleich ein vollendetes

Meisterwerk der höheren romantischen
Kunst. In dieser Rücksicht beruht alles
auf dem großen Contrapost zwischen paro-
dischen und romantischen Massen" [17].

Und A.W. Schlegel schreibt an anderer Stelle:

"Den komischen und mimischen Bestandtheil
der Darstellung hat Herr S. (Soltau, B.A.)
noch am ärgsten verfehlt. Nirgends zeigt
sich die hohe Kunst des Cervantes bewun-
dernswürdiger, als in der Art, wie er ihn
mit dem Romantischen zu verschmelzen (...)
weiß" [18].

Das "Romantische" ist ein Fixierwort; hier dürfte
sich seine Bedeutung aus dem Erkenntnisinteresse
ergeben. Erkannt werden soll die Didaxe: "seht,
so muß man es machen, wenn man einmal über das
gewöhnliche Leben hinausgehen will" [19]. Das romantisch-parodistische Verfahren steht im Dienst
dieses Erkenntniszieles, indem es sich der Gattung bedient, "die abgeschmackte und kolossale
Romanenwelt der Ritterbücher zerstört" [20] und im
zweiten Teil, in welchem das Werk "gleichsam in
sich selbst zurückkehrt" [21], eine selbständige
Problemlösung schafft jenseits jeder gattungs-
haft orientierten Kontrafaktur. Hier geht es
nicht mehr um Parodie von irgend etwas, sondern
um die formale Anzeige realisierter Poesie, die
gelungene Selbstrechtfertigung des Literaten,
warum überhaupt und warum diese Literatur.

Das Parodieren macht aus dem neu aufgelegter
Ritterbuch eine "Bildungslehre der Lebenskunst"
analog jener "Duplizität", die Friedrich Schlegel
auch am "Wilhelm Meister" rühmt:

"das Werk ist zweimal gemacht, in zwei
schöpferischen Momenten, aus zwei Ideen.

Die erste war bloß die eines Künstler-
romans; nun aber ward das Werk, überrascht von der Tendenz seiner Gattung,
plötzlich viel größer als seine erste
Absicht, und es kam die Bildungslehre
der Lebenskunst hinzu, und ward der Genius des Ganzen. Eine ebenso auffallende
Duplizität ist sichtbar in den beiden
künstlichsten und verstandvollsten Kunst-
werken im ganzen Gebiet der romantischen
Kunst, im HAMLET und im DON QUIXOTE."
(KA II, S. 346; auch KA III, S. 134 ff.).

Die auffallende Duplizität wird von der Figurenkonzeption her einsichtig.
"Ein witziger Charakter ist ein solcher, aus dem
sich eine unendliche Reihe von witzigen Begebenheiten entwickeln kann; Don Quixote und Sancho."
(LN 1450). Don Quijote hat den Kontrast von Literatur und wirklichem Leben schon in sich. Er
übersetzt das eine ins andere, weil ihm das Unterscheidungskriterium fehlt. Darin besteht seine Narrheit. Seine Weisheit ist, sich mit der
Faktizität nicht zufrieden zu geben, sondern die
Phantasie auf sie wirken zu lassen, die es ihm
allerdings oft arg vergilt (z.B. in Buch I,
Kap. 22) und ständig wider sein Erwarten ins Gegenteil umschlägt.

Situation und Charakter kommen darin überein, sich beide selbst jeweils negativ zu setzen
- Parodie auch als Selbstparodie ("Zur ächten
P a r o d i e gehört dasjenige selbst was parodirt werden soll. (...) Jedes, Poesie, Ethos,
Philosophie kann nur durch seines gleichen parodirt werden.-" (LN 1021). Den Charakter Sancho
Pansas prägt derselbe Kontrast, nur liefert
Sancho zu Don Quijotes entschlossener Realisierung der Phantasie die beharrliche Problematisierung. Daß er seinen Herrn in II,10 so

erfolgreich parodieren (sprich nun: imitieren)
kann, zeigt, wie gut er ihn versteht. Umgekehrt
schlüpft der Ritter jetzt in Sanchos Rolle und
trotzt der Wirklichkeitsverfälschung. Die Esel-
reiterin ist eine Bauerndirne, nicht die göttliche Dulcinea.

Parodieren heißt, aus Rollen sprechen. Jede der beiden Figuren verfügt latent über die
Möglichkeit, der andere zu sein. Sie variieren
jeder für sich und zusammen den Kontrast, mit
Schlegels Worten: "Auch die Charakteristik des
Don Quixote und Sancho behandelt Cervantes
durchaus musikalisch und spielend, ohne alle
Psychologie, Entwicklung, ja gewöhnliche Conse-
quenz. Die Willkür und das plötzlich Auffahren-
de im Don Quixote und Sanchos Donayres sind das
feinste in ihrem Charakter. Der Dualismus zwischen ihnen ursprünglich und nothwendig.-" (LN
1392).
Schlegel projiziert hier im letzten Satz die
romantische Sicht der dichotomen Welt in den
Roman hinein, wenn man "ursprünglich" auf den
durch das Christentum aufgebrochenen Weltendua-
lismus bezieht und "nothwendig" auf die fälli-
ge Neubewertung des Endlichen, das in einer wie
immer denk- und darstellbaren Einheit unter-
schieden bleiben muß [22].
Don Quijote gelangt zu dieser Einsicht nicht
etwa in einem Reifungsprozeß; Variation statt
linearer Entwicklung ist nach Ansicht aller
romantischer Interpreten das Bauprinzip des
Romans. Die Einsicht kommt durch die große
Ernüchterung im letzten Kapitel, die der
göttliche Eingriff beim schlafenden Don bewirkt. Bei allen seinen Taten glaubte er der
Vernunft zu folgen. Nun gelangt die subjektiv-
vernünftige Natur des Ritters wieder in Übereinstimmung mit der Welt, um als objektiv-
vernünftige die Kritik und Didaxe des Erzählers

endlich in das Bewußtsein des Helden einzuho-
len. Die parodistische Selbstreflexion des Don
auf seinen Kontrastcharakter oder, wie Schlegel
sagt, die Reflexion des Werkes auf sich selbst
und seine Kontrastdarstellung gibt ihm, dem Helden, im Eingriff eines Höheren das verlorene
Unterscheidungskriterium zurück, im Romanbild
gesprochen: den verlorenen Verstand. Denn nur
die Vergegenständlichung läßt durch Entgegen-
setzung den Unterschied der Modalitäten von
Phantasie und Realität sehen. Der wahre Don
Quijote alias Alonso Quijano der Gute widerruft den falschen, "gedruckten" Don, erkennt
die fatale Mischung von Wahrheit und Lüge,
von Amadis in Cervantes, aber er macht zugleich sein Handeln auch verbindlich. "Als
Sieger über sich selbst" [23] bezeugt er mit dem
erworbenen Beinamen 'der Gute' die richtige
Tendenz seiner vernünftigen Natur.

"Im Cervantes und Shakespeare grade die
Verschmelzung und Versetzung des großen Spiels
und großen Ernstes bewunderungswürdig.-" (LN
1823, auch LN 839). Die Parodie stellt die
Kunst des Lebens dar. Das richtige Verhältnis
des Menschen zum Leben bemißt sich nach dem
Grad der Entsprechung von subjektiver Disposition und objektiven Bedingungen. Die Entsprechung könnte aber niemals zustandekommen,
herrschte nicht eine ursprüngliche Harmonie
zwischen beiden. Das Parodieren deckt in der
romantisch-triadischen Geschichtsphilosophie
eine Voraussetzung auf, unter der die Synthese "von Poesie und Leben, selbst im Bewußtsein ihrer Disharmonie" [24] erreichbar
ist.
Schlegel rühmt das Poetische des Romans [25]
und erfaßt damit einerseits Kompositionsge-
füge und Sprachform. "Willkührliches Zusammen-
ziehn und Entfalten im Vortrag des Romans;

diese Elasticität der Darstellung (im Cervantes)
ist sehr episch." (LN 1447) [26]. Führt man das
Episch-Poetische auf die Leistung des "poetischen Witzes" zurück, so kommt die Voraussetzung, die jede Entsprechung begründet, ans
Licht, und zwar mit einem Schlag, unerwartet
und ohne des Helden Zutun. Die Phantasie enthält schon einen Wirklichkeitskern. Don Quijote
bringt die Zustände zum Tanzen, er engagiert
sich, wo andere selbstgefällig oder berechnend
zuschauen. Umgekehrt ist die Wirklichkeit ver-
borgene Phantasie. Der großmütige oder auch nur
müde Löwe aus Kap. 17 (II. Buch) zerfleischt
den Ritter nicht, und überhaupt rettet dieser
Leib und Leben aus den tollsten Abenteuern.

Das Romantisch-Parodistische macht die Implika-
tion dem Leser im II. Buch zunehmend deutlich.
Don Quijote ist mit sich als Buch konfrontiert,
Er rezipiert sich. Das Buch ist bereits Phantasieprodukt mit Chronikcharakter.
Cervantes objektiviert den thematischen und
der Figur immanenten Kontrast erzähltechnisch
und zeigt damit an, wo für ihn - immer gesehen
aus der romantischen Sicht - die wirklichen
Probleme des Menschen liegen: sein praktisches
Verhalten nach der Erkenntnis einzurichten, daß
weder die Einerleiheit der duplizitären Welt,
Don Quijotes Narrentum also, noch die Leugnung
jeglicher Beziehung, das philiströse Banausen-
tum, angemessene Lebensweisen sind.

Friedrich Schlegels Bemerkungen zur Parodie
im "Don Quijote" wollen den Roman nicht vollständig interpretieren und auch - natürlich -
nicht sämtliche Merkmale des Parodierens nennen. Sie haben für diese Arbeit einen heuristischen Wert. Deshalb sei noch auf zwei weitere
Momente abgehoben, die für das Verfahren auf-
schlußreich sind, Schlegel aber nicht berücksichtigt. Es sind der Humor und der geschicht-

liche Unterschied des Cervantes zur Frühromantik.

4.   Parodie und Humor

Die romantische Humorauffassung findet bekanntlich ihren gewichtigsten Ausdruck in den Romanen
Jean Pauls und E.T.A. Hoffmanns. Sie steht in
der neuzeitlichen Erzähltradition, die mit
Cervantes beginnt und über die englischen Romane des 18. Jahrhunderts hinführt zu der "poetischer Realismus" genannten deutschen Erzählkunst des 19. Jahrhunderts [27]. Man bekommt das
bei Schlegel ohnehin recht undeutliche Spezifikum romantischen Humors nur in den Blick, wenn
man, wie Wolfgang Preisendanz, den Wirklichkeitsbezug und die Art der Synthese untersucht.

Während sich die Parodie primär auf eine
bereits vermittelte Wirklichkeit bezieht, hat
der Humorist - auch der Ironiker - einen un-
vermittelten Wirklichkeitsbezug, der ihm - anders als dem Ironiker - auf einem höheren Standpunkt die Simultaneität zweier Sehweisen eröffnet. Der Humor, so zeigt Preisendanz am Beispiel Hoffmanns, läßt spiegelbildlich die Einheit in der faktischen Duplizität sehen. Humor
und Parodie sind nicht dasselbe, jener ein
Weltverhältnis, diese ein artifizielles Verfahren; sie können aber eine Verbindung eingehen,
wie in Hoffmanns "Kater Murr". Der Humor kommt
durch die Parodie zum Vollzug, er verfährt als
dichterische Einbildungskraft parodistisch. Eine
Aufgabenteilung liegt vor. Erst muß der Dualismus als zurecht bestehend erkannt werden und
die Bedingung romantischen Künstlertums realisiert sein, dann folgt dem parodistischen Korrektiv die humoristische Synthese. Die Parodie

hat eine Mittel- und Propädeutikfunktion.

Im "Don Quijote" repräsentiert der aukto-
riale Erzähler den höheren Standpunkt von Anfang bis Ende, wohingegen Don Quijote, um ihn
zu erreichen, den langen Marsch über tausend
Seiten antreten muß. "Für mich allein ist Don
Quijotte geboren und ich für ihn; er wußte Taten zu vollbringen und ich sie zu schreiben;
wir beide allein sind bestimmt, ein Ganzes zu
bilden", schreibt der Erzähler kurz vor Schluß [28].
Das romantische Parodieren stellt das Ganze
auch als Ganzes dar, indem sich der Erzähler
in das Werk, auf die Stufe der Fiktion begibt.

5.   Die Geschichtlichkeit der Parodie

Ein frühromantisches Beispiel dieser Art
Fiktionalisierung ist Brentanos "Godwi", der
parodistisches Verfahren ohne Humorstruktur
- sozusagen in Reinkultur - aufweist. Das Leben als Buch im Buch, die Widerrufung der
Fiktion, der Erzähler in der Rolle des Heraus-
gebers, dies sind auffällige Parallelen zum
"Don Quijote", und doch hat Brentano, wie zu
zeigen ist, das Verfahren gemäß anderer Absichten weiterentwickelt.
Friedrich Schlegel reflektiert solche Geschichtlichkeit generell erst später, etwa in
der Rezension von Goethes Werken nach der
Cottaschen Ausgabe von 1806 (KA III, S. 109 ff.).
Vorher ist es anders.

Dem variablen literarischen Kanon steht
das konstante poetische Ideal gegenüber [29].

Der Geschichtsblick orientiert sich an Gipfel-
leistungen, die " z u g l e i c h abstract
und Romantisch und Transcendental" (LN 891)
sind. Diese " P o e t i s c h e   D r e i -
e i n i g k e i t " (ebd.) [30] konstituiert und
bestätigt das Ideal, erfüllt die Norm, verstellt aber die Sicht auf die je unterschiedliche Realisation. Ihr ist zwar durch die Funk-
tionsfrage ein Platz im theoretischen Konzept
der Literaturkritik und damit im Poesiebegriff
gesichert [31] - ("Der Roman eine angewandte
Poesie.-" KA XVIII, S. 71, Nr. 512) - und die
Differenz von Werk und Gattung macht sie auch
nachgewiesenermaßen notwendig. Dennoch er-
schwert die Bindung an das konstante, wenngleich komplexe Ideal eine differenzierende
Beurteilung des Geschichtlichen und leistet
der schon früh erkannten okkasionalistischen
Haltung der Romantik gegenüber der Geschichte
Vorschub [32]. Die Poesie als ein Seinsollen
schlägt sogar jede Historizität aus dem Feld.

> "Eine Definition der Poesie kann nur
> bestimmen, was sie sein soll, nicht
> was sie in der Wirklichkeit war und
> ist; sonst würde sie am kürzesten so
> lauten: Poesie ist, was man zu irgend-
> einer Zeit, an irgendeinem Orte so
> genannt hat." (KA II, S. 181, 114. AF).

Daher ist "Don Quixote noch immer der einzige
durchaus romantische Roman.-" (LN 1o96), obwohl
"in Rücksicht auf die Parodie der streng romantischen Form, die poetisch sein sollte, noch
unvollkommen. - (Hier wird zuerst das Ganze
parodirt.)" (LN 835). Die Wertung argumentiert
nicht geschichtlich. Wenn man die Klammer als
Grund für die behauptete Unvollkommenheit der
Parodie liest, könnte Schlegel den Mangel darin sehen, daß die Parodie auch oder zuerst den

traditionellen Gattungssinn hat und im Sinne
einer Kontrafaktur "das Ganze parodirt", erst
später dann im zweiten Teil sich in die romantische Optik verlagert.

Wie dem auch sei, die Parodie ist Kritik
im Gewand der Dichtung, wobei mit Kritik nicht
die verkehrend-satirische gemeint ist, wie sie
die Gattung kennzeichnet, sondern jenes er-
kenntnisfördernde Potenzierungsmoment, das
zur allgemeinen Signatur romantischer Kunst gehört wie zu den besonderen Integrationsmitteln
einzelner Romane, sofern sie die Poetisierung
des Lebens durch ein Simulationsverfahren ins
Werk zu setzen versuchen.
Das Parodieren simuliert Leben im Werk, will die
Einheit der Wirklichkeitsmodalitäten dadurch erreichen, daß es eine ästhetisch umgesetzte
historische Wirklichkeit für und durch die
dichterische Einbildungskraft noch einmal objektiv macht. Es leistet mit einem Begriff
Schlegels "das Mimische".

6.   Das Mimische der Parodie

In einer Reihe von Fragmenten beschäftigt sich
Schlegel mit dem Mimischen, das nach LN 735
ebenfalls ein Bestandteil des poetischen Ideals
ist [33].
Der Begriff mag alles mögliche an den verschiedenen Stellen seiner Verwendung bedeuten, nur nicht
Nachahmung [34]. Ein engerer und ein weiterer Sinn
lassen sich unterscheiden. Im engeren Sinn meint
das Mimische die Individualitätsdarstellung im
Roman (LN 774), im weiteren die kontrastreiche
Darstellung einer charakterisierbaren Wirklich-

keitsfülle [35] in Roman und Historie, wobei die
Historie im Unterschied zu Geschichte ("Geschichte ist der Inbegriff der vergangenen
Menschheit; nicht zu trennen von der Ahndung
der künftigen." KA XVIII, S. 389, Nr. 828) als
"eine philologische Behandlungsart" (ebd.)
Element des Transzendentalpoetischen ist und
- genau wie der Roman ,- " A n g e w a n d t e
P o e s i e " (LN 1647).
Im Begriff des Mimischen schließt sich das
am Beispiel des "Don Quijote" Gezeigte noch
einmal zusammen.

> "Die H i s t o r i e ist ein epischer
> Mimus. Daher das Historische des
> R o m a n s ." (LN 55);
> "Der absolut Mimische = biographische
> Roman." (LN 774);
> " B i o g r a p h i e ein ∓ zwischen
> Historie und Charakteristik = Kritik,
> nämlich moralische oder Lebenskunst-
> lehre, -" (LN 66o);
> der "Don Quijote" ist ein v o l l k o m m e n e r
> "Mimischer Roman" (LN 825) und
> "Alles absolut Mimische ist im Geist
> satirisch-komisch, in der Form
> p a r o d i s c h . -"
> (LN 555).

Schlegels formelhafte Fremdsprache transkribiert
sich folgendermaßen. Der Roman des Cervantes
vergegenständlicht ein Heldenleben, er stellt
eine Biographie dar. Die damit angesprochenen
Bedeutungsebenen signalisiert am ehesten das
Wort "Geschichte" in heutiger Terminologie,
nämlich Allgemeingeschichte ("Historie"), Geschichte eines Einzelnen, des Ritters ("Biographie"), erzählte Geschichte ("biographischer
Roman"), kritisch erzählte Geschichte ("Lebenskunstlehre"). Geschichte ist, was geschieht und

erzählt wird. Das Epische tritt als Historie
und Roman auf, es ist die Form des Historischen
oder die Weise, wie dieses begegnet [36]. Historie und Wirklichkeit werden episch-romanhaft-
romantisch aufgefaßt. Der epische Witz, genannt
Parodie (LN 778), soll in der Weise eine Auffassungsform der Wirklichkeit sein, daß sie
realisierte Poesie wird. Die Beziehung der
Parodie auf eine ästhetisch bereits vermittelte Wirklichkeit hat hier ihr theoretisches Fun-
dament, sofern der Doppelsinn des Wortes "Geschichte" als dargestellter vorausgesetzt wird.

Wie die Parodie die Wirklichkeit poetisieren kann, veranschaulichte der in der Form
parodische "Don Quijote". Es hieß zu Beginn der
Romanbetrachtung: "Die epische Poesie ist Poesie
der Ansicht" (KA XI, S. 62). Schlegel unterscheidet die Ansicht (Epik) vom Gefühl (Lyrik) und
Begriff (Philosophie). Ihre Überlegenheit gegenüber dem Gefühl gründet in der Freiheit vom
Augenblick, vom Individuell-Exzeptionellen und
penetrant Einseitigen [37], und die ihr entspre-
chende Anschauung deutet in Bildern an oder
läßt ahnen, was der Begriff erklärt [38].

Sehen wir uns - mit romantischen Augen -
Cervantes' Roman an. Das Implikationsverhältnis
der Wirklichkeiten ist im "Don Quijote" parodistisch angedeutet, Ritter und Knappe sind
nicht vorübergehend Rollenträger, sondern habi-
tuell. Der parodistische Witz erscheint als
die Kunst der ästhetischen Selbstanschauung, sofern der Held in die literarische Selbstkonfron-
tation gerät. Die Parodie setzt die inhaltlich
behandelte Duplizität formal um, was sich im
Aufbau des Werkes ausdrückt, und sie potenziert
die Figuren zu sich selbst negativsetzenden
Rollen, was man das parodistische Figurenkonzept
nennen kann. Und dies alles, um die oberste

Bedingung jeder möglichen Entsprechung oder
Tendenz anzudeuten: die von Schlegel auch
"Indifferenz" genannte, ursprüngliche Unge-
schiedenheit beider Welten, die nachträglich
wieder in ästhetischer Vergegenwärtigung erreicht werden soll.

> " P a r o d i e = Mischung des Ent-
> gegengesetzen = Indifferenz. -"
> (LN 560) und
> "Alle Parodische Poesie ist nicht bloß
> negativ sondern synthetisch = $\mp$ x."
> (LN 699).

Cervantes' "Poesie des Lebens und der Phantasie" (KA XI, S. 62) deckt somit nach romantischem Verständnis den Lebensgrund auf, dem
die Modalitäten der Wirklichkeit entspringen.
Der Lebensgrund heißt Poesie. Sie "ist der ursprüngliche Zustand des Menschen und auch der
letzte." (LN 1786). Die Poesie steht in stän-
digem Rangstreit mit der Philosophie [39].

Um die Parodie nun von ihrem Hauptkonkur-
renten, der Ironie, abzuheben, die Voraussetzungen beider zu prüfen und ihre Funktionen zu
vergleichen, wird dieser Rangstreit in der
Schlegelschen Variante kurz erläutert. Er kehrt
im Verhältnis von Ironie und Parodie wieder.

7.   Der Rangstreit von Philosophie und Poesie

Schlegel versucht in den Jenaer philosophischen
Vorlesungen, die "Wissenschaftslehre" Fichtes
von 1794 in einem transzendentalen Identitäts-
system unterzubringen. Sein Ziel ist "Realität"

und meint die Konstruktion des Unendlichen im
Bewußtsein (Endlichen) so, daß beide "indiffe-
rent" werden (KA XII, S. 6). Schlegel verwendet "Realität" hier nicht als Gegensatz zu
"Idealität", sondern im Sinne von lateinisch:
realitas, Sachgehalt, und zwar in höchster
Weise, so wie traditionell im Begriff "Gott"
als ens realissimum.

In der Einleitung skizziert er zwei verschiedene Wege, die zusammen zum Ziel führen
sollen, denn "Das Transzendentalisiren besteht
im Idealisiren und Realisiren." (KA XVIII,
S. 9o, Nr. 735). Das Miteinander beider Verfahren war schon Methodenprinzip der "Wissenschaftslehre" von 1794. Seiner Idealität nach
ist alles vom Ich abhängig, seiner Realität nach
ist es selbst abhängig. Indem Schlegel die
Philosophie Fichtes in dieser Form einseitig
als ersten Weg konzipiert - das endliche Bewußtsein wird unendlich, das Reale ideal (KA
XII, S. 5 f., 25, 27 f.) -, gibt er Fichtes
Mittel der Lösung, die limitative Dialektik,
aus der Hand. Dem theoretischen Bewußtsein
kann überdies eine Indifferenz nur als intellektuelle Selbstanschauung gelingen (KA
XII, S. 23 f.) [40], niemals wird sie ihm aber
bewußt, es sei denn, wie in Schellings
"System des transzendentalen Idealismus",
in der Kunst, weil dort auch eine Differenz
vorliegt. Bewußtsein ist immer unterscheidend-
reflexiv und schließt eine Indifferenz notwendig aus.
Schlegel ist zwar der Untauglichkeit der Reflexion betreffs einer bewußten Indifferenz auf
der Spur, das beweist schon sein Begriff "Dualismus", mit dem er diesen Konstruktionsweg
kritisch klassifiziert (KA XII, S. 13 ff.) [41].
Das Kritisierte ist aber dennoch Bestandteil
des Systems, weil es dort eine positive, kon-

struktive Funktion erhalten soll.

Der zweite Weg, das Realisieren, strebt, vom
Unendlichen ausgehend, zum Bewußtsein des Unendlichen. Das Ideale wird real, und eine göttliche Natur wird erreicht (KA XII, S. 25) [42],
aber durch Spekulation. "Spekulazion" ist ein
Begriff, "der aufs Ganze geht". (KA XII, S. loo),
also die philosophische Reflexion, die sich
selbst daraufhin denkt [43], daß sie ihr Sein im
Absoluten hat. Diese Denkmöglichkeit baut Schlegel
in den Kölner Vorlesungen von 1804/o5 aus.

Der Versuch einer spekulativen, mithin absolut gesetzten Transzendentalphilosophie bleibt
indessen durch die Verbindung von Reflexion und
Spekulation uneinsichtig. Er gerät bildlich
gesprochen zwischen zwei Stühle. Der diskursiven
Reflexion sind die Indifferenz, die Realität,
nicht zugänglich, und die Spekulation hat es
nicht mehr mit dem menschlich-endlichen Bewußtsein zu tun. Was Schelling nacheinander in zwei
verschiedenen Systemen unternahm, dem auf das
Ich gegründeten Transzendentalsystem (18oo)
und dem, das Absolute entfaltende, Identitäts-
system (18o1), das will Schlegel hier auf An-
hieb leisten. Das Ich und das Absolute (Gott)
als gleichursprüngliche Prinzipien sollen ver-
bindbar sein gemäß dem Satz: "Die Wahrheit entsteht, wenn entgegengesetzte Irrthümer sich
neutralisiren." (KA XII, S. 93). Sie tun es in
der Tat, jedoch ist dazu ein Drittes, Neues
vonnöten. Für das "Denken der Gottheit (...)
giebt es wohl kein schicklicheres Wort, als
Divination." (KA XII, S. 25 f.). "Divinazion
in der Mitte zwischen Reflexion und Spekulation.-"
(KA XVIII, S. 419, Nr. 1188), ein Erfinden, eine
permanente Entwicklung durch Analogiebildungen
(KA XII, S. loo ff.) [44].

Folgt man dem, was in der Einleitung und

der "Näheren Entwicklung des Systems" über den
triadischen Aufbau gesagt ist – der übrigens
dem damals häufig angewendeten Modell des
Reflexionsdreischritts entspricht [45] –, müßte
im dritten Teil die Realität konstruiert sein.
Sie besteht in einem "System von dem Schema
des Organismus aller Künste und Wissenschaften,
oder Encyclopädie aller Künste und Wissenschaften" (KA XII, S. 94), weil "die Philosophie
nur einen Theil in dem großen Ganzen der Künste
und Wissenschaften (der unendlichen Realität)
ausmacht." (KA XII, S. lo1). Kurzum, "Es giebt
nur ein Reelles. Alle Künste und Wissenschaften
sind das Wesen desselben." (KA XII, S. lo5). Die
"MAGIE" genannte Wissenschaft ist die gesuchte
Indifferenz (Realität, Idealismus).
Sie steht natürlich aus, ist deshalb Aufgabe [46];
ein Ersatz jedoch, eine perfektionable Vorform
dieser "Kunst (...), das Göttliche zu produ-
ziren" (KA XII, S. lo5) ist die poetische Kunst.
Gegen Ende der Einleitung heißt es bereits:

> "Aber der Sinn des Menschen kann gesund
> werden. Aber nicht auf dem Wege des Ver-
> standes, sondern auf einem andern Wege.
> Nämlich auf dem Wege der Kunst. D i e
> h ö c h s t e   K r a f t ä u ß e -
> r u n g   d e s   S i n n e s   i s t
> d i e   K u n s t ,   u n d   d i e
> Ü b e r e i n s t i m m u n g   d e s
> I d e a l i s m u s   u n d   d e r
> K u n s t   i s t   v o l l k o m -
> m e n . Es läßt sich kein Kunstwerk auf-
> zeigen, wo nicht die beyden Begriffe,
> das Unendliche zum Bewußseyn zu bringen,
> oder das Bewußtseyn ins Unendliche fort-
> zusetzen, als der letzte Grundsatz auf-
> gestellt ist." (KA XII, S. 29).

Das war Anlaß und Ziel des ganzen philosophi-

schen Unternehmens. Ist Schlegel also doch ein
Kopist Schellings, denn nirgendwo kommen sich
beide im Entscheidenden näher als hier?

Wie Schelling im "System", setzt Schlegel
seinen Integrationsversuch getreu der Idee der
Ganzheit bei der Verbindung von Fichte und
Spinoza an (KA XII, S. 5 f.), aber im Sinne
eines Doppelprinzips, das seinerseits keinen
ausweisbaren, nur futuristisch-utopischen Grund
hat [47]. Etwas anderes ist noch wichtiger. Die
beiden Jenaer Systeme von 1800 stimmen in der
doppelsträngigen Anlage zweier Grundwissenschaf-
ten überein, eben der Bewußtseinsphilosophie
oder Psychologie, der Schlegels Witzlehre ent-
stammt, und der Naturphilosophie oder Physik.
Sie gipfeln in einer Philosophie der Kunst, die
bei Schlegel in Gestalt praktikabler Kunst Stell-
vertreter des Magieprojekts ist. Während Schelling
aber in seinem ausgeführten System die Kunst als
Dokument und Organon der aus dem Ich philosophisch deduzierten Indifferenz einsetzt, betrachtet Schlegel umgekehrt in seinem thesenhaf-
ten Systementwurf die Philosophie in den Gestalten Physik und Psychologie als Organon der
Kunst und sie wiederum als Philosophieersatz,
weil das philosophische System erstens vom Ansatz her unausführbar ist, zweitens mit diesem
Anspruch auch gar nicht auftritt (KA XVIII, S.
1oo, Nr. 857), sondern sich aufheben soll in
eine postulierte Enzyklopädie (vgl. auch KA III,
S. 79 ff.) und praxisverändernde "Philosophie
des Lebens" (KA III, S. 97 ff.; XII, S. 61).
Die Schwierigkeit ist nur: "Es ist gleich töd-
lich für den Geist, ein System zu haben, und
keins zu haben. Er wird sich also wohl ent-
schließen müssen, beides zu verbinden." (KA II,
S. 173, 53. AF).
Die Verbindung ist die "progressive Universal-
poesie" (KA II, S. 182, 116. AF), denn das

Enzyklopädische wie das Praxisverändernde
traut der frühromantische Schlegel der Poesie
noch zu. Insofern findet das eingangs zitierte
Fragment (LN 1846) seine Bestätigung, wonach
"Witz" und "Physik", der es bislang an der
mythologischen Ansicht fehlt, die Wege zur
neuen Poesie sind.

> "Die Philosophie selbst ist doch nur
> Organon, Methode, Konstitution der
> richtigen d.h. der göttlichen Denkart,
> welche eben das Wesen der wahren
> Poesie ausmacht; sie ist also nur
> Bildungsanstalt, Werkzeug und Mittel
> zu dem, was die Poesie selbst ist."
> (KA III, S. 7) [48].

Im "Europa"-Aufsatz von 1803 ist aus dem Stell-
vertreter 'Poesie' der alleinige Sachwalter
geworden, der sich schon von dem ursprünglichen Problem, wie das Ästhetische das menschlich-endliche Wesen zu synthetisieren vermag,
abwendet. Die Poesie reklamiert im Lichte
religiöser Erwartungen einen onto-theologi-
schen Alleinvertretungsanspruch:

> "Die Poesie also betrachten wir als die
> erste und höchste aller Künste und Wis-
> senschaften; denn auch Wissenschaft ist
> sie, im vollsten Sinne dieselbe, welche
> Plato Dialektik, Jakob Böhme aber Theo-
> sophie nannte, die Wissenschaft von dem,
> was allein und wahrhaft wirklich ist."
> (KA III, S. 7).

Jetzt darf sich die Poesie "VOLLENDETER IDEALIS-
MUS" (KA XVIII, S. 473,27) nennen, ist Metaphysik und als esoterische Poesie (Roman) Poetisierung des gemeinen Lebens (KA III, S. 12).
Für den Rangstreit bedeutet das: "Wo die

Philosophie aufhört, muß die Poesie anfangen."
(KA II, S. 261, 48.I.). Beide sind sie "Fakto-
ren der Religion" (KA II, S. 260, 46.I.) und
in den Jenaer Jahren als solche durchaus selbst-
ständig. Aber aufgrund der prinzipiellen "Un-
erkennbarkeit des Unendlichen" [49] gründet sich
"die Notwendigkeit der Poesie auf das Bedürfnis, welches aus der Unvollkommenheit der
Philosophie hervorgeht, das Unendliche darzustellen. Dies ist die philosophische Begründung der Poesie." [50].
Die Poesie könnte nicht auf die Philosophie folgen, sie vollenden oder gar ersetzen, wäre sie
nicht in sich philosophisch: Transzendentalpoesie. Sie ist es, weil die Philosophie ihr
Organon und der Grund ihrer Notwendigkeit ist.
Sie soll es in der bei Schlegel immer mitgängi-
gen futurisch-heilsgeschichtlichen Sicht bis
zur Ununterscheidbarkeit wieder werden, damit
die neue Mythologie bzw. Religion entsteht,
beide Chiffren geistiger Einheit [51].

Auf dem Hintergrund dieser angedeuteten
Lösungen gewinnt das Verhältnis von Ironie
und Parodie seine maßgeblichen Konturen.

8.   Forschungskritik der romantischen Ironie

Schlegels Ironiekonzept ist bekanntlich im 19.
Jahrhundert, als Subjektivismus mißverstanden,
getadelt und in der Forschung seitdem historisch
und systematisch oft aufgearbeitet worden [52].
Die Begriffsrekonstruktion vorausgesetzt, soll
an dieser Stelle der gedankliche Faden dreier
Forschungskritiker wieder aufgenommen werden,
die den Ironiebegriff jeweils unabhängig von-

einander bewertet haben.

Walter Benjamin interpretiert Ironie als
"intentionale Einstellung" in doppelter Ausprägung. "Die Ironie des Stoffes vernichtet
diesen; sie ist negativ und subjektiv, positiv
und objektiv dagegen die der Form" [53]. Spätere
Untersuchungen anderer haben Benjamin Recht gegeben mit seiner Kennzeichnung der Ironie als
Stilprinzip, Haltung des Erzählers um einer
bestimmten Absicht willen und auch darin, daß
er die einseitige Negativität der Ironie zu-
rückweist. Was er aber mit "Ironie der Form"
meint, scheint aufgrund der mittlerweile er-
schlossenen Schlegelschriften nur die eine Seite
der Sache abzudecken.

Form (Buchstabe) und Parodie stehen durchweg
zusammen [54], und wenn Schlegel etwa schreibt:
"Ironie geht auf die Absolutirung des Stoffs,
wie Parodie auf die der Form.-" (KA XVIII, S.
1lo, Nr. 968) [55], so könnte die Unterscheidung
ein Hinweis sein, dem nachzugehen sich lohnt,
zeigt sich doch, daß die hermeneutische Geist-
Buchstaben-Relation, angewendet auf die künstlerische Stoff-Form-Bestimmtheit [56], zwei unterschiedliche Aspekte eröffnet, die weitrei-
chende Folgen haben.

Man kann die drei Gedankenkreise, die
Ingrid Strohschneider-Kohrs für die Ironie
herausstellt [57], so zusammenfassen.

Die analytische Ironie desorganisiert, indem
sie die Beziehungen des Werkes zu seinen Bedingungen, zu Art und Weise der Hervorbringung und seinem letzthinnigen Sinn ausein-
anderlegt und bewußt macht. Die Ironie reflektiert auf das, was dargestellt wird, den
vielfältig auslegbaren Stoff als materiali-
sierter, verendlichter Geist [58].

Stellt sie aber damit selbst schon dar? Der

parodistische Ansatz wendet, wie der "Don
Quijote" vorläufig gezeigt hat, Stofflich-In-
haltliches zu einem Verfahren, das aus der
ironisch-vertikalen Freiheit des Erzählers
parodisch-horizontale Werk- und Figurenbezüge
macht. Die Parodie ist ein Formgesetz dichterischer Einbildungskraft, kein bloßes Stilprinzip.
Indem sie auf die "Absolutierung" der Form geht,
ist sie in dieser Hinsicht anti-ironisch und
damit konstruktiv, denn "weil sie (die Romantiker, B.A.) Künstler mit und über der Kunst
waren, lag ihnen die ironische Auflösung der
Form so gefährlich nahe" [59].

Benjamins doppelter Formbegriff trägt dem
Rechnung. Die empirische Darstellungsform wird
ironisch zersetzt, damit die "ewige Form", die
Idee erscheint [60]. Jedoch heißt das, den Glauben der Frühromantiker übernehmen und einen
Teil ihrer praktischen Erfahrungen übersehen,
wie sie im später zu erörternden Nihilismus-
begriff zum Ausdruck kommen. Die Parodie ist
formbildend und -erhaltend, die Ironie formbe-
dingend, weil analytisch.
Auf dem Wege der konsequenten Ironie müßte die
ersehnte Ineinsbildung zur Selbstaufhebung der
Kunst führen, ein Ergebnis, das nicht eingetre-
ten ist, weil die Ironie nirgendwo d a s künstlerische Bauprinzip eines romantischen Werkes
ist.

Darauf zielt die Kritik Gerhard Kluges [61]
angesichts einer oft vorschnellen Verwendung
des Begriffs für alles mögliche, den Lustspielwitz (Vermögen zum phantastischen Spiel) ebenso
wie für die Herstellung der epischen Objektivität.
"Ironie ist Pflicht" (LN 481), weil sie drei
Grundvoraussetzungen romantischer Kunst beinhaltet, nämlich erstens durch Relativierung die

Wirklichkeitserfahrung der ontologischen Duplizität bewußt macht und hält (" I r o n i e
ist Analyse der These und Antithese." LN 8o2),
zweitens durch das bewußt gewordene Leiden an
der endlichen Bedingtheit das Bedürfnis nach
Überwindung weckt, die Progressivität begründet und so die Allegorisierungen motiviert oder
als Surrogat fungiert (KA XVIII, S. 82 f., Nr.
637; S. 1lo, Nr. 976; S. 112, Nr. 995; S. 128,
Nr. 76, S. 2o1, Nr. 57) [62], drittens, weil sie
den Leser ständig aus der fiktiven Welt heraus-
reißt, um ihm die Tendenz vor Augen zu führen
und damit die Vorläufigkeit, ja Unzulänglich-
keit der trotz allem menschlichen Kunst ("Die
Ironie ist eine permanente Parekbase." KA
XVIII, S. 85, Nr. 668) [63].
Die künstlerische Ironie ist "die allgemeine
V o r a u s s e t z u n g " für die romantische
Dichtung [64]. Sie indiziert mit ihren Arten [65]
die philosophische Basis, das Verhältnis von
unendlichem Progress und endlicher Konsistenz
und infolgedessen eine Reflexion über die Art
der sprachlichen Mitteilung. Die Ironie fehlt
so gesehen nie, wenn von romantischen Zielen,
Stoffen und Formen die Rede ist. Ihre von
Strohschneider-Kohrs genannte Doppelfunktion [66]
wird nicht dadurch aufgehoben oder geschmälert,
daß der Ironie andere Mittel zur Seite treten.
Man ist im Gegenteil der forcierten und - wie
sich zeigt - eine Unterstellung beanspruchenden
Mühe enthoben, wie Strohschneider-Kohrs ironisch gestaltete Bezüge zwischen dem Endlichen
und Unendlichen im Text nachweisen zu müssen,
und das auch noch durchgängig bestimmend für
ein ganzes Werk.

    Die Ironie ist weniger ein Darstellungsmit-
tel als die auf den Begriff gebrachte romantische Theorie selbst, die sich in spezifischen
Verfahren wie Allegorie, Arabeske, Humor,

Parodie etc. im Werk niederschlägt, "da Ironie
die einzige Form ist, in der das, was vom Subjekt
ausgeht oder ausgehen muß, sich am Bestimmtesten
wieder von ihm ablöst und objektiv wird" [67].
Die Vermittlung von Subjektivitätsbezug und Ob-
jektivitätsanspruch - so, daß ihre Unterscheidung hinfällig wird - ist das romantische Prinzip und heißt Ironie. Damit leuchtet der Zusammenhang romantischer Theorie und Praxis ein,
der zwar meistens behauptet, aber dann doch in-
terpretatorisch als Paralellismus behandelt wird.

Der romantische Künstler hat ironisch zu
sein. Das Künstlertum hängt von der Bewußtseins-
einstellung erkannter Duplizität ab. Will er sie
darstellen, so befähigt ihn seine ironische Haltung dazu, aber zu den Inhalten und ihrer for-
malen Integration in einen Werkzusammenhang gelangt er nur aufgrund seiner erfinderischen
Phantasie und bestimmter Kompositionstechniken.
"Der Buchstabe jedes Werkes ist Poesie, der
Geist Philosophie." (LN 975). Die Ironie ist
notwendig, jedoch nicht hinreichend.

Dies hat Beda Allemann wohl auch gemeint,
als er der romantischen Ironie "das Dichterische" absprach und sie primär der Philosophie
zuwies [68]. Sein kritischer Ansatz, so verstanden, und der Hinweis auf den Enthusiasmus [69]
sind bedenkenswert, denn der Enthusiasmus ist
laut LN 1846 das dritte und wichtigste Prinzip
der Poesie und führt auf Umwegen zur Parodie,
dem poetischen Witz, zurück.
Schlegel verwendet den Begriff in den Bereichen
Philosophie und Poesie. Was hat es mit dem
philosophischen Enthusiasmus auf sich?

9.   Skepsis und philosophischer Enthusiasmus

Schlegels Jenaer Transzendentalphilosophie beginnt wie alle Philosophie mit der Frage nach
ihrem Gegenstand. Was ist Philosophie? (KA XII,
S. 3 f.). Die Antwort lautet, Philosophie sei
ein Streben nach einem bestimmten Wissen. Das
Streben geht von der Skepsis aus und wird tendenziell vom Enthusiasmus geleitet.
Das ist uralt. Die aristotelische "Metaphysik"
beginnt mit dem Satz: "Alle Menschen streben
von Natur nach Wissen" [70]. Jedoch dann schreibt
Aristoteles bekanntlich wenig später unter Berufung auf Plato, das Staunen sei der Anfang der
Philosophie [71], während Schlegel apodiktisch erklärt: "Die Philosophie fängt mit Skepsis an."
(KA XII, S. 4). Auf die Verwandtschaft beider
macht schon Aristoteles aufmerksam, denn das
griechische Staunen entspringt der Fragwürdigkeit der Naturerscheinungen, der Tatsache,
daß ein Erklärungsgrund vorderhand fehlt und
etwas angesichts von Gegensätzlichem an ihm
nicht sein zu können scheint [72]. Die Geschichtlichkeit des Denkens wandelt das Staunen in
die neuzeitliche Skepsis, den methodischen Zweifel, der seit Descartes die Wahrheit aufgrund
des von der Vernunft selbstgesetzten Richtmaßes
als Gewißheit sichert. Schlegels Skepsis ist
der methodische Zweifel neuzeitlichen Philosophierens.

     Bei Descartes ist der Zweifel destruktiv
und dadurch produktiv; er produziert das Ge-
wisseste. Daher gehört zur Skepsis, dem "negativen Faktor" (KA XII, S. 4), der "positive
Faktor" Enthusiasmus (ebd.). Sie unterscheiden sich zunächst durch den Bezug. Die philosophische Skepsis bezieht sich "auf den ganzen
Menschen" (KA XII, S. 4), sie stellt ihn in

Frage, treibt ihn zur Philosophie. Der philosophische Enthusiasmus dagegen gibt " e i n e
b e s t i m m t e   R i c h t u n g   a u f s
W i s s e n " (KA XII, S. 4) an, ist eine Art
Zielursache. Beide müssen zusammenwirken, wenn
der Mensch das haltgebende Wissen erlangen
soll. Schlegel gelangt auf diese Weise zu vier
Methodenteilen (KA XII, S. 18 f.).
Von der Skepsis her gesehen ist die Philosophie
ein "Experimentiren" (KA XII, S. 18), ein ständig neuer Versuch, auf dem Kreisradius (KA XII,
S. 1o) Ausgangspunkte zu entdecken und "immer
wieder von vorne" (KA XII, S. 3) anzufangen um
der "Realität" willen [73]. Der skeptische "Grad
des Bewußtseyns" (KA XII, S. 11) sorgt für An-
trieb, Möglichkeiten, Progression und Differenz [74]. Komplementär dazu steht der Enthusiasmus. Als "Kreismittelpunkt" (KA XII, S. 1o) verweist er auf das Absolute (KA XII, S. 19), wodurch die Philosophie ein Streben und "Konstru-
iren" (KA XII, S. 2o) wird. Die Verweiskraft ist
dem Enthusiasmus immanent, denn er ist "das
Bewußtseyn des Unendlichen im Individuo" (KA
XII, S. 6), "die Quelle aller Kraft" (KA XII,
S. 66, 68), die dem Menschen zufließt aus der
Ansicht der Natur (KA XII, S. 66, 68) und aus
der Liebe (KA XVIII, S. 393, Nr. 875), später
der christlich offenbarten [75].

Für diesen Zusammenhang genügt es festzuhalten: Die Skepsis als Zweifel [76] ist die Bewußtseinsvoraussetzung des Philosophierenden,
der, indem er zweifelt, zu philosophieren beginnt, und solange er zweifelt, die Philosophie
vor Dogmatismus bewahrt (KA XII, S. 42), pro-
gressiv hält. Skepsis ist subjektiv und negativ
(KA XVIII, S. 387, Nr. 8oo; S. 413, Nr. 11o3).

Der Enthusiasmus als Kraft und " L e i d e n -
s c h a f t   f ü r   d a s   U n e n d l i -

c h e " (KA XII, S. 394) ist der Bewußtseins-
bezug zum Gegenstand des Philosophierens. Er
enthält eine Vorgabe des Zieles - ist daher
objektiv und produktiv - in Form einer Mit-
gift, die Schlegel 1804/05 nach kurzem Abwä-
gen eher im "aufgegangene(n) Bewußtsein unserer Unendlichkeit" (KA XII, S. 394) erblickt
als in einer Eingebung von außen.
"Unsere Philosophie hat dem Enthusiasmus ein
unendliches Feld eröffnet, und der Skepsis wird
weit mehr Recht eingeräumt, als in jeder andern
Philosophie." (KA XII, S. 42). Die Anmerkung,
Enthusiasmus sei nicht etwa "Schwärmerey" [77],
weil er die Sphären Endliches - Unendliches
weder verwechsle noch verwirre (KA XII, S. 8o),
weist wieder die Einheit von trennender Skepsis
und synthetisierendem Enthusiasmus aus, von
Bewußtseinsvoraussetzung und -bezug.

Geschichtlich gesehen sind beide ursprünglich platonisch. Die Begriffssystematik will
ein Geschichtssystem sein. Das "Weggerissenwer-
den aus uns selbst heraus, ergriffen gleichsam
von einer fremden Übermacht" (KA XII, S. 394)
umschreibt die Macht des Eros im "Symposion",
der den Menschen bereits in dieser Welt stufen-
weise in die Unsterblichkeit entrückt, die sich
in der Schau der Schönheit als Idee vollendet.
Solcher Zustand hebt den Menschen in der Zeit
aus ihr heraus. Schlegel versteht diese Indifferenz der Zeit, Schillers ästhetischen Augenblick, 1804/05 vorrangig religiös, obwohl die
Analogie zu "dem Gefühle des Schönen" (KA XII,
S. 395) noch genannt wird.
Plato stellt auch "die Skepsis sehr vollkommen
dar" (KA XII, S. 42), Skepsis als das griechische Staunen oder wie er sagt, "Ironie ist
die höchste, reinste Skepsis.-" (KA XVIII,
S. 4o6, Nr. 1o23), im Sinne der sokratischen

Ironie (KA II, S. 16o, 1o8.LF). Sie ist das
Bauprinzip kunstvoller Gespräche, das durch
listige "Verstellung" (ebd., im Rekurs auf
rhetorische Ironie) den Partner von Aporie
zu Aporie treibt, bis der Schein des Wissens
aufgelöst ist und die Ironie die Suchrichtung [78]
anzeigt: bei Plato die Idee, bei Schlegel ein
erregtes "Gefühl von dem unauflöslichen Widerstreit des Unbedingten und des Bedingten, der
Unmöglichkeit und Notwendigkeit einer voll-
ständigen Mitteilung." (ebd.).

Die sokratische Ironie bildet die Naht-
stelle, wo Philosophie und Poesie ineinander
übergehen und sich der Funktionswechsel bei
Ironie und Enthusiasmus gut ablesen läßt.
Sie ist philosophische Methode u n d Baugesetz von Dialogen, der ideale geschichtliche
Vorwurf also für das Programm einer philosophisch fundierten künstlerischen Ironie. Deshalb hat die Ironie ihre "eigentliche Heimat"
in der Philosophie (KA II, S. 152, 42.LF;
KA XVIII, S. 1o9, Nr. 961), ist sie der "philosophische (...) Witz" (LN 1959). Das Philosophische der Poesie beruht auf der Ironie, die
in der Philosophie meist Skepsis genannt wird. [79]

Indem sich Schlegel außer an Plato auch
an Fichtes kompliziertem Modell der produktiven
Einbildungskraft orientiert, verliert die Skepsis das Aporetische und die Züge der negativen Dialektik Platos und wird als "Zustand der
schwebenden Reflexion" (KA XVIII, S. 4oo, Nr.
955) zum Vermittlungsorgan aufgewertet, bevor
sie aus Schlegels Philosophie ganz verschwin-
det. Analog heißt die künstlerische Ironie
"poetische Reflexion" (KA II, S. 182 f., 116.
AF) und verwaltet die bereits erörterte Doppelfunktion [80].

Jo. Eine Korrektur des Ironiebegriffs

Ernst Behler weist in dem Kapitel "Die Auffassung des 'transzendentalen Ganges' in der
deutschen Frühromantik" [81] nach, daß die Re-
flexionsmethode für Schlegel als "Gang der
Ironie" bedeutsam wird und in der prozessiv-
zyklischen Bewegung Antinomien der Bildung,
des Schaffensvorganges, des Bewußtseins etc.
durch die Bewegung selbst, d.h. den Wechsel
von einem zum anderen, zu lösen sucht. Insofern hängen Ironie und Transzendentalismus zusammen. Aber stimmt es, wenn Behler schreibt:
"In dieser unendlichen Agilität liegt auch das
Künstlerische, ja Poetische des transzendentalen Denkens für Schlegel begründet, das für
ihn, wie bereits zitiert wurde, dasselbe ist,
was 'Plato Dialektik, Jakob Böhme aber Theosophie nannte', nämlich 'Wissenschaft von
dem, was allein und wahrhaft wirklich ist'" [82]?
Drei Einwände melden sich:

1.) Hätte Behler den ganzen Satz Schlegels
zitiert, so wäre "die Poesie" Subjekt des Satzes,
nicht das "Poetische des transzendentalen Denkens" [83].

2.) Behler deutet die Ironie überzeugend im
Licht von Fichtes Tätigkeit des Ich. Dabei erscheint die Korrelation Ironie-Enthusiasmus
(Pfeil/Leier) als der Ironie immanent, denn
Ironie ist Reflexion und diese duplizitär bzw.
triadisch. Man kann das Ganze auch vom Enthusiasmus her denken, was ich zu zeigen versuche,
und dann gerät das Poetische in einen Gegensatz
zum Transzendentalen, es gewinnt relative
Selbständigkeit. Die Schlegel-Philologie folgt
insgesamt vielzusehr der Identifikationssucht
Schlegels selbst. Keine Identität aber ist

ohne Differenz. Sie eröffnet auch einen - und vielleicht den besseren - Verstehenszusammen- hang.

3.)   In der romantischen Ironie bleibt die Re- flexion, wie "poetisch" sie auch sein mag, letzten Endes im Medium des Begriffs. Sie stellt keine Inhalte dar, gibt keine Anschauungen. Sie bezeichnet die philosophische Basis der frühro- mantischen Poesie und ist ihr von daher not- wendig inhärent. D i c h t e r i s c h ' wird die Ironie dort, wo das Reflektierte auch er- scheint, das Hin und Her der Bezüge zwischen den Antinomien sich in einem Darstellungszusammenhang anschaulich materialisiert, sei es in bestimmten Bildformen, in der parodistischen Figurenkonzep- tion, im Perspektivismus, in parodistischer Re- zeptionsdarstellung oder anderem. Gerade Behlers Thesen rechtfertigen Allemanns kritischen Hin- weis auf den Enthusiasmus und eine mögliche Korrektur des Ironiebegriffs in praktischer Ab- sicht.

11.   Ironie und dichterischer Enthusiasmus

Was besagt Enthusiasmus bei Schlegel in Verbin- dung mit Ironie, also im Bereich der Poesie?

"Nichts ist platter als die leere Form der Iro- nie ohne Enthusiasmus und ohne Ideal-Realismus." (LN 1o47). Beide sind sie "Kategorien der Genia- lität" (LN 1272) [84], beide notwendig für die "Harmonie" (KA XVIII, S. 185, Nr. 716) [85]. Je- doch dem Chemischen ("Ironie ist chemischer Enthusiasmus" KA XVIII, S. 2o2, Nr. 67) steht das Mythische gegenüber ("Poesie ist mythischer Enthusiasmus." KA XVIII, S. 2o8, Nr. 144) [86].

Der Enthusiasmus ist "der poetische Zustand"
(KA XVIII, S. 34o, Nr. 219), "der Anfang (...)
der Poesie" (KA XVIII, S. 4o7, Nr. 1o44): "Das
einzige Princip der Poesie ist der Enthusiasmus.-"
(LN 1846).

Auch in der Poesie kommt der positive Faktor
Enthusiasmus nicht ohne den negativen, die Ironie,
aus [87], nur findet ein Funktionstausch statt.
Im Unterschied zur Philosophie übernimmt der
Enthusiasmus hier die Antriebsfunktion, er ist
Anfangsgrund des Dichters, und die Ironie sorgt
für Bewußtseinshaltung und -richtung [88]. Angesichts der Philosophiedefinition Schlegels liegt
die analoge Bestimmung nahe, Poesie sei ein Streben des Menschen nach einer bestimmten poetischen
und im Werk veranschaulichten Lebensform, die
vom Enthusiasmus ausgeht und tendenziell geleitet und begrenzt wird von der Ironie. Unterstellt
ist darin freilich der ambivalente Kunstbegriff
der Frühromantik, der nun zur Parodie zurück-
führt.

12. Der Widerspruch von Werk- und Künstler-
     ästhetik als Rechtfertigung der Parodie

"Nicht die Kunst, sondern der musikalische
Enthusiasmus macht den Künstler." (LN 36) notiert
Schlegel und "Nicht die Kunst und die Werke
machen den Künstler, sondern der Sinn und die
Begeisterung und der Trieb." (KA II, S. 154,
63.LF).
Die romantische Auffassung des Topos der dichterischen Mania [89] orientiert sich ganz am Musikalischen [90], um in einer amimetischen Aus-
druckstheorie die Sprache der Empfindung zu

umschreiben [91]. Die zweite Notiz setzt Prioritäten, wodurch die empirische Werk-Kunst und
der ästhetische Begriff der Kunst in Ansehung
seiner anthropologischen Leistung auseinandertreten. Die bei Schelling im "System des transzendentalen Idealismus" gerade vermiedene Ent-
gegensetzung von Werk- und Künstler (Genie)-
Ästhetik [92] bringt Schlegels Dilemma - das ein
generell romantisches ist - prägnant auf den
Begriff. Die Kunst unter der Optik ihrer hermeneutischen Leistung favorisiert das Werk. Es
ist Ort und Mittel des Verstehens. Die Kunst
unter der Optik des Programms der Lebens-
Kunst [93] favorisiert den Künstler, seine
Existenz. In der Theorie ist beides vereint gedacht im Transzendentalismus. Er trägt den Anspruch an das Werk heran, literarisiertes Leben zu sein. Die Parodie nun ist das dichterische Mittel, solches auch ins Werk zu setzen.
Diese Funktion rechtfertigt sie.

Ein romantischer Künstler weist sich
p r i m ä r nicht durch sein Können und Wissen ("Absicht") aus. Seine Ideen, Phantasien und
Eindrücke aus den Quellen Liebe und Natur ("Es
giebt nur zwei ursprüngliche Begeisterungen,
die der Liebe und der Natur.-" LN 1955), die un-
bewußt wirkende Schaffensfähigkeit ("Instinkt")
machen ihn dazu [94].
Im Enthusiasmus schließen sich also die Fülle
des Darzustellenden mit dem prinzipiellen Dar-
stellungsvermögen zusammen. "Mystischer Witz =
Enthusiasmus." (LN 1143). "Mystisch" bezeichnet
im Sprachgebrauch der Zeit [95] die Ineinsbildung als Anschauung des Unendlichen im Endlichen. Wer schaut an? - die dichterische Einbildungskraft.

Vom Enthusiasmus, nicht von der Ironie
führt ein Weg zum Dichtervermögen, wenngleich

die ironische Bewußtheit notwendig hinzuge-
hört. Es ist die Leistung damaliger Denker
wie Friedrich Schlegel, Schelling, Hölderlin
oder Novalis, den seit der kritisierenden Erörterung Platos immer wieder ins irrationale
Abseits geratenen Enthusiasmus als "nüchterne
Extase" zu rehabilitieren und Kunst in der
paradoxen Spannung von Reflexion und Intuition
anzusiedeln [96].
"Mystischer Witz" kennzeichnet allgemein; eine
besondere Art ist die Parodie. Sie ist ein Derivat des Enthusiasmus, daher "poetischer (...)
Witz" (LN 1959).

13. Ironie und Parodie

Der Witz im romantischen Verständnis wechselt
zwischen einer jeweils stärker gedanklich-re-
flexiven und phantastisch-spielerischen Tätigkeit (vgl. KA XI, S. 147). "In der Transcendentalpoesie herrscht Ironie, in der Romantischen Poesie Parodie" (LN 727). "Parodie ist
poetisch, (...) Ironie philosophisch.-" (KA
XVIII, S. 338, Nr. 188).
Selbstverständlich ist die romantische Poesie
transzendental und die transzendentale romantisch, ist die poetische Poesie philosophisch
und umgekehrt; sie ist es oder soll es zumin-
dest sein, gleichgültig, ob sie Dichtart oder
historische Dimension bezeichnet. Aber die in
ihr wirksamen Verfahren setzen Präferenzen und
bieten zwei Möglichkeiten. Dieselbe Verschrän-
kung von Ziel und Mittel, die schon die Jenaer
Transzendentalphilosophie prägte [97], wiederholt
sich. Entweder vertraut das Ich reflexionslos
ganz seinem "Instinkt" und richtet sich auf das

Ziel "Indifferenz", dann bringt es "gleichsam
tote Produkte hervor (...), an welchen kein
menschlicher Verstand sich ergötzen kann" [98];
oder es erkennt sich durch Reflexion, mit "Absicht", und der Poesie gelingt aufgrund der
Nachahmung großer Meister "nur ein Schein von
Poesie" [99], dann verfehlt das Ich die "Indifferenz", das, was es als sein und der Welt Wesen
dichterisch hervorbringen wollte [100]. Denn der
Transzendentalismus macht die Einheit zwar ein-
sehbar, ist aber ein trennendes Verfahren,
bringt sie also nicht zustande. "Das Transcen-
dentale trennt das Unendliche und das Endliche
- das Absolute ist beides zugleich.-" (KA XVIII,
S. 113, Nr. 1oo9). Aus dieser Erfahrung resultiert die Relevanz der Parodie. In ihr begegnet
eine Art des Witzes, die reflexiv, aber nicht
ironisch-transzendental ist.

> "Das bloße zum Objekt machen des Subjekts,
> also Reflexion ist durchaus nicht pro-
> duktiv." (KA XVIII, S. 4o8, Nr. 1o59);
> genauer:
> "Die eigenthümliche Form unsers Denkens
> ist Reflexion; das Entgegengesetzte ist
> das objektive Denken - produktive Fan-
> tasie. Also ist die Kunst nicht mensch-
> lich sondern göttlich." (KA XVIII,
> S. 179, Nr. 643).

Franz Norbert Mennemeier unterscheidet einen
negativen und positiven Reflexionsbegriff bei
Schlegel [101]. Der positive, die "poetische
Reflexion" genannte Ironie des AF 116 (KA II,
S. 182 f.), ist aber noch nicht ohne weiteres
"produktive Fantasie". Ein Mißverständnis
scheint sich hier fortzusetzen, daß nämlich
Schlegel die produktive Einbildungskraft Fichtes
aus der "Wissenschaftslehre" 1794, das Modell
des Schwebens, einfach auf die Dichtung über-

tragen habe und die Ironie jetzt alles zusammen
wäre: Form unseres Denkens, Stilprinzip, schöpferische Phantasie.

Fichtes produktive Einbildungskraft verfährt reflexiv im Dreischritt, ist jedoch eine
vom diskursiven, endlichen Denken unabhängige
Tätigkeit, ist vorbewußt und vermag gerade deshalb zu synthetisieren. "Reflexion" ist also
sowohl die bewußte, trennende Verstandestätig-
keit wie die vorbewußte, verbindende Einbildungskraft [102].
Diese Zweiheit übernimmt Schlegel, nennt beides
gleichlautend Ironie, weil Ironie Reflexion ist,
und überdeckt so den Unterschied, den er zwar
auch macht, der bei Fichte nur klarer hervor-
tritt.
Die "poetische Reflexion" ist "produktive Fantasie" und erfüllt günstigstenfalls ihre deiktische Funktion unter der V o r a u s -
s e t z u n g , daß der Enthusiasmus in ihr
wirksam ist. Ironie und Poesie sind dann identisch, sind Synonyme. Die Ironie bestätigt
sich als die auf den Begriff gebrachte romantische Theorie selbst, als ihr philosophisches
Substrat.

Nun ist der Poesiebegriff bipolar. Die
beiden Pole bilden die bewußte Reflexion, die
Absicht oder das Ironie genannte Stilprinzip und
die unbewußte, enthusiastische Schaffensfähigkeit. Die Ironie im ersten, weiteren Sinn verdankt ihre Produktivität dem Enthusiasmus,
nicht der ironischen Bewußtheit. Folglich wird
sie in beiden Begriffsfassungen - als Synonym
zu "Poesie" und zu "Absicht", d.h. einem Pol
der Poesie - als transzendentale Reflexion die
Abstraktion und Differenz nicht los, verursacht
mitunter sogar "poetischen Nihilismus" [103].

Differenzüberwindend wird sie erst, wenn die

Reflexion anstatt transzendental "real" oder
"empirisch" verfährt und der Enthusiasmusanteil überwiegt. "Der Enthusiasmus interessirt
sich für die Realität seines Objekts" (KA
XVIII, S. 1o6, Nr. 294). Schlegel spricht dann
von Parodie.

> "Parodie ist empirische poetische Nega-
> zion; Transcendentale ist nicht mehr
> parodisch sondern polemisch.-" (LN 71o);
> "Transcendentale Parodie; Parodie die auf-
> hört Parodie zu sein.-" (LN 72o);
> "Ironie und Parodie sind die absoluten
> Witzarten; der erste der ideale, der
> zweite der reale.-" (LN 1o3o).

Es kommt bei Schlegels "mystischer" Terminologie alles darauf an, die Bipolarität des Poesie-
begriffs trotz der Implikationen auseinanderzu-
halten. Jetzt erscheint die Gegenüberstellung
von transzendental und romantisch, bzw. Ironie
und Parodie (laut LN 727) als Glieder der Pola-
ritätenanalogie: Absicht - Instinkt, Bewußtes
- Unbewußtes, Ideal - Real, Geist - Buchstabe,
Stoff - Form, Philosophie - Poesie usw. Die
Parodie steht immer mit dem jeweils zweiten
in Verbindung, die Ironie mit dem ersten, die
Poesie letztlich mit allem.
Ideal und Real bilden eine Tendenzpolarität
innerhalb des Transzendentalen [104] und außerhalb derart, daß der ideale Witz (Ironie) dem
realen (Parodie) entgegentritt. Das heißt,
statt des ironischen Transzensus, dem Sich-
erheben über das Werk und der ideal-transzen-
dentalen Tendenz hebt Schlegel auf eine parodistische Regression mit real-poetischer Tendenz ab. Das Subjekt der romantischen Ironie
ist Szondi zufolge das isolierte, selbstbezogene
Ich [105]. Das Subjekt der romantischen Parodie
ist das gesellige, sich vermitteln wollende Ich,

das Objekt der Poesie wird, indem es sich ver-
vielfältigt, potenziert. "Die Parodie ist eigentlich die Potenzirung selbst; die Ironie
bloß das Surrogat des ins Unendliche gehen
sollenden." (KA XVIII, S. 112, Nr. 995). Es
integriert sich in das Werk. Die Rückbindung
des Darstellenden in das Dargestellte ist der
Vorgang des Parodierens. Er bewerkstelligt eine
Rezeption als Darstellung, wie sie Schlegel am
"Don Quijote" abgelesen hat. Die Reflexionsbasis der transzendentalen Kunst wird in der romantischen Kunst zur poetischen Darstellbarkeit des Reflektierten, die philosophisch-iro-
nische Haltung zur poetisch-parodischen Erzählform. Die Parodie als Derivat des Enthusiasmus
ist diejenige Form der dichterischen Einbildungskraft oder die Witzart mit dem Phantasieprimat,
die gegen verständige ironische Reflexion [106]
"empirisch" verfährt, d.h. divinatorisch-
schöpferisch Bilder und Erfindungen ins Feld
führt [107]. "Die Romantische Poesie ist Empirisch" (LN 766). Die parodistische Potenzierung geschieht nicht ironisch-paradox. Sie ist
vielmehr darauf aus, das Ich ins Werk hinein und
die Einheit beider wieder herauszuspekulieren -
durch " P a r o d i e , die aus der Mischung
oder dem Gegensatz streitender Bildungsarten
entsteht" (LN 5o5). Welches sind diese?

Karl Konrad Polheim hat das Dickicht der
Begriffe Transzendentalpoesie, Poesie der Poesie
und romantische Poesie etwas gelichtet, indem er
erkennt: "jeder Begriff arbeitet eine andere
Seite derselben Erscheinung: die ahnungsweise
Manifestation des Unendlichen heraus. Der erste
bezieht sich auf das Verhältnis des Realen und
Idealen (...), der zweite auf Potenzierung und
Reflexion, der dritte auf Universalität." [108].

Wenn nun in der romantischen Poesie die Parodie
herrscht (LN 727) und erstere etwas mit Uni-

versalität, letztere mit der integrierenden Potenzierung des Ich, mit Individualität, zu tun
hat, so liegt hier wohl der Schlüssel für das
parodistische Verfahren, zumal es heißt: "Roman
überhaupt die Vereinigung zweier Absoluten, der
absoluten Individualität und der absoluten Universalität.-" (LN 434) [109].
Der Universalitätsanspruch gibt die Absicht des
romantischen Poetisierungsprogramms an und bedeutet Ganzheit [110]. "Wo man die Bestandtheile
nicht bloß gleichartig sondern auch verschieden-
artig zu bilden strebt, da strebt man nach Ganzheit nicht bloß nach Einheit." (LN 46), eine
Überzeugung, die den pädagogischen Bildungsge-
danken Schlegels um die Jahrhundertwende [111]
ebenso charakterisiert wie die gesuchten "strei-
tenden Bildungsarten" des Parodierens. Das Ich
begibt sich in das Werk hinein, das Ausdruck
seiner Subjektivität ist. Auf der zweiten ästhetischen Ebene wird es sich als ein anderes objektiv, das Werk ist Ausdruck seiner Objektivität.

> "Nur in der Antwort des Du fühlt das Ich
> seine ganze Einheit - vorher ist Chaos -
> Ich und Welt.-" (LN 1481);
> "niemand kennt sich, insofern er nur er
> selbst und nicht auch zugleich ein andrer
> ist." (KA II, S. 116).

Die dialogische Erkenntnistheorie setzt sich
dichterisch um. Aus dem Widerstreit beider parodistischer Bildungsarten soll das Wiedererkennen des einheitlichen Lebenszusammenhanges und
des Selbst folgen.

> " P a r o d i e = Mischung des Entgegen-
> gesetzten = Indifferenz.- P a r o d i e
> ist die absolut antithetische Poesie.-"
> (LN 56o);

" P a r o d i e , die (...) gar keine
Bildung zum Unendlichen, keine ange-
wandte Mystik erheischt." (LN 5o5);
"Alle Parodische Poesie ist nicht bloß
negativ sondern synthetisch = $\mp$ x."
(LN 699).

14. Die parodistische Synthese

Schlegel nimmt seinen Satz "Alles was etwas
werth ist, muß zugleich dieß sein und das Entgegengesetzte.-" (KA XVIII, S. 82, Nr. 633)
beim Wort. Die Produktivität des Widersprüch-
lichen müßte sich an der Leistung des Parodierens bewahrheiten, an der Alternative, ob
die Synthese gelingt oder nicht.
Ist die Parodie Darstellung des Individuellen
für das Individuum im Werk so, daß sich der
Mensch "in seiner ungeteilten Einheit" (KA XI,
S. 11) wiedererkennt und die Entfremdungsformen,
vor allem die Unbezüglichkeit von Theorie (Denken) und Praxis (Handeln), beseitigt sind?

        Der Ort, an dem sich die Einheit realisiert,
ist produktionsästhetisch gedacht das Gemüt des
Dichters und der gedichteten Figuren [112], von
der Rezeption her die Beziehung zwischen Werk
und Leser.
So wie das Schauspiel seit Aristoteles den Ort
seiner Präsenz in der "Seele" des Betrachters
hat, ist generell davon auszugehen, "daß zwischen dem Betrachten und Machen kein Unterschied sei." [113]. Man muß "in dem Augenblick
der Betrachtung eines Kunstwerks (...) selbst
zum Künstler" werden [114], hat als reagierender
Leser "zu entscheiden und zu ergänzen (...),

selbst dem Verborgensten nachzuforschen und das
Entlegenste zu verbinden." (KA II, S. 131). Der
jenige Leser, der

> "jene Vorempfindung der ganzen Welt hat,
> die Wilhelmen so interessant macht,
> fühlt gleichsam überall die Persönlich-
> keit und lebendige Individualität des
> Werks, und je tiefer er forscht, je mehr
> innere Beziehungen und Verwandtschaften,
> je mehr geistigen Zusammenhang entdeckt
> er in demselben. Hat irgendein Buch
> einen Genius, so ist es dieses."
> (KA II, S. 134).

Was Goethes "Wilhelm Meister" bescheinigt wird,
soll zum verbindlichen Gesetz aller Kunst werden. Die Entdeckung des "Genius" kann dann nicht
dem Zufall fähiger Autoren oder findiger Leser
überlassen bleiben, sie muß im Werk angelegt
sein. Der intendierte Leser macht das Werk auch
kritisch-potenziert und führt es seiner Vollendung zu.

Nun gibt es auch romantische Erzählwerke,
in denen der Leser realisiert, nicht bloß intendiert ist, und zwar in Personalunion mit dem
Dichter selbst. Die Zweiheit der Rollen bleibt
bestehen, aufgehoben in die Einheit einer fiktiven Selbstbegegnung. Indem sich das erzählende
Ich in das Erzählte hineinbegibt, sei es in ex-
pliziten Rollen oder als Dichter, der seine Figuren trifft und weitererzählt, ist es praktisch
am Werk; gleichzeitig rezipiert es sich, begegnet den eigenen Büchern, schaut sich bei seinem
Tun zu, ist mithin theoretisch beansprucht.
Für das rezeptiv begründete Wiedererkennen des
Menschen "in seiner ungeteilten Einheit" (KA XI,
S. 11) in der Kunstform und durch sie ist mit der
Parodie eine Möglichkeit geschaffen. Die notwen-

dige analytisch-ironische Formauflösung bekommt ein integrierendes, formbildendes Pendant.
Parodie ist d i c h t e r i s c h e Ironie,
durch Mischung poetisierende - "Die Verbindung der Philosophie und Poesie geschieht in
der Romantischen Poesie durch Mischung." (LN
1o33).

Die Denkkonstruktion des Poesieentwurfs
will totale Verbindungen oder "Ganzheit". Ganzheit heißt primär Unteilbarkeit. Deshalb sind
Individualität und Universalität im Grunde dasselbe, und deshalb darf man den romantischen
Roman nicht als pures Selbstbekenntnis des Verfassers, eines einzelnen, empirischen Ich mißverstehen [115]. Der Roman ist nicht gattungsge-
bunden und insofern "ein Individuum für sich"
(KA III, S. 134, 141), d.h. "absoluter Roman"
(vgl. LN 491, wo sämtliche Bestimmungen noch
einmal aufgezählt sind). Was in ihn seitens des
Schreibers an Subjektiv-Individuellem eingeht
(vgl. LN 572; KA II, S. 156, 78.LF), soll uni-
versalgültig werden und einen allegorischen
Sinn bekommen, denn: "Was in der Poesie geschieht, geschieht nie, oder immer. Sonst ist
es keine rechte Poesie. Man darf nicht glauben
sollen, daß es jetzt wirklich geschehe." (KA II,
S. 18o, 1o1.AF).

Der Empirismus Schlegels ist eine andere
Bezeichnung für die poetische Wirklichkeit. Sie
hat Kunstcharakter. Empirie und Realismus gehen
in der Physik, der "transzendentale(n) Ansicht
der Dinge" (KA III, S. 5). eine Verbindung ein
("Empirie ist das Wesen der Physik"; KA XVIII,
S. 344, Nr. 268), die die Formel "Keine Poesie,
keine Wirklichkeit." (KA II, S. 227, 35o.AF) erklärt. Der Realismus der Poesie ist weltschöpfe-
risches Prinzip.

Die romantische poetische Wirklichkeit
beruft sich auf die Phantasie, orientiert sich
am Freiheitsbegriff, beansprucht, Wirklichkeit
erst zu konstituieren durch die Reflexion auf
ihre Möglichkeit, und dies aufgrund der drei
Prinzipien: poetischer Sinn, Glaube, Relationa-
lität.
Das Apriori romantischer Kunst ist "die Anschauung des Ganzen" oder "der poetische Sinn" [116].
Das erstere gibt den Einstieg in den hermeneutischen Zirkel an. Vor aller Erfahrung und für
sie muß die poetische Wirklichkeit (die Realität,
Indifferenz) dem, der sie dichterisch hervorbringen will, in Form des poetischen Sinnes
gegeben sein. Durch Anwendung des vorweg ge-
schauten "Ganzen" auf die "störenden Verhältnisse des gesellschaftlichen Lebens" (KA III,
S. 142) muß der Dichter "seinen poetischen
Sinn bewähren, und an so widerstrebendem Stoff
siegreich durchführen." (ebd.). Diese Forderung
liest sich allerdings nur im Sinne des frühromantischen Poetisierens, wenn die dargestellte Wirklichkeit, wie H.-D. Weber sagt, "Folie"
bleibt und "Anlaß zur Reflexion auf ein ihr
Fremdes" [117], eben jene Anschauung.
Der Glaube sichert das Apriori ab. Glaube als
"Grundlage des Handelns" (KA XVIII, S. 333, Nr.
128) ist ein Für-wahr-Halten in praktischer Absicht.

> "Und welche Philosophie bleibt dem Dich-
> ter übrig? Die schaffende, die von der
> Freiheit, und dem Glauben an sie aus-
> geht, und dann zeigt wie der menschliche
> Geist sein Gesetz allem aufprägt, und
> wie die Welt sein Kunstwerk ist."
> (KA II, S. 191, 168.AF).

Das Axiom der "ursprüngliche(n) Einerleiheit von
Geist und Materie" und vom poetisierenden "abso-

luten Akt" des Dichtens [118] gründet in der spekulativen Freiheitsphilosophie. Ein darauf aus-
gerichtetes Leben erfordert "einen heiligen Glauben an irgend etwas Ewiges" [119]. Tritt der religiöse Glaube an die Stelle des philosophischen
Vernunftglaubens, entsteht eine agitative Be-
kenntnisdichtung (wie beim späten Brentano),
wird er säkularisiert, verkehrt sich die Auslegung der Wirklichkeit aufgrund einer Idee in
ihr Gegenteil. Der Glaube legt den Grund für
die romantische Utopie. Sie besteht im Poesiebegriff, wonach die Wirklichkeit diejenige
sprachlich geäußerte Erfahrung ist, die die
subjektive Gestimmtheit als objektive, auf
Gegenstände bezogene Gegebenheit im Sinne har-
monischer Entsprechung wiedererkennt.

> "Poesie ist eine bildende Darstellung
> der inneren Empfindungen und der äußern
> Gegenstände vermittels der Sprache." [120]
> "Die Realität liegt in der Indifferenz.-"
> (KA XVIII, S. 415, Nr. 1133).

Sie setzt also die Differenz voraus. Die Wirklichkeit ist ein Plural [121], zerfällt in ein
Innen und Außen, und "die äußere Natur wird in
jeder inneren eine andere, und diese Brodver-
wandlung ins Göttliche ist der geistige poetische Stoff." [122].
Die Realität der Außenwelt hat ihren Garanten
in der Innenwelt und umgekehrt, solange beide
nicht einerlei sind. Denn Indifferenz meint
- romantisch gedacht und wieder im Gegensatz
zu Schelling, der darunter zeitenthobene Identität versteht - Gefühl oder Bewußtsein der
Übereinstimmung einer Differenz i n der
Zeit.

Die frühromantische Wirklichkeit ist
ästhetisiert. Sie hat nicht nur in der Ästhetik

ihr Medium, von dem aus sie sich versteht, sie
stellt auch eine Strukturgleichheit her zwischen ihrer Duplizität und der seit Kant geläufigen Bestimmung der Schönheit als Relation. Das Schöne ist weder eine Eigenschaft des
Objekts noch eine bloße Erlebnisweise des Subjekts, sondern das Verhältnis, in dem der Gegenstand derart zum Subjekt steht, daß dieses
in die Harmonie (Indifferenz) seiner Erkenntnis-
kräfte versetzt wird. Analoges gilt für die romantische Wirklichkeit. Das Wirkliche ist weder reproduzierte Empirie noch die in sich verschlossene Gestimmtheit einer schönen Seele. Es
ist Relation, der gelebte und dargestellte Über-
einstimmungsbezug, "in any case, what is between
the object and the subject" [123]. "Der Sitz der
Seele ist da, wo sich Innenwelt und Außenwelt
berühren." [124].

Die romantische Utopie verfolgt als oberstes Ziel, "die Poesie lebendig und gesellig,
und das Leben und die Gesellschaft poetisch"
zu machen (KA II, S. 182, 116.AF). Sie unter-
legt der Kunst Absichten, die inhaltlich in damaligen Geselligkeitstheorien (Schleiermacher,
freimaurische Idee der Brüdergemeinde) entwickelt und praktiziert wurden.
Die Fiktion, d.h. der poietische Entwurf, erhält die Aufgabe, die Utopie, den praktischen
Entwurf, durchzuführen [125]. "Der Roman ist
ein Leben, als Buch." [126]. Sigmund von Lempicki
hat schon 1925 auf diesen Aspekt hingewiesen, [127]
die Romantik wolle das Leben literarisieren
und - man kann es umkehren - die Literatur
vitalisieren.

Der aristotelischen Erkenntnis, daß Kunst
in Unterscheidung der drei wissenden menschlichen Grundverhalten nachahmende Darstellung
eines Handelns (mimesis praxeos) ist und in ihr

nicht wirklich gehandelt (prattein), sondern her-
vorgebracht (poiein) wird, stellen die Frühromantiker die antimimetische These gegenüber, Literatur sei ein Hervorbringen bzw. Machen, "das allem übrigen Handeln zum Muster dienen kann" [128].
Das Handeln des Geistes und der Kunst soll nicht
die empirische Praxis ersetzen [129]. Es soll vielmehr paradigmatisch vorführen, wie hier im speziellen Fall der Parodie die Produktivität des
Subjekts mit dem Produkt in der Rezeption als
Darstellung übereinkommen kann. Am Fall der parodistischen Selbstdarstellung des Künstlers entdeckt sich Poesie, die Erfahrung von Indifferenz. Die poetische Darstellung bleibt nicht
mehr nur durch ihre Wirkung auf die empirische
Handlungswirklichkeit bezogen - so Aristoteles -,
sie versucht vielmehr, sich diese inhaltlich
verwandelnd zu assimilieren, sie zu poetisieren.
Die der Kunst zugemutete Musterhaftigkeit, ihre
Vor-Bildlichkeit, überflügelt als Funktion jede
Wirkung.

Romantisches Parodieren ist ins Werk ge-
setzte Existenz. Sprachhandlung und mit ihr beabsichtigte Bildung des Menschen [130] haben den
Sinn, den Kenneth Burke so ausdrückt: "Handeln
(ist) nicht nur ein Mittel, etwas zu tun, sondern eine Weise, etwas zu sein." [131]. Beides
wird jetzt der Kunst überantwortet. "Kunst gibt
nicht das Sichtbare wieder, sondern macht sichtbar." [132]. Die Gültigkeit auch der romantischen
Kunst in ihrem Selbstverständnis resultiert daraus, zu sagen, was ohne sie nie gesagt oder
gesehen werden könnte. Solche der Kunst eigene
Wahrheit ist mittlerweile suspekt geworden und
war es damals bereits.

Die Theorie des romantischen Parodierens
enthält in ihrer ästhetischen Versöhnung drei
Hauptwidersprüche, die sie aufzuheben beansprucht.

1. Hermeneutik und Lebens-Kunst sind bewie-
senermaßen Gegensätze. Das Mittel "Parodieren"
ist formbildend, das Ziel der Kunst eine "absichtliche Formlosigkeit" (KA III, S. 84);
2. Autonomie und Universalität der Kunst widerstreiten einander. Romantische Kunst ist autonom, d.h. aus der Idee bestimmt, in ihren Entstehungsbedingungen; Dichten als "absoluter Akt"
setzt ein Apriori und einen Glauben voraus.
Sie ist nicht autonom, sondern universal, "angewandte Poesie", d.h. Historie (LN 1647), in
den beschriebenen Wirkabsichten und Funktionen.
Diese Brechung scheint die Aporie Schillers zu
wiederholen, wie denn eine Kunst, von der Praxis
gelöst, auf diese zurückwirken könne [133].
Wirkungsästhetisch kann sie es in der Frühromantik. Autonomie der Kunst heißt Freiheit in der
Darstellung von Wirklichkeit, nicht eo ipso
Freiheit von der Wirklichkeit. Das autonome
Ästhetische ist dann über die Wirkung im Außer-
ästhetischen begründet, mit der Folge, daß es
Außerästhetisches im strengen Sinne gar nicht
gibt.
Allerdings: Wird die durch das Parodieren ange-
strebte Musterhaftigkeit nicht fraglich, wenn
die Bedingungen der alltäglichen Wirklichkeit,
für die die Kunst Muster sein soll, überhaupt
nicht in die Entstehungsbedingungen der Kunst
aufgenommen werden? Läßt sich Wirklichkeit so
ästhetisch bewältigen?
3. Romantisches Parodieren steht wie alle
übrigen dichterischen Formen zu dieser Zeit in
der Spannung von Ersatz und Medium [134]. Ist das
ins Werk übersetzte Leben wirklich noch Leben,
wo hört die Wirklichkeitsfiktion auf und wo
beginnt eine Fiktionswirklichkeit?
Ob die Auflösung dieser Widersprüche gelingt, ent-
entscheidet die dichterische Praxis.

"Zum Glück wartet die Poesie eben so
wenig auf die Theorie, als die Tugend
auf die Moral, sonst hätten wir fürs
erste keine Hoffnung zu einem Gedicht."
(KA II, S. 166, 9.AF).

III. Poetik und Poesie

Die Begründung romantischer Literatur verknüpft
Philosophien der Geschichte, der Natur und des
Menschen so, daß deren letztliche Unvollkommenheit ein "Bedürfnis", wie Schlegel sagt, nach
etwas qualitativ anderem erweckt: der Poesie.

Ihre Beschaffenheit funktionalisiert Philosophie
zum Organon enzyklopädisch-praxisbezogener Hervorbringung als Analogie und Paradigma einer
Handlungswirklichkeit. In der Romantik erfährt
der Topos vom Leben als Buch seine Umkehrung
und damit eine Auslegung, die auf Wechselseitig-
keit zielt. Da das dichterische Hervorbringen
mit dem willentlich-rechtlichen Handeln koinzidieren können soll, gerät die Kunst in jene
grundsätzliche Ambivalenz von Reflexion und
Intuition, die ihre Erscheinungsformen, Mittel
und Absichten prägt und an deren Ende der Widerspruch von Werk- und Künstlerästhetik steht. Die
Vermittlung soll geleistet werden und Poesie auf
diese Weise entstehen. Das Ziel der Poesie macht
ihre Konstituenten verständlich. Sie dürfen die
philosophisch-begriffliche Herkunft ebensowenig
verleugnen wie die dichterisch-bildhafte Aussa-
gekraft und Funktion gering veranschlagen. Daher rührt die Bandbreite in der Beurteilung romantischer Darstellungsformen, inwieweit die
Bedingungen der Möglichkeit von Formen sie
zugleich auch schon verwirklichen.

   Kaum anderswo als bei der romantischen
Ironie wird dieses Verhältnis von Poetik und
Poesie augenfälliger und mit größeren Konsequenzen ausgetragen. Der ironische Transzendentalismus vermag wohl den Theorieanteil
romantisch-literarischer Texte zu erklären, wo
es aber um die dichterische Umsetzung geht, dürfte
er - soviel läßt sich schon jetzt vermuten - zu

kurz greifen. Über die transzendentale Formbe-
dingung hinausgehend gehört zur Form dichterischer Einbildungskraft der Enthusiasmusanteil
mit real-empirischer Tendenz in Gestalt des
Vermögens zur anschaulichen Darstellung.

Schränkt man nun den Darstellungsbereich
auf die Erzählliteratur ein und beachtet den
semantischen Kontext, in dem die frühromantische Poetik den Begriff "darstellen" verwendet und in dem sie sich überhaupt als eigen-
ständige begreift, nämlich Darstellung des Individuellen für das Individuum zu sein, auf
daß eine Allgemeingültigkeit erreicht und Ent-
fremdungsweisen wie die zwischen Denken und
Handeln aufgehoben werden, so erscheint auf
dem Hintergrund literarästhetischer Überlegungen in bestimmten Erzähltexten übereinstim-
mend ein Verfahren, das man teilweise für Ironie gehalten hat und dessen Sinn erst einleuch-
tet, nachdem ein Abgrenzungsversuch Poetik
und Dichtung trotz bestehender Implikationen
dort spezifiziert hat, wo bislang die größte
Übereinstimmung zu herrschen schien, eben im
Umfeld der Ironie. Denn was die Literaturtheorie der Romantiker synkritisch alles miteinander identifiziert, unterscheidet sie auch
im einzelnen an anderer Stelle.
Wenn es stimmt, daß die romantische Ironie als
Stilprinzip, "Geist" eines jeden Werkes und somit Reflexionsbasis transzendentaler Kunst form-
bedingend ist, gleichzeitig aber im Medium des
Begriffs bleibt, dann liegt in den Fällen, da
die Reflexion einen dichterischen Darstellungszusammenhang wirklich formt, ein anderes Verfahren vor. Für diese Form der Einbildungskraft
gibt Friedrich Schlegel unter der Bezeichnung
"Parodie" aphoristische Hinweise, die in der
Rekonstruktion einen konsistenten Sinnzusammenhang ergeben.

Die Theorie des Parodierens läßt sich auf folgende Schlüsselsätze bringen.

Parodieren ist als real-poetisch reflexives Darstellungsverfahren ein Formgesetz dichterischer Einbildungskraft mit doppelter Perspektive. Die Spannung zwischen darstellendem und dargestelltem Ich, d.h. Erzähler und Figur, baut ein Erzählgefüge auf, in dem der Erzähler selbst zur Figur wird, als Autor seinen von ihm erfundenen Figuren begegnet, sich selbst als literarische Figur im gedruckten Buch rezipiert. Dem parodistischen Figurenkonzept ist eigentümlich, daß Rollenträger in polarer Wechselbeziehung zueinander stehen, die ihrerseits die duplizitäre Wirklichkeitsauffassung reproduziert. Diese formale Umsetzung der inhaltlichen Kontraste von Einbildung und Faktizität, fiktivem und wirklich gelebtem Leben macht die Parodie zu einer Auffassungsform von Wirklichkeit mit der Absicht, im Werk und durch den Bezug des Ästhetischen auf sich selbst Einheitsmodi oder wie die Romantiker sagen: Ganzheiten zu realisieren. Dazu gehören das rezeptiv begründete Wiedererkennen des Menschen "in seiner ungeteilten Einheit" (KA XI, S. 11) - denn das Ich ist theoretisch-betrachtend und praktisch-handelnd am Werk -, die Wiederherstellung der ursprünglichen Entsprechung von Phantasie (Poesie) und Wirklichkeit (Leben) oder die "Bildungslehre der Lebenskunst" (F. Schlegel), wonach die Übereinstimmung von subjektiver Disposition des Menschen (Gemüt) und objektiven Gegebenheiten der Außenwelt (Natur) Zeichen richtig proportionierter Lebensweise ist. Solche Ganzheiten heißen Poesie.

Hinter dem Parodieren als Verfahren stehen also das Erkenntnisinteresse an Darstellungsweisen des Unendlichen und das Vitalinteresse, über das gewöhnliche, entfremdete Leben hinauszugelangen. Indem der Erzähler im Werk per Analogie Lebensformen simuliert, die die Empirie versagt, wird dem Parodieren zugetraut, die

romantische Utopie der Werk-Leben-Einheit durchzuführen. Die Parodie verlebendigt den Buchstaben und stilisiert die Form zum Bedeutungsträger.
Da dichterisches Hervorbringen und willentlich-
rechtliches Handeln Aspekte derselben Tätigkeit
sind, bezieht sich romantisches Parodieren immer
auf bereits ästhetisch vermittelte Wirklichkeit.
Hierin erscheint die Theorie genuin romantisch,
sofern sie dem Grundsatz zu entsprechen versucht,
Geschichte sei beides - was geschieht und erzählt
wird.

Nun gehen alle frühromantischen Dichtungen
schließlich auf dieses Poetikprinzip zurück; sie
verwenden einen ästhetisierten Wirklichkeitsbegriff. Nicht alle sind selbstverständlich parodistisch. Als Kriterium der Textauswahl gilt
folglich die Figurwerdung des Erzählers bei
gleichzeitig voller Übereinstimmung mit romantischer Literaturtheorie. Letzteres schließt Werke
etwa Jean Pauls oder Immermanns, in denen auch
der Erzähler als Figur auftritt, aus. Wer wie
Friedrich Schlegel so viel über romantische
Dichtung oder Kunst überhaupt nachgedacht hat
und außerdem noch als Kronzeuge für das hier
rekonstruierte Verfahren angeführt wird, sollte Gelegenheit zu praktischer Bestätigung haben, und dessen Werk reizt dazu, an der Theorie
gemessen zu werden. So bietet sich die "Lucinde"
als Textbeispiel an.
Brentanos gleichzeitig entstandener Roman "Godwi
oder das steinerne Bild der Mutter" steht in der
Forschungskontroverse angeblich realisierter
Ironie. Die hier versuchten Unterscheidungen
der Begriffe und Verfahren könnten sich an diesem Beispiel bewähren und eine Klärung der
Standpunkte herbeiführen.
Verglichen mit dem "Godwi" mag Eichendorffs
dreißig Jahre später geschriebene Erzählung
"Viel Lärm um Nichts" unbedeutend sein. Sie

scheint aber der Analyse wert, weil sie die
Parodiekennzeichen allemal versammelt und unter
dieser Hinsicht einen Sinnzusammenhang eröffnet,
der die bisherige literarische Abwertung der
Erzählung revidiert. Außerdem stellt das Parodieren so ein Verbindungsglied zwischen Früh-
und Spätromantik dar, das die Legitimität sowohl des Verfahrens unter veränderten, wenn
auch romantik-immanenten Bedingungen wie die
Annahme eines Zusammenhanges zwischen den
Romantikergenerationen beweist.

TEXTANALYSEN

I.   Friedrich Schlegel: Lucinde

Friedrich Schlegel wollte mit der "Lucinde" den romantischen Roman schlechthin schaffen [1]. Es sollte ein mehrteiliges Werk werden, und was dann letztlich daraus geworden ist, kann immerhin für sich beanspruchen, der "meistgelesene Roman der Romantik" [2] zu sein. Seine damalige Popularität steht in umgekehrt proportionalem Verhältnis zum heutigen Bekanntheitsgrad, der, von einigen berufsambitionierten Lesern abgesehen, weitgehender Obskurität gleichkommt.

Sofort nach Erscheinen erregte der Roman die Gemüter durch Form und Inhalt [3]. Wohl kein anderes romantisches Erzählwerk hat eine solch kontroverse, emotional aufgeladene Diskussion ausgelöst, und die Fachvertreter hat das Ungewöhnlich-Dunkle-Verschlüsselte des Romans zu ständig erneuter Auslegung gereizt. Statt des ehemals revolutionären Inhalts ist mit der Zeit in der Rezeptionssicht das formal Neue stärker in den Vordergrund getreten.
Schlegels dreifach gestufte Liebesmetaphysik als Synthesis von Sinnlichkeit, Geistigkeit und Religion, seine Antwort auf die jahrtausendalte These: In der Ehe hört die Liebe auf, das heute wieder so virulente emanzipatorische Erkenntnisinteresse in Sachen 'Frau', die doppelmoralische Männergesellschaft, die arabeskenhafte Romanform als Volladaption frühromantischer Poetik sind einige Zentralaspekte der wirkungsgeschichtlichen und akademischen Kritik. Vor allem Karl Konrad Polheim war es, der auf "den potenzierten Erzählvorgang" aufmerksam

machte und im Zusammenhang mit seinen Untersuchungen der Arabeske bei Friedrich Schlegel nachweisen konnte, "inwiefern die 'Lucinde' nicht nur
den einfachen romantischen Roman, sondern den
potenzierten idealen Roman und damit die wahren
Arabesken verkörpern soll." [4]. Sein Ansatz, den
Roman vom theoretischen "Gespräch über die Poesie"
insbesondere dem darin enthaltenen "Brief über
den Roman", zu sehen, führt über Stoff- und
Ideengeschichte hinaus zur Integrationsform
'Arabeske', die dem Leser dieses eigenwilligen
Schlegelprodukts eine gehörige Verständnishilfe
bietet. Man vermißt allerdings den noch etwas
genaueren Nachweis, wie sich die Potenzierung
darstellt und was der letztlich eher Formalismus
bleibende Vorgang bedeuten könnte. An dieser
Stelle versucht der folgende Gedankengang einen
Schritt weiter zu gehen, wohl wissend, daß die
Erkenntnisse der anderen Bedingung der Möglich-
keit sind.

Der den Roman eröffnende Brief "Julius an
Lucinde" besteht aus zwei deutlich voneinander
abgesetzten Teilen. Im ersten wird das Leben
ästhetisch gerechtfertigt. Er enthält eine ästhetische Theodizee. "Wenn die Welt auch eben nicht
die beste oder die nützlichste sein mag, so
weiß ich doch, sie ist die schönste." (KA V,
S. 7) [5]. Das Verhältnis des Menschen zum Schönen
ist erotisch; Liebe ist seit Plato immer Liebe
zum Schönen. Die Ästhetik als Logik des Sinnlichen vollzieht hier platokonform den Transzensus zur Metaphysik der Schönheit und der Liebe,
indem sie den Liebenden entrückt.

"Die Menschen und was sie wollen und tun,
erschienen mir, wenn ich mich daran erinnerte, wie aschgraue Figuren ohne Bewegung: aber in der heiligen Einsamkeit
um mich her war alles Licht und Farbe

und ein frischer warmer Hauch von Leben
und Liebe wehte mich an und rauschte und
regte sich in allen Zweigen des üppigen
Hains. Ich schaute und ich genoß alles
zugleich, das kräftige Grün, die weiße
Blüte und die goldne Frucht. Und so sah
ich auch mit dem Auge meines Geistes die
Eine ewig und einzig Geliebte in vielen
Gestalten" (KA V, S. 7) -
"wir umarmten uns mit eben so viel Aus-
gelassenheit als Religion." (KA V, S. 8).

Schlegels Platonismus setzt gegen Kants Analytik
des ästhetischen Urteils ("zum Gliedern und Zer-
gliedern der Begriffe war ich nicht sonderlich
gestimmt", KA V, S. 7) und zugleich auch gegen
Platos Abqualifikation der sinnlichen Liebe [6]
einen dreifachen Sinnbezug des Eros:

1.) Er entrückt in die Unsterblichkeit. "Ich
atmete Frühling, klar sah ich die ewige Jugend
um mich (...) fühlte, daß alles ewig lebe und
daß der Tod auch freundlich sei und nur eine
Täuschung." (KA V, S. 7) [7]. Das vorletzte Kapitel "Sehnsucht und Ruhe" stellt die Erfüllung
in Gestalt des Liebestodes dar.

2.) Das Schöne, konsequent in diesseitiger
Sinnlichkeit begründet, entflieht damit nicht
ins Übersinnliche, sondern realisiert sich
materialiter im Genuß.

"Die begeisterte Diotima hat ihrem Sokrates nur die Hälfte der Liebe offenbart. Die Liebe ist nicht bloß das stille
Verlangen nach dem Unendlichen; sie ist
auch der heilige Genuß einer schönen
Gegenwart. Sie ist nicht bloß eine
Mischung, ein Übergang vom Sterblichen
zum Unsterblichen, sondern sie ist
eine völlige Einheit beider. Es gibt

eine reine Liebe, ein unteilbares und
einfaches Gefühl ohne die leiseste Stö-
rung von unruhigem Streben." (KA V,
S. 6o) [8].

3.) Der Eros restituiert die Kalokagathie. Das
Schöne ist sowohl das Sittlich-Gute jenseits
"von falscher Scham" (KA V, S. 15) und "öffent-
liche(r) Meinung" (KA V, S. 16) [9] als auch das
Wirklich-Wahre, denn Lucinde gehört auch zu
"denen, die nicht in der gemeinen Welt leben,
sondern in einer eignen selbstgedachten und
selbstgebildeten. Nur was sie von Herzen liebte
und ehrte, war in der Tat wirklich für sie,
alles andre nichts" (KA V, S. 53). Wirklich ist,
was geliebt wird, und Liebe ist immer Liebe zum
Schönen.

Die Perspektiven, die der erste Briefteil
bereits eröffnet, rücken den ästhetischen Begriff der Kunst in Ansehung seiner anthropologischen Leistung ins thematische Zentrum. Auf
engem Raum häufen sich die Schlüsselbegriffe:
Schauen, Genuß, geistige Wollust, sinnliche Se-
ligkeit, Freude und Schmerz, Würde des Lebens,
Blüte der Empfindung, feines Feuer, süße Glut,
blühende Freude, entzünden (KA V, S. 7). Die
Naturmetaphorik will der Empfindung Ausdruck geben, die ihrerseits Romaninhalt ist und "für
die es keine Sprache gibt!" (KA V, S. 54).
"Nicht die Kunst und die Werke machen den Künstler, sondern der Sinn und die Begeisterung und
der Trieb." [10]. Liebe begeistert und macht zum
Künstler. Jedes Kapitel wird von nun an bestätigen, daß Künstlerästhetik und Lebens-Kunst
Themakonstante dieses Romans sind.

"Die innerste Ansicht der Lucinde und
schon des Briefes an Dorothea - ist eine absolute Harmonie des Gefühls" [11]. Harmonie und Ge-

fühlsgenuß brechen menschliche Einsamkeit [12]
in der Ich-Du-Dialogik auf. "Nur in der Antwort
seines Du kann jedes Ich seine unendliche Einheit ganz fühlen." (KA V, S. 61). Die entspre-
chende Notiz in den "Notebooks" fügt hinzu:
"vorher ist Chaos - Ich und Welt.-" [13]. Mit
diesem Unterschied setzt der erste Satz des Romans ein, und die "Lehrjahre der Männlichkeit"
beschreiben ihn als Entwicklungsprozeß. Die In-
dividuen repräsentieren dabei die heterosexu-
ellen Prinzipien. Der Rollentausch (eine unter
allen Situationen "ist die witzigste und die
schönste: wenn wir die Rollen vertauschen",
KA V, S. 12) zielt auf "die Vollendung des
Männlichen und Weiblichen zur vollen ganzen
Menschheit." (KA V, S. 13). Schlegel verfolgt
das Androgynenideal. Wer den dritten, höchsten
"Grad der Liebeskunst" erreicht hat, "der liebt
nicht mehr bloß wie ein Mann, sondern zugleich
auch wie ein Weib. In ihm ist die Menschheit
vollendet, und er hat den Gipfel des Lebens er-
stiegen." (KA V, S. 21 f.). Die gattungsspezi-
fisch typisierte Zweiheit der Rollen - "die
Frauen allein (sind) mitten im Schoß der menschlichen Gesellschaft Naturmenschen geblieben",
(KA V, S. 55) - verschmilzt in der "Harmonie" [14]
zum "unteilbare(n) Gefühl" (KA V, S. 12), d.h.
Ganzheit, dem positiven Sinn von Individualität.
Schlegels Liebesmetaphysik steht in der Tradition der alten Lehre, wonach wahre Einheit und
wahres Sein konvertibel sind.
Seine romantische Prägung erhält der Gedanke dadurch, daß er die Spannung von Reflexion und
Intuition, Witz und Entzücken in sich aufnimmt.

"Ich bat sehr, du möchtest dich doch einmal der Wut ganz hingeben, und ich flehte
dich an, du möchtest unersättlich sein.
Dennoch lauschte ich mit kühler Besonnen-
heit auf jeden leisen Zug der Freude, da-

>mit mir auch nicht einer entschlüpfe
>und eine Lücke in der Harmonie bleibe.
>Ich genoß nicht bloß, sondern ich fühlte
>und genoß auch den Genuß." (KA V, S. 8).

Weder Narzismus noch eine perverse Art zu lieben,
wie man gemeint hat, drückt der letzte Satz aus.
Die Mittellage "einer halbbesonnenen Selbstvergessenheit" (KA V, S. 26) will den Indifferenzpunkt von Bewußtem und Unbewußtem erreichen, an
diesem Beispiel exemplifizieren und mit Sprache
umschreiben. Damit kommt wohl die Grundidee des
Romans vor dem Blick. Wenn es für die Liebes-
empfindung, wie sie durchgängig erlebt wird,
"keine Sprache gibt" (KA V, S. 54), die sie
auch nur annähernd adäquat ausdrücken könnte,
wie sollte dann ihr Höhepunkt, die als Indifferenz im romantischen Sinne erlebte Befriedigung,
ein vielschichtiger, simultaner Empfindungskom-
plex sinnlich-geistiger Art, darstellbar sein?
Die romantische Gigantomanie kommt wieder zum
Vorschein, denn gleichwohl wird postuliert:
"Darstellen will und soll der Mensch grade das
was er nicht vorstellen kann - die Liebe. -
Darstellen kann nur der Mensch." [15]. Und: "Der
Indifferenzpunkt der Natur ist allerdings etwas
Aesthetisches von und für die höhern Sinne.-" [16].
Einer literarischen, d.h. Buchstaben verwenden-
den Darstellung bleibt gar nichts anderes übrig
als sich Gedanken zu machen über die Art und
Weise dieses Unterfangens. Der "Buchstabe (ist)
nur dadurch zu überwinden, daß er fließend ge-
macht wird." [17], denn "Darstellen beruht auf
Geist und Buchstabe - Dichten auf Zeit und
Raum." [18]. Die 'Lucinde' ist ein Versuch über
Darstellen und Dichten, Form und Inhalt, Buch-
stabenkunst und Lebenskunst, den romantischen
Widerspruch also von Werk- und Künstlerästhetik.

Schon der erste, bislang nur zu einem Vier-

tel besprochene Brief repräsentiert siginifi-
kant die Doppelungen. Die begriffliche Um-
schreibung des Harmoniezustandes schloß mit
dem Satz: "Ich genoß nicht bloß, sondern ich
fühlte und genoß auch den Genuß." (KA V, S. 8).
Der Briefschreiber fährt fort: "Du bist so
außerordentlich klug, liebste Lucinde, daß du
wahrscheinlich schon längst auf die Vermutung
geraten bist, dies alles sei nur ein schöner
Traum. So ist es leider auch, und ich würde
untröstlich darüber sein, wenn ich nicht hoffen dürfte, daß wir wenigstens einen Teil davon nächstens realisieren könnten. Das Wahre
an der Sache ist, daß ich vorhin am Fenster
stand; wie lange, das weiß ich nicht recht (...)
Den Hain und sein südliches Kolorit verdankt
meine Vision wahrscheinlich dem großen Blumen-
haufen hier neben mir, unter denen sich eine
beträchtliche Anzahl Orangen befindet. Alles
übrige läßt sich leicht aus der Psychologie
erklären. Es war Illusion, liebe Freundin, alles
Illusion, außer daß ich vorhin am Fenster stand
und nichts tat, und daß ich jetzt hier sitze
und etwas tue, was auch nur wenig mehr oder wohl
gar noch etwas weniger als nichts tun ist." (KA V,
S. 8).

Julius hat sich in die "schönste Situation"
hineinilludiert. Bedingungen der ihn umgebenden
Wirklichkeit lösten einen Wachtraum aus, den er
brieflich festhält. "Die eigentliche Form der
Lucinde ist T r a u m ", notiert Schlegel [19],
und auch die "Allegorie von der Frechheit" wird
ausdrücklich als einer "der letzten meiner
wachenden Träume" (KA V, S. 15) ausgegeben. Im
sogenannten "Zweiten Brief" heißt es: "Nun ward
ich meines wachen Traumes inne, erschrak über
alle die bedeutenden Beziehungen und Ähnlichkei-
ten und stand ängstlich an dem unsichtbaren Abgrund dieser innern Wahrheit. Weißt du was mir

am meisten klar dadurch geworden ist?-" (KA V,
S. 71). Der Tagraum ist eine schöpferische
Kraft [20] und hat Erkenntnisfunktion, indem er
unbewußtes Erleben bewußt macht und objektiviert [21]. Wie vollzieht sich diese Darstellung?
Der gesamte Roman ist weder selbst Traum noch
Darstellung eines Traums, sondern seine Realisation: "ich würde untröstlich darüber sein, wenn
ich nicht hoffen dürfte, daß wir wenigstens einen Teil davon realisieren könnten." (KA V, S.
8). Die Hoffnung stellt den Roman unter eine
Anfang-Schluß-Korrespondenz. Im vorletzten Kapitel erfüllt sie sich. Es muß also außer der
Brieffiktionsebene noch eine zweite Erzählebene
geben, von der aus erzählt, arrangiert und dargestellt wird. Julius nennt sie im zweiten Teil
des ersten Briefes die Ebene "diese(r) Schrift"
(KA V, S. 9) und reflektiert von hier aus die
Form der Darstellung.

> "Für mich und für diese Schrift, für meine
> Liebe zu ihr und für ihre Bildung in sich,
> ist aber kein Zweck zweckmäßiger, als der,
> daß ich gleich anfangs das was wir Ord-
> nung nennen vernichte, weit von ihr ent-
> ferne und mir das Recht einer reizenden
> Verwirrung deutlich zueigne und durch
> die Tat behaupte. Dies ist um so nötiger,
> da der Stoff, den unser Leben und Lieben
> meinem Geiste und meiner Feder gibt, so
> unaufhaltsam progressiv und so biegsam
> systematisch ist. Wäre es nun auch die
> Form, so würde dieser in seiner Art
> einzige Brief dadurch eine unerträgliche
> Einheit und Einerleiheit erhalten und
> nicht mehr können, was er doch will und
> soll: das schönste Chaos von erhabnen
> Harmonien und interessanten Genüssen
> nachbilden und ergänzen." (KA V, S. 9).

Festzuhalten ist:

1.) Die Doppelung i n der Brieffiktion ist
eine der Wirklichkeitsmodalitäten. Sie drückt
den thematischen Kontrast zwischen Traum und
dem "Wahre(n) an der Sache" (KA V, S. 8) aus,
zwischen Wunschphantasie und Faktizität. Das
Schlegel-Diktum "Die eigentliche Form der Lucinde ist Traum" will sagen, daß der Traum diejenige Weise ist, die eine darzustellende Lebensfülle antizipatorisch zu Tage fördert. Der
"Stoff, den unser Leben und Lieben meinem Geiste
und meiner Feder gibt", wird durch die schöpferische Kraft des Traumes so vororganisiert,
daß der Mensch nun weiß, w a s er zu realisieren hat, eben jene Harmonie. Der Traum setzt als
Vorwurf dichterischer Einbildungskraft Maßstäbe
für sie. Er eröffnet die romantische Wirklich-
keitsduplizität u n d indiziert als Vorweg-
nahme des Zukünftigen ihre Überwindung.

2.) Die Doppelung der Brieffiktion s e l b s t
kontrastiert inhaltlich Darzustellendes (1. Teil)
mit der Form, in der dies geschehen könnte, und
der Überlegung, warum es geschehen sollte (2.
Teil). Sieht man sich die folgenden Kapitel daraufhin an, so sind zunächst die drei weiteren,
also "Fantasie", "Wilhelmine" und "Frechheit",
nach diesem Schema gebaut, weil sie die Brieffiktion durchhalten. Der erste Teil entwirft
jeweils Visionen (KA V, S. 8), Ideale (KA V,
S. 15), allegorische Träume, kurz Inhalte. Er
enthält die Künstlerästhetik. Der zweite Teil
reflektiert Darstellungsformen, Absichten und
Wirkungen auf die Personen selbst und auf mögliche Leser. Die Selbstapostrophierung des
Buches hat ihre hermeneutische Funktion vor
Augen ("Verstehen würden mich alle, keine so
mißverstehen und so mißbrauchen wie die un-
eingeweihten Jünglinge. Viele würden mich bes-

ser verstehen als ich selbst, aber nur Eine
ganz, und die bist du." (KA V, S. 24). Dieser
Teil drückt die Werkästhetik aus.
Beide zusammen verstehen sich als Darstellung
der Liebe oder einer ins Werk gesetzten
Existenz. Der Erzähler Julius stellt sich zwei-
mal dar, sowohl in adressierten Briefen, in ei-
nem "von den vielen zerstreuten Blättern" (KA V,
S. 9), mitgeteilten Wachträumen (KA V, S. 8, 15),
einer "allegorische(n) Komödie" (KA V, S. 29),
also literarisierten Formen, als auch in "diese(r)
Schrift" (KA V, S. 9), "in diesem Büchelchen"
(KA V, S. 13), "in diesem kleinen Kunstwerke"
(KA V, S. 15), "diese(m) tolle(n) kleine(n)
Buch" (KA V, S. 22), "diese(m) kleine(n) Roman
meines Lebens" (KA V, S. 15).
Der romantische Topos vom Leben als Buch hat kaum
je gültigere Anwendung gefunden. Das Ich begibt
sich auf zwei vorerst verschiedenen fiktionalen
Ebenen in das Werk hinein, rezipiert sich als
Schreibender und formalisiert auf diese Weise
den Themakontrast von geträumt-eingebildetem
und tatsächlich gelebtem Leben in der Absicht
einer Werk-Leben-Analogie. Diesen Befund gilt
es auszuwerten.

Zunächst sollte die irreführende romantische Ironie als Formprinzip ausscheiden [22]. Hier
geschieht kein Transgreß über das Werk als
Künstlerprodukt hinaus, weil die Wirklichkeits-
bzw. Reflexionsebene das Werk selber ist. Die
'Lucinde' kennt keine außerliterarische und
keine außerästhetische Wirklichkeit. Julius'
Formreflexionen b e z i e h e n sich auf
bereits literarisiertes, dargestelltes Leben
und s i n d an sich selbst darzustellender
Inhalt. Sie machen die Fiktion voll aus. Diese
der 'Lucinde' eigene "Art des Realismus" [23]
bewerkstelligt der "reale Witz" [24], genannt
Parodie. Was an Bildern, Visionen, Idealen,

Absichten usw. in diesem Roman artikuliert
wird, entspringt der doppelperspektivischen
Einbildungskraft des erzählenden Ich und wird
durch sie zum Werk integriert. Insofern ist auf
Schlegels Selbstinterpretation Verlaß, wenn er
sagt: "Aber Ironie gehört nicht hieher." [25].
Was gehört dann hierher?

Der Untertitel des ersten - und einzigen -
Romanteils lautet: Bekenntnisse eines Unge-
schickten. Die biographische Lesart, so als
präsentierten sich Friedrich und Dorothea leib-
haftig vor des Lesers voyeuristischem Blick,
hat Polheim mit Recht als vordergründig ein-
gestuft [26]. Zum einen vertritt Julius kein
empirisches Ich, sondern das Prinzip des Männlichen, zum anderen bedeutet Individualität
laut Literaturtheorie und Romananspruch Universalität oder Ganzheit. Schlegel spricht
gelegentlich von "epautobiographia" [27], das
man übersetzen könnte mit: auf sich selbst
hin gerichtete, sich zugedachte und ange-
dichtete Biographie. Den semantischen Kontext
von "epautobiographia" bezeichnen die Begriffe:
Darstellung des absoluten Subjekts (LN 544),
naive und parodische Mimik (LN 719), Biographie
als Lebenskunstlehre im Doppelsinn des Wortes
'Geschichte' (LN 66o). Das Erzählen bildet Leben zur Geschichte. Julius "erinnerte sich an
die Vergangenheit und sein Leben ward ihm, indem er es ihr erzählte, zum erstenmal zu einer
gebildeten Geschichte." (KA V, S. 53). Mit der
erzählerischen Formung geht die Bildung des
Erzählenden einher, weil seine Erlebnisse und
partikularen Lebensabschnitte durch die künstlerische Objektivierung in einen verstehbaren
Zusammenhang treten.

"Aber alles was er liebte und mit Liebe
dachte, war abgerissen und einzeln. Sein

> ganzes Dasein war in seiner Fantasie
> eine Masse von Bruchstücken ohne Zu-
> sammenhang; jedes für sich Eins und
> Alles, und das andre was in der Wirk-
> lichkeit daneben stand und damit ver-
> bunden war, für ihn gleichgültig und
> so gut wie gar nicht vorhanden." (KA V,
> S. 37).

Diese Ausgangssituation motiviert. Bücher schreiben heißt die romantische Hermeneutik des Daseins. "Man sollte, um das Leben und sich selbst
kennenzulernen, einen Roman immer nebenher
schreiben." [28].
Die Absichtserklärung des ersten Briefes konsta-
tiert:

> Ich war "eben im Begriff (...), die ge-
> naue und gediegne Historie unsers Leicht-
> sinns und meiner Schwerfälligkeit in kla-
> ren und wahren Perioden vor dir aufzurol-
> len, die von Stufe zu Stufe allmählig nach
> natürlichen Gesetzen fortschreitende Auf-
> klärung unsrer den verborgenen Mittelpunkt
> des feinsten Daseins angreifenden Mißver-
> ständnisse zu entwickeln, und die mannich-
> fachen Produkte meiner Ungeschicklichkeit
> darzustellen, nebst den Lehrjahren meiner
> Männlichkeit; welche ich im Ganzen und in
> ihren Teilen nie überschauen kann, ohne
> vieles Lächeln, einige Wehmut und hinläng-
> liche Selbstzufriedenheit. Doch will ich
> als ein gebildeter Liebhaber und Schrift-
> steller versuchen, den rohen Zufall zu bil-
> den und ihn zum Zwecke gestalten. (...)
> das schönste Chaos von erhabnen Harmonien
> und interessanten Genüssen nachbilden und
> ergänzen." (KA V, S. 9).

Die arabeskenhafte Kunstform ist Analogon des

Lebens, indem der Buchstabe parodistisch
"fließend gemacht wird" [29] und sich das Ich im
Werk wie in der Wirklichkeit bewegt - "das Leben soll in die Poesie gebracht werden" [30].
Nach den ersten vier Kapiteln der Brieffiktion,
die gewissermaßen das Programm der romantisch-
parodistischen Lebens-Kunst entfalten, prälü-
diert die "Idylle über den Müßiggang" im epischen Rückblick jene Harmoniesituation "einer
halbbesonnenen Selbstvergessenheit" (KA V, S.
26), während der folgende Dialog "Treue und
Scherz" nun zum erstenmal ohne erzählerische
Vermittlungsindizien - von häufigeren Anreden
abgesehen - unmittelbare Wirklichkeit simuliert.
Das Streit-Gespräch der Liebenden über Eifer-
sucht, Treue und Rollenverhalten führt am Ende
zu Konsens und Vereinigung. Mit den "Lehrjahren
der Männlichkeit" folgt die erzählerisch ge-
raffte Vor-Geschichte dieses Augenblicks,
Julius' Frauenstationen sowie der "Frühling
unsrer Liebe" (KA V, S. 58). Dieses Kapitel
weist wieder die anfängliche Dopplung auf, nun
im zweiten Teil als Reflexion der G r e n z e
erzählerischen Darstellens.

> "Andeuten will ich dir wenigstens in
> göttlichen Sinnbildern, was ich nicht
> zu erzählen vermag. Denn wie ich auch
> die Vergangenheit überdenke, und in
> mein Ich zu dringen strebe, um die
> Erinnerung in klarer Gegenwart anzu-
> schauen und dich anschauen zu lassen:
> es bleibt immer etwas zurück, was sich
> nicht äußerlich darstellen läßt, weil
> es ganz innerlich ist." (KA V, S. 58 f.).

Wie zum Beweis erkannter Problematik epischer
Selbstobjektivierung enthält sich Julius in den
"Metamorphosen" jeder Eigenkundgabe; auch Lucinde

wird nicht angesprochen. Essayistisch behandelt
der Erzähler die Naturmetaphorik in formaler und
inhaltlicher Hinsicht. "Metamorhpose" meint die
Liebesdialogik als organisch-teleologischen Reifungsprozeß ("Jeder gibt dasselbe was er nimmt,
einer wie der andre, alles ist gleich und ganz
in sich vollendet", KA V, S. 6o) und muß auf die
kurz vorher geäußerte Absicht zurückbezogen werden, "wenigstens einige von den leisen Umrissen
des entfliehenden Lebens ergreifen und zu einem
bleibendem Bilde gestalten" zu wollen (KA V, S.
58).

Zwei Forderungen frühromantischer Ästhetik
widerstreiten einander: Allegorische Festlegung
des Lebensprozesses in hermeneutischer Absicht
und verfahrenstechnische Dynamisierung der
künstlerisch-literarischen Bildlichkeit zum
Zweck der Lebensanalogie. Es scheint, als versuche die 'Lucinde' beides zu vermitteln. Schon
Julius erblickt das Problem, "Liebe" darzustellen, darin, daß "immer etwas zurück(bleibt), was
sich nicht äußerlich darstellen läßt, weil es
ganz innerlich ist." (KA V, S. 59). Empfindun-
gen, "für die es keine Sprache gibt" (KA V, S.
54), lassen sich aber vielleicht durch einen
sinnbildhaften Sprach v o r g a n g ausdrük-
ken. Denn nachdem die folgenden drei Kapitel
weiterhin inhaltliche Aspekte zur Darstellung
von Liebe - etwa Mutterschaft oder vorweggenom-
mener Tod des geliebten Partners - eingebracht
haben und auch weiterhin das Medium gleichzeitig
reflektieren [31], setzt der zweite Dialog mit
epischer Einführung, "Sehnsucht und Ruhe", formal die Ganzheit um. Das epische Erzählen geht
in die quasidramatische Wechselrede scheinbarer
Selbstpräsentation der Figuren über. Der Roman
ist sprachlich zum "Leben" gebildet. Die bis
kurz zuvor durchgehaltenen Ebenen der Künstler-
und Werkästhetik verschmilzen in dem Augenblick,

da sie ihre Funktion erfüllen. Der sprachliche Darstellungsvorgang repräsentiert das raum-zeitliche Dichten [32] als literarisiertes, gebil-detes Leben. Ohne epische Tempusangaben und Re-deeinführungen realisiert der Dialog die im ersten Kapitel traumhaft antizipierte reine Gegenwart "absolute(r) Harmonie des Gefühls" [33].

"Ein Buch ist gar nicht bloß ein Werk.-" [34]. Erleben und g l e i c h z e i t i g e s Ver-stehen des Erlebens machen aus dem Werk Schlegels ein Buch des Julius und der Lucinde. Ermöglicht wird es durch die Doppelperspektivik des Er-zählens, die den Kontrast von geträumtem und tat-sächlich gelebtem Leben formalisiert.

Die parodistische Selbstobjektivierung ver-folgt zwei Ziele: Darstellung der Liebe [35] und Fiktion als Praxisentwurf [36]. Ihren Zusammenhang beschreibt Julius so: "Wir beide sind eins und nur dadurch wird der Mensch zu einem und ganz er selbst wenn er sich auch als Mittelpunkt des Ganzen und Geist der Welt anschaut und dichtet. Doch warum dichtet, da wir den Keim zu allem in uns finden und doch ewig nur ein Stück von uns selbst bleiben?" (KA V, S. 71). Anschauen hat hier den griechischen Sinn der 'theoria', also denkende Betrachtung eines Ganzen, des Kosmos, und festliche Freude an der Teilhabe eines Gött-lichen [37]. Im hymnischen Versmaß feiert der Dia-log die - wie es vorher einmal heißt - "anschau-ende Freude über die Schönheit des Menschen, der ewig bleibt, während die einzelnen schwinden" (KA V, S. 57 f.). Die Prinzipienvermählung des Männlichen und Weiblichen läßt "eine große Lie-besnacht sich ewig ruhig fühlen." (KA V, S. 8o).
Fest, Unsterblichkeit, Ganzheit des Menschen durch Liebe heißen die Ergebnisse der Anschauung des Ich im Du und der zuschauenden Rezeption, die das Verhältnis des Erzählers zum Erzählten be-

stimmt. Die zweite genannte Tätigkeit, das
Dichten, "ist vielleicht die Synthesis von Handeln, Denken ja auch von Sehnen und Streben - die
eigentliche Grundthätigkeit des Ich." [38]. Aufgrund
der privilegierten und gleichzeitig universalen
Stellung, die der Künstler in der Romantik ge-
nießt, erscheint auch sein Tun einerseits als
einfacher Lebensvollzug [39], andererseits als spezifische Daseinsbewältigung [40]. Dichten ist Ausdruck von Leben und Poesie, mithin nicht an Kunst
und Werk gebunden. Diesem Umstand verdankt es
seinen Praxisbezug: "Alle Bilder der Dichter sind
buchstäblich wahr" [41]. Und das nicht, weil sie
immer stimmig oder richtig sind, sondern weil
dichterisches Hervorbringen unter der Optik
menschlichen Handelns gesehen wird. "Theorie und
Praxis ist die Eintheilung für den Menschen, Form
und Materie für den Künstler.-" [42]. Die parodistischen Doppelungen der Erzählebenen und des
Künstler-Ich in der 'Lucinde' verifizieren diesen
Satz, wie er umgekehrt den Roman auf den Begriff
bringt.

Erzählerische Regression ins Werk und poten-
zierter Erzählvorgang wollen den Menschen "in
seiner ungeteilten Einheit" [43] wiederherstellen.
"Im ERZÄHLEN soll der ganze Mensch darstellen
und dichten. Die Erzählung erklärt ein Gedichte-
tes" [44]. Erklärende Hermeneutik und gedichtete
Lebens-Kunst bilden die Pole dieses romantisch-
parodistischen Romans.

Sein Schlußkapitel "Tändeleien der Fantasie"
blieb bisher ausgespart, weil hier nun in der
Tat der Roman eine ironische Volt schlägt und
sein bislang verfochtenes Programm scheinbar
desavouiert. Das Kapitel beginnt:

"Durch die schweren lauten Anstalten zum
Leben wird das zarte Götterkind Leben

selbst verdrängt und jämmerlich er-
stickt in der Umarmung der nach Affen-
art liebenden Sorge. Absichten haben,
nach Absichten handeln, und Absichten
mit Absichten zu neuer Absicht künstlich
verweben; diese Unart ist so tief in die
närrische Natur des gottähnlichen Menschen eingewurzelt, daß er sich's nun
ordentlich vorsetzen und zur Absicht
machen muß, wenn er sich einmal ohne
alle Absicht, auf den innern Strom ewig
fließender Bilder und Gefühle frei bewegen will. Es ist der Gipfel des Verstandes, aus eigner Wahl zu schweigen, die
Seele der Fantasie wiederzugeben und die
süßen Tändeleien der jungen Mutter mit
ihrem Schoßkinde nicht zu stören."
(KA V, S. 81).

Der Roman stellt auch noch die Kritik an der
von ihm geleisteten parodistischen Synthese dar,
indem er auf die Fragwürdigkeit aufmerksam macht,
planvoll-bewußt - mit Absichten - und auf höchst
künstliche Weise [45] etwas sehr Natürliches, nämlich Leben, simulieren zu wollen. Es ergeht dem
Roman so ähnlich wie Kant, von dem berichtet
wird, er habe sich einmal vorgenommen, etwas zu
vergessen. Was unwillkürlich und auf natürliche
Weise "von selbst" entstehen müßte, wird will-
kürlich-absichtlich [46] angestrengt. Aber das
ist nur die eine Seite.
Es ist zwar "der Gipfel des Verstandes, aus
eigner Wahl zu schweigen, die Seele der Fantasie wiederzugeben (...) Aber so verständig ist
der Verstand nach dem goldnen Zeitalter seiner
Unschuld nur sehr selten. Er will die Seele
allein besitzen" (KA V, S. 81). Indem sich die
Seele dem Verstand hinzugesellt, entsteht das,
was die Romantiker Genie, Kunstprodukt und
Poesie nennen.

"Welche Seele solche Träume schlummert,
die träumt sie ewig fort, auch wenn sie
erwacht ist. Sie fühlt sich umschlungen
von den Blüten der Liebe (...)
Dann zieht sich ein Hauch von frischer
Jugendblüte über das ganze Dasein und
ein Heiligenschein von kindlicher Wonne.
(...) Nun versteht die Seele die Klage
der Nachtigall und das Lächeln des Neu-
bornen, und was auf Blumen wie an Sternen sich in geheimer Bilderschrift bedeutsam offenbart, versteht sie; den heiligen
Sinn des Lebens wie die schöne Sprache der
Natur. Alle Dinge reden zu ihr und überall
sieht sie den lieblichen Geist durch die
zarte Hülle. Auf diesem festlich geschmück-
ten Boden wandelt sie den leichten Tanz
des Lebens, schuldlos und nur besorgt dem
Rhythmus der Geselligkeit und Freundschaft
zu folgen und keine Harmonie der Liebe zu
stören." (KA V, S. 82).

Schellings Begrifflichkeit kann in diesem Fall
helfen, die Metaphorik des Erzählers auszulegen.
Da heißt es:

"(...), so scheint der Künstler, so ab-
sichtsvoll er ist, doch in Ansehung dessen, was das eigentlich Objektive in seiner Hervorbringung ist, unter der Einwirkung einer Macht zu stehen, die ihn von allen andern Menschen absondert, und ihn
Dinge auszusprechen oder darzustellen zwingt,
die er selbst nicht vollständig durchsieht,
und deren Sinn unendlich ist. Da nun jedes
absolute Zusammentreffen der beiden sich
fliehenden Tätigkeiten schlechthin nicht
weiter erklärbar, sondern bloß eine Erscheinung ist, die, obschon unbegreiflich
(im Handexemplar: vom Standpunkt der bloßen

Reflexion), doch nicht geleugnet werden
kann, so ist die Kunst die einzige und
ewige Offenbarung, die es gibt, und das
Wunder, das, wenn es auch nur Einmal
existiert hätte, uns von der absoluten
Realität jenes Höchsten überzeugen
müßte." [47].

Einen präziseren, bis in die Einzelheiten an-
wendbaren zeitgenössischen Kommentar zum Roman
läßt sich kaum finden. Im Romankunstwerk 'Lucinde'
wird das Z u s a m m e n t r e f f e n der romantischen Duplizität: hier bewußte Kunstfertig-
keit als Reflexion der Darstellung und des Werkes, dort unbewußter Poesiegehalt des Lebens als
Liebesgefühl, Gegenstand für das Bewußtsein, d.h.
Erscheinung. Der Begriff "Offenbarung" bedeutet
philosophisch-terminologisch die Identität dessen, was sich offenbart und worin es sich offenbart [48]. Allein im Kunstprodukt, in der ästhetischen Anschauung, vergegenständlicht sich die
entzweite Ichheit - und die Figuren sind wie gezeigt nicht empirisch zu verstehen - als E i n -
h e i t , nämlich im Sinne des Androgynenideals,
der Werk-Leben-Analogie und der Einheit von Bewußtem und Unbewußtem, "Verstand" und "Seele",
deren Paradigma die geistig-sinnliche Liebes-
empfindung ist.
"Darstellen will und soll der Mensch grade das
was er nicht vorstellen kann - die Liebe" [49].
Alle diese Einheiten sind nicht vorstellbar
oder - wie Schelling sagt - reflexiv erklärbar,
weil dann die E i n h e i t aufgrund der trennenden Erfassungsart bereits nicht mehr besteht.
N u r die künstlerische Objektivierung vermag
sie d a r z u s t e l l e n . Daß sie damit
einem rational-verstehenden Zugriff nicht etwa
entzogen sind, wie der Irrationalismuseinwand
jetzt lauten könnte, beweist der Versuch, das
Darstellungsverfahren als Parodieren zu be-

greifen und zu beschreiben.

Eine Schlußüberlegung scheint allerdings
am Platz. Ist das alles so ernst, wie es hier,
noch mit Unterstützung philosophischer Autori-
täten, suggiert wird. Das letzte Kapitel ist
immerhin "Tändeleien der Fantasie" überschrie-
ben; dazu liest man andernorts: "Ernst ist das
Gegenteil von Spiel. Der Ernst hat einen bestimmten Zweck, den wichtigsten unter allen möglichen; er kann nicht tändeln und kann sich nicht
täuschen" [50]. Spielerische Zweckfreiheit und
Scheincharakter begleiten die Kunst seit jeher
im Urteil und Vorurteil. Haben wir es also mit
Fiktionswirklichkeiten zu tun, trügerischen
obendrein, die nur dazu angetan sind, als Ersatz und - wie Dieter Arendt sagen würde -
Scheinschöpfungen aus dem Nichts von den ernsten
Problemen pragmatischer Wirklichkeitsbewältigung
abzulenken?
Der Roman deklariert offen seinen Autonomiestand-
punkt. "Auch sie (Lucinde) war von denen, die
nicht in der gemeinen Welt leben, sondern in einer eigenen selbstgedachten und selbstgebildeten."
(KA V, S. 53). Die Identität der Wirklichkeits-
und Werkebene blendet außerästhetische Wirklichkeit aus, weil die Modi wahrer Einheit, um die es
geht, die Zeit als Jetztfolge transzendieren.
"Der wahre Gegenstand der Fantasie ist Leben,
ewiges Leben - aber hier mit Aether der Freiheit." [51]. Der Roman realisiert parodistisch den
Traum von der Freiheit durch die Kraft der Liebe,
"und so entstand eine freie Gesellschaft, oder
vielmehr eine große Familie, die sich durch ihre
Bildung immer neu blieb." (KA V, S. 57).
Was im anderen immer bei sich selbst bleibt,
ist frei. Der Freiheit beständigende Liebestod
zieht die Konsequenz aus der privatistischen
Gesellschaftstheorie. "Es sollte eigentlich nur
zwei Stände unter den Menschen geben, den bil-

denden und den gebildeten, den männlichen und
den weiblichen, und statt aller künstlichen Gesellschaft eine große Ehe dieser beiden Stände,
und allgemeine Brüderschaft aller einzelnen."
(KA V, S. 63). Der Zusammenhang Liebe, Naturbegriff und Freiheit wird in ähnlicher Weise bei
Clemens Brentano wiederkehren. Die naturhafte
Einheit soll immer sein, "eine große Liebes-
nacht sich ewig ruhig fühlen." (KA V, S. 8o).
Thomas Manns Randnotiz 'Tristan' [52] wird dem
Inhalt dieser Stelle gerecht, sofern man vom
Tremolo Wagnerschen Schicksalstiefsinns ab-
sieht. Denn der Erzähler schildert eine frü-
here Situation so:

> "In einer Nacht wechselten sie mehr als
> einmal heftig zu weinen und laut zu la-
> chen. Sie waren ganz hingegeben und eins
> und doch war jeder ganz er selbst, mehr
> als sie es noch je gewesen waren, und
> jede Äußerung war voll vom tiefsten Ge-
> fühl und eigensten Wesen. Bald ergriff
> sie eine unendliche Begeisterung, bald
> tändelten und scherzten sie mutwillig
> und Amor war hier wirklich, was er so
> selten ist, ein fröhliches Kind."
> (KA V, S. 54).

Der Erzähler versteht unter Liebe und Leben
auch die Einheit von Scherz und Ernst. Es ist
also ganz phänomengerecht, wenn ein Buch, das
"gar nicht bloß ein Werk" sein will [53], den
Tändeleien der Fantasie zum Schluß noch ein
eigenes Kapitel widmet. Die Fiktion als utopi-
scher Praxisentwurf kann dadurch nur an Glaubwürdigkeit gewinnen.

II.   Clemens Brentano: Godwi

1.   Die Forschung

> "So ist mein Leben, so scheine ich ein
> Dichter geworden zu sein und bin nur
> ein Objekt der Poesie, da ich in der
> Zeit ewig lebe und alles Endliche,
> statt es zu genießen, in unendliche
> Begierde in mir verwandelt habe." [1]

Clemens Brentano ist der romantische Dichter
par excellence. Sein Programm einer "freie(n)
poetische(n) Existens" [2] hat die Interpreten
immer wieder veranlaßt, die Biographie des
Menschen Brentano mit den Werken des Dichters
zu vergleichen, von den brieflichen Selbst-
aussagen und Deutungen auszugehen und sich an
sie zu binden. Seit Paul Böckmanns richtungs-
weisender Erkenntnis, daß "das Spannungsver-
hältnis von Selbstsein und Liebe (...) im Witz
als Wechselverhältnis von Bewußtsein und Imagination" [3] greifbar ist, verlagerte sich das
Forschungsinteresse zunehmend von der existen-
tiellen Deutung auf die funktional-formästhe-
tische, eine Entwicklung, die durch Horst
Meixners "Godwi"-Aufsatz einen ersten Teilab-
schluß erreicht hat, so daß man mit Recht
feststellte: "die von Meixner ausgehende Figu-
ralismus-Diskussion ist der methodisch frucht-
barste Ansatz weiterer Diskussion des Romans
im Kontext der Romantik" [4].

    Die Frage nach der Funktion des Auto-
biographischen, seinem Einfluß auf die Darstellungsweise und der Fundierung in der für
die Frühromantik als typisch erkannten Kunst-
ambivalenz scheint immer noch lohnend, denn
was an obigem Briefzitat reizt, ist die Tat-

sache, daß hier offenbar jemand mit der romantischen Theorie ernst macht. Objekt der Poesie
sein heißt noch nicht, Dichter zu sein. Die
Verdinglichung der Existenz stellt sich als
Resultat heraus, wo sie nur Mittel sein sollte
und die Freisetzung des Subjektiven intendiert
war. Brentanos Werke sind mehr oder weniger be-
kennerisch, selbstbespiegelnd; das reicht von
der geistreichen Satire bis zur gefühlsinnigen
Verhätschelung des ausgestellten "Selbst".
Der Dichter ist sich erster Gegenstand seines
Schreibens.
Geht man von der heuristischen Arbeitshypothese
aus, die Selbstobjektivierung sei in einer bestimmten Variante das Verfahren des Parodierens,
so verbindet sich dieses im "Godwi"-Roman mit
dessen Ziel der "Dichter"-Werdung und eines
poetischen Existierens.
Die Rechtfertigung für den Versuch, den "Godwi"
ein weiteres Mal zu analysieren, liefern die
bisherigen Lesarten. Es gibt in der Forschung
zwei Parteien. Die einen sehen in der romantischen
Ironie das Formprinzip des zweiten Romanteils [5],
die anderen streiten dies ab und sprechen statt
dessen von "erruptive(r) Expression", "zynisch-
sarkastische(r) Ironie", "Glaubwürdigkeitsstei-
gerung" [6].
Beides bleibt insofern unbefriedigend, als Pro
und Contra nur ansatzweise den G e s a m t -
h o r i z o n t der Romandeutung berücksichtigen und entweder zu sehr inhaltliche Fragehin-
sichten das Verständnis in dieser Sache leiten
oder ein kritikbedürftiger Ironiebegriff, dem
außerdem der Traditionszusammenhang des Bekannten, d.h. Parekbase, abschweifender Erzähler, vorgeschobener Autor und Illusionsdurch-
brechung oft gleichviel gilt [7].

    Dagegen ist festzuhalten:
Man sollte von der Ironiefixiertheit einerseits

sowie reinen Inhaltsanalysen und Vergleichs-
parallelisierungen andererseits loskommen. Der
Übergang vom I. zum II. Romanteil ist Dreh- und
Angelpunkt des Werkes. Die 2. Widmung enthält
einen negativen und einen positiven Hinweis
bezüglich des Darstellungsverfahrens. Die Ironie wird abgewiesen, auf die Parodie wird hingewiesen. Die folgende 2. Vorrede hat die aus-
schließliche Funktion, eine Revision des Erzählverfahrens anzukündigen, nachdem der I. Teil
das in den Widmungen entworfene Programm nicht
erfüllt hat.

Die entscheidende Frage dürfte sein, wie
und warum im "Godwi" eine ästhetisch bereits
umgesetzte, teilweise autobiographische Wirklichkeit ein zweites Mal objektiviert wird.
Das den Sinn- und Darstellungszusammenhang
erschließende Verfahren des Parodierens muß
auf dem Hintergrund der romantischen Werk-
Leben-Analogie gesehen werden. So erst scheint
in Fortführung des figuralen Methodenansatzes
eine G e s a m t a n a l y s e Aussicht auf
Erfolg zu haben. Der vorliegende Versuch läuft
also nicht etwa auf eine Begriffsspalterei
hinaus, indem er sozusagen alten Wein in
neue Schläuche füllt und statt des gängigen
Ironiebegriffs einmal etwas anderes propa-
giert.
Horst Meixner hat gezeigt, wie anregend der
"Godwi" sein kann, wenn man ihn nur mit den
richtigen Voraussetzungen liest. Hier soll nun
eine andere Voraussetzung eruiert werden, zum
Beweis, daß Claude David wohl unrecht hat [8].

2.   Parodie statt Ironie (2. Widmung)

Es spricht der unter dem Prenonym "Maria" erzählende Autor Brentano, die Widmung richtet
sich an seine Schwester Bettina und enthält eine
Bestimmung des Zusammenhanges von Poesie,
Kunst und Leben.

A.W. Schlegel zieht anläßlich seiner "Don
Quijote"-Rezension das Fazit: "seht, so muß
man es machen, wenn man einmal über das gewöhnliche Leben hinausgehen will". [9]. Die Zweiwel-
tentheorie der Romantiker verpflichtet den
Menschen zur Suche nach jener "fremden, höhern
Welt", denn: "Wenn ich mich einmal von aller
Äußerung einer fremden, höhern Welt gegen mich
lossage, dann besitze ich mich nicht mehr in
dieser Welt, dann bin ich verloren." [10]. Die
Entdeckung der zweiten Welt bedeutet Individuation, das Erkennen und Verwirklichen der
dem Menschen je eigenen Möglichkeiten.
Brentano prägt für diese literarisch-künstle-
rische Standardmaxime den Begriff "freie poetische Existens". Sie ist ein Gemütszustand der
Hochstimmung, des Enthusiasmus, der offenen
Hingabe, der Ausgeglichenheit von Anspruch und
Empfängnis, subjektiver Konditionierung und
objektiver Faktizität - ein Zustand der "Entsprechung" und "Tendenz", ursächlich herbeige-
führt durch die lebensweltlichen Grundfaktoren
Natur und Liebe [11]. Welche Rolle spielt dann
noch die Kunst? Grundsätzlich ist diese Konstellation für die Kunstauffassung der Romantik
bezeichnend. Eine freie poetische Existenz
braucht keine künstlerische zu sein. Die Romantik kennt ein Künstlertum ohne Werk und eine
Werk-Kunst ohne Anspruch auf Lebensveränderung.
Die Zweiheit von Instinkt und Absicht, um
Friedrich Schlegels Begriffe zu gebrauchen,

kann in eine kunstlose Poesie und eine poesie-
lose Kunst auseinanderfallen; diese Resultate
haben Schlegels und Schellings Analysen bereits geliefert.

Das Ende des I. Romanteils ist daraufhin
schlüssig interpretierbar. Godwi und Römer
scheitern aufgrund verschieden einseitiger
Abstraktionen. Schon diese Wertung gibt indessen an, daß idealiter beides eine untrenn-
bare Symbiose eingeht. Die Kunst vergegenständlicht, macht anschaulich und begreifbar, was
im Lebensprozeß unmittelbar und simultan erlebt wird, indem sie Zeitliches festhält, gestaltet und in seiner Bezüglichkeit auslegt.
Sie ist Medium zur Realisierung der Poesie,
wenn es ihr gelingt, Leben a l s Leben
darzustellen [12].

"Was kann ein moderner Theaterdirektor",
schreibt der Poet an den Direktor,
"von der Macht einer Kunst verstehn,
welche d a s   k o n z e n t r i e r -
t e s t e   L e b e n , d a s   G e -
d i c h t , durch dessen Schöpfer
selbst, den Menschen, dem Menschen
einzuspiegeln berufen ist." [13].

Der Motiv-Bild- und Verfahrensbereich der Kunst
muß vitalisiert werden, dann ist "der Wert des
Lebens die Poesie" (S. 217), dann hat dem Menschen "die ausübende Kunst das Höchste zur lebendigen Kraft, zum bewußtlosen Innewohnen geschaffen" (S. 215). Die Vitalisierung entfaltet
ein Leben, "dem das Abstrakte durch eine glück-
liche Beugung der Formen zum lebendigen Elemente wird." (S. 215).

Man versteht die Kunstform als Funktion der
Thematik beim frühen Brentano nur hinlänglich

aus dem Gegensatz von Reflexion (Ironie) und
Kunst als Liebe.
Friedrich Schlegel hat in der Endphase seiner
Ironieauslegungen beides identifiziert [14]. Er
holt damit die religiöse Überhöhung ein, die
Brentano bzw. den Erzähler von Anfang an froh
sein läßt, "daß ich keiner von diesen bin"
(S. 218). Er meint die Fichteaner, das Re-
flexionszeitalter, jetzt, "da sich die Zeiten
trennen und die Philosophie mit der Reflexion
alle Töpfe des Prometheus zerschlägt" (S. 218).
Zu den Attacken auf "den jugendlichen philosophischen Anflug der letzten fünf Jahre" (S.
243) im "Godwi" gehören die "Kreuzfahrer-
Parabel" (S. 244 f., 266 ff.), die Passage
über "Schattenbeinichte" (S. 234 f.) oder auch
die im Caroline-Kreis gehaltene Philister-Rede
Brentanos [15].
Brentano war kein spekulativer Geist, aus
Überzeugung und mit Begründung. Reflexion
als Form unseres Denkens ist Bewußtsein der
Endlichkeit. Endlich ist, was eine Grenze
hat. Bin ich mir der Grenze bewußt, ist sie
keine Schranke, kann ich sie denkerisch ne-
gieren, transzendieren: es entsteht die unendliche Reflexion [16]. Darauf beruhen Progressivität und Indikation der Ironie. Der ironisch-
analysierende Künstler ist hoch erhaben über
das von ihm geschaffene und vernichtbare Werk
- um den Preis der Selbstisolation und des
Leblos-Lieblosen; mit Brentanos Worten:

> "Hoch seid ihr erhaben über die Aus-
> sicht, aber ihr seid an den Felsen
> geschmiedet, die Welt habt ihr er-
> schaffen, die euch erschaffen sollte,
> und sie zielet mit Pfeilen des Todes
> auf euch, der Geier der Reflexion
> zernagt euer ewig wiederkehrendes
> Herz." (S. 218).

Objektiv reproduziert diese Fichte-Rezeption,
soweit sie eine ist, das damals übliche Mißverständnis vom Ich als dem autonomen Welten-
schöpfer, subjektiv formuliert Brentano die Erkenntnis, daß die unendliche Reflexion, wie
sie den Ironiebegriff prägt, als primäres Dich-
tungs- und Lebensprinzip nicht taugt [17].

> "Erschafft mich die Welt, oder ich sie? -
> Die Frage sei die älteste und verliere
> sich in die dunklen Zeiten meines Lebens,
> wo keine Liebe war, und die Kunst von dem
> Bedürfnisse hervorgerufen ward. - "
> (S. 218).

Brentanos Problematisierung der Kunst - nicht
der Poesie, denn sie folgt in späteren Jahren,
und auch nicht der einzelnen Künste - zielt auf
die Künstlichkeit [18]. Sie kreist um die Frage,
von wem der Anstoß ausgeht, vom Subjekt oder vom
Objekt. Sie sinnt hauptsächlich darauf, aus dem
geliebt-gehaßten Medium wieder entlassen zu
sein [19], das, als Hermeneutikum unerläßlich, zugleich Leben und Liebe verhindert. Sie wertet
eine eigene Art von Wirkungsästhetik emphatisch
gegenüber der Produktionsästhetik auf. Im "Wiedererkennen" [20], das erzähltechnisch die Absicht der Wirkungsästhetik ist, sofern Personen
und intendierter Leser die Formel des "Alles ist
ewig im Innern verwandt" (S. 156) verifizieren,
vollendet sich die Themenkonstante 'Individuation', mithin in der Kunst als Liebe. Dieses
Etikett enthält keine inhaltlich-thematischen
Empfehlungen im Sinne: Brentano, der Erotomane,
sondern es umschreibt die Funktionsbestimmung
aller Kunst, Lebenszusammenhänge exemplarisch
zu repräsentieren, die wie die Liebe dialek-
tischer Natur sind. Von einer Eigengesetzlichkeit der Kunst kann hier zunächst keine Rede
sein, im Gegenteil, sie hält Ausschau nach Ver-

fahren, die diese Funktion möglichst adäquat
erfüllen.
Die Individuation erreicht das Ich nicht allein durch sich selbst, nicht durch Selbst-
schöpfung und -vernichtung, durch Selbstbe-
trachtung [21] oder indem es ironisch über dem
Werk schwebt, um Bestimmungen Friedrich
Schlegels anzuwenden. Es erreicht sie, wenn
überhaupt, durch die Selbsthingabe an ein anderes, durch Sich-erschaffen-lassen (S. 218),
das seinen Ausgang nimmt von der Wirkung,
der Passivität, dem anderen, dem Unbewußten,
Objektiven hin zu den Komplementen.

Die Möglichkeit des Werkes hängt davon
ab, ob die duplizitäre Wirklichkeit es heraus-
fordert und in es eingeht. Lebens-Kunst muß
das Dargestellte verlebendigen. Die Ich-Du-
Beziehung ist nur vom Du her zu lösen. Liebe
ist Reflexion vom Objekt her. Brentano vertritt zwar noch die griechisch-scholastische
Geschlechtsmetaphysik, wonach der Mann das
Form- und Kraftprinzip darstellt und die Frau
das stoffliche [22], aber gleichzeitig zeigt er
eine ausgeprägte Vorliebe für die Bisexualität
und den Geschlechterrollentausch, die nicht zuletzt Ausdruck autarker Ganzheit sind und dem
Entsprechungsdenken der Romantik zugehören [23].
Man ergänzt an sich, was einem selbst fehlt.
Damit "die Macht der Ausübung und des Stoffs,
das Leben und der Genuß im vollen blühenden
Gleichgewichte stehen" (S. 1oo) [24], entwickelt
Brentano eine Dialogik der Aufforderung, die
das alter ego als notwendige Bedingung für
die Individualität postuliert [25].

"Habe ich denn nichts, wenn man mir nichts
giebt, und bin ich denn nichts, wenn ich
nicht durch die Augen eines andern gesehen werde?" (S. 95).

Die Aufforderung

> "Du bist meine Welt, und du sollst mich
> erschaffen; o bewege dich, öffne mir die
> Augen, oder sieh nach deinen Lieblingen
> den Blumen.-" (S. 218) [26].

ist der poetische Imperativ, ist anredender Auf-
ruf in der literarischen Form der Widmung. In
ihr vergewissert sich der Autor der objektiven
Realität der Personen, um dann sich selbst und
das Werk auf sie zurückzubeziehen. Das Buch steht
in einem hermeneutischen Identifikationsbezug
zum Autor. Es leistet mit einem Wort Friedrich
Schlegels "das Mimische".

Die programmatische literarästhetische Reflexion verteilt sich auf die 1. Widmung (vgl.
S. 12, 14), die 2. Widmung (S. 217) und die ab-
schließenden "Nachrichten von den Lebensumstän-
den des verstorbenen Maria" (vgl. "An Clemens
Brentano"), die somit die beiden Romanteile
gliedernd einrahmen. Die Darstellung verhält sich
zur Reflexion wie die Binnenteile zum Rahmen und
wie das literarisch-gedichtete Leben zum wirklich gelebten. Der autobiographische Lebensstoff soll durch die allegorische Fiktionalisierung objektivierend-universale, mithin eigentlich subjektive Gültigkeit bekommen. Umgekehrt beglaubigt das Chronikverfahren dem
Phantasieprodukt seine Wahrheit. Der Enthusiasmus dazu stammt aus der "schöne(n) Quelle" (S.
11, gemeint ist Sophie Mereau), genauer, dem Bestreben, Leben zu dichten in Lebensanalogie.

> "O ich möchte dichten, wie du dastehst,
> wie du wandelst und blickst, ich möchte
> denken wie du gedacht bist, und bilden,
> wie du geschaffen bist." (S. 217, ge-
> meint ist Bettina Brentano) [27].

Solche Dichtung darf sich realisierte Poesie
nennen, ein solcher Dichter trägt den Titel
"freie poetische Existens", und auf das verfahrenstechnische Mittel trifft Schlegels
Terminus "Parodie" zu. Obwohl bisher das Wort
nicht auftauchte, war von der Sache ständig
die Rede, von der Parodie als literarischer
Möglichkeit, Leben als Leben darzustellen.

Die erste lyrische Einlage der 2. Widmung
bildet ein Theoriekonzentrat, das nun auch
formal durch die Musikalität und Bildlichkeit
der Sprache ausdrückt, wie das ästhetische
Auffassen des Lebens den gesuchten Entsprechungen auf die Spur kommt und Poesie entsteht,
auf "Daß sich der Heimat Tore mir erschließen"
(S. 217). Das Gedicht behandelt die Einweisung
des Menschen in seine aus dem Leben stammende
Bestimmung: "Um meinen Ruf, des Lebens tiefsten Klang/Mir eignen, ihn mit Lied und Lieb
erringen" (S. 217). Der anspruchsvoll-gewich-
tigen Form der Stanze entspricht inhaltlich
Brentanos künstlerisches Glaubensbekenntnis.
Die folgenden Bemerkungen sind keine Gedicht-
analyse, sondern versuchen nur den Themabezug
auszuwerten.

Die Stellung des Menschen im romantisch-
metaphysischen Kosmos markieren zwei Spannungs-
pole, zwischen denen sich Leben abspielt (vgl.
1. Strophe). Zum einen ist es das Heimweh, das
den Menschen zum Sucher macht. Es motiviert
zur Reise in die Fremde, zum Gang aus sich
heraus in ein Draußen, das dann als ein Ver-
trautes, verhüllt Bekanntes wiedererkannt
wird [28]. Zum anderen sind es die "in sich
selbst verwandte(n) Mächte" (S. 215), "des
Lichtes Söhne(n)" (S. 216), die in einer Art
prästabilierter Harmonie "das Geschick" (S. 216)
des Menschen, seine Bestimmung festgelegt und

ihn in "jene Fremde eingeweiht" (S. 216) haben.
Als im romantischen Glauben geglaubte, bewah-
ren sie die Suche grundsätzlich vor dem Ver-
dacht der Sinnlosigkeit und garantieren im
vorhinein die Kongruenz von Erwartung und Erfüllung. Wird dennoch das Ziel ("Ersteh in meiner Seele Poesie", S. 217) verfehlt, so liegt
es an den Mitteln Kunst und Liebe in ihrer besonderen Verflechtung. Beide sind darauf ausge-
richtet, das Verhärtete, Isolierte, Statische,
Ignorante, Unlebendige für eine "Brüderschaft"
(S. 216) zu gewinnen. Der Mensch sieht sich
herausgefordert, mit den künstlerischen Medien
(plastische Form, Farbe, Ton, Wort) synästhetisch
eine Wirkung herbeizuführen, die im bekannten
Poesiegespräch des II. Romanteils (8./9. Kap.)
das Romantische heißt.

> "Das Romantische ist also ein Perspectiv
> oder vielmehr die Farbe des Glases und
> und die Bestimmung des Gegenstandes
> durch die Form des Glases." (S. 258 f.).

Die transzendentalkritische Unterscheidung von
Gegenstand und Erkenntnis-(Darstellungs-)Art des
Gegenstandes liest sich im Gedicht so:

> "Dich schreckt so stiller Gang, so schwer
> Bemühen,
> Du sehnest dich in alle Liebe hin,
> Des Marmors kalte Lippe will nicht glühen,
> Die Farbe spottet deiner Hände Sinn,
> Die Töne singen Liebe dir und fliehen;
> Gewinnst du nicht, so werde selbst Gewinn,
> Entwickle dich in Form, und Licht, und
> Tönen,
> So wird der Heimat Bürgerkranz dich krönen."
> (S. 216).

Der Rückverweis auf die Künstlerperson bedeutet

als Ausweg aus der Darstellungsproblematik die Literarisierung des Lebens [29] oder die Vitalisierung des literarischen Werks, zwei Seiten derselben Sache, deren latenter Widerspruch die Parodie auf den Plan ruft.

Die im Gedicht angezeigte Wende angesichts einer fehlgelaufenen Entwicklung präludiert die den II. Romanteil bestimmende Revision des Erzählverfahrens. "Gewinnst du nicht, so werde selbst Gewinn" könnte als Motto dem II. Teil voranstehen. Der Dichter Maria begibt sich in das Werk, entwickelt sich als Figur "in Form, und Licht, und Tönen".

In jeder der insgesamt sieben Stanzenstrophen - ausgenommen die letzte - ist im Schlußreimpaar, das zusammenfassend die Strophe abrundet, vom Thema "Heimat" die Rede und davon, wie man sie erreicht: indem ich dem Heimweh nachgebe (1), in die Fremde ziehe (2), mich mit den Sternen verbünde (3), meinem künstlerischen Genius folge (4) und die Poesie begrüße (6). Die 5. Strophe empfiehlt die Umsetzung des Subjekts ins künstlerische Medium, die Selbstobjektivierung und Rezeption als Darstellung, das Parodieren. "Bis brautlich ganz in Wonne mein Gesang/ Gelöst in Lust und Schmerz das Widerstreben/ Und eigner Schöpfung Leben niederschweben." (S. 217). Diese letzte Strophe gipfelt in der romantischen Utopie, derzufolge die dichterische Schöpfung den Charakter undissonantischen Lebens annimmt, das Werk Lebensraum, Lebensempfindung geworden ist [30].

3.   Die Revision des Erzählverfahrens (Vorreden)

"Wo will es am Ende hinaus! Die Begebenheit
steht zuletzt wie ein schwankendes Gerüste
da, das die Behandlung nicht mehr ertra-
gen kann, und jagt den Lesern Todesangst
für sich und sein Interesse ein. Das trau-
rigste aber bleibt es doch immer, wenn dem
Buche der Kopf zu schwer wird, durch Gold,
oder mehr noch durch Blei. Werden beide
Arten nicht Holundermännchen? die sich
auf den Kopf stellen, und ist dieses
nicht äußerst gefährlich? wenn zarte
weibliche Figuren darin leben sollen."
(S. 225).

In Bildern und Vergleichen beginnt die 2. Vorrede mit einer Kritik des Bisherigen. Der Roman-
ausgang hat offenbar sein Ziel nicht erreicht,
Form und Inhalt koinzidieren nicht, von der wir-
kungsästhetischen Absicht ist der Leser am Ende
weiter denn je entfernt. Das Werk erscheint im
Bild von den Holundermännchen auf dem Kopfe.
Es hat sich so verselbständigt, daß der Bezug
zum Erzähler verlorengegangen ist und die Figuren ein Eigenleben entwickeln. Mit bleischwerem
Kopfe liegt das Buch da, die Lebensanalogie und
das Vitalistische kann es längst nicht mehr
glaubhaft machen. Dies stellt der Autor fest in
der Rolle des Dichters Maria, der den I. Teil
verdeckt erzählt hat, und zwar subjektiv: "Ich
habe leider diese Briefe mit dem Meinigen vermischt, und hoffe einige Entschuldigung, wenn
ich erzähle, wie ich zu diesen Briefen gekommen
bin." (S. 225).
Die hier geübte Selbstkritik kennt der Leser
bereits aus der ersten datierten Vorrede, die
n a c h Abfassung des I. Teils geschrieben ist,
d.h. sich so fiktionsfunktional ausweist, also
eigentlich eine Nachrede ist, aber als Vorrede

den I. Teil von Anfang an relativiert.
Die Revocatio als Proömium - um den Sinn dieses offensichtlichen Kunstgriffs zu erkennen,
muß man zunächst wissen, was hier kritisiert
wird.

3.1. Die Brieffiktion des I. Teils

"(...) von allen Seiten bin ich eingeschlossen" (S. 18), schreibt Godwi gleich zu Beginn
im ersten Brief. Die Entdeckungsreise des Helden nach sich selbst nimmt ihren Ausgang von
der Individualität als Vereinzelung und Iso-
lation. Im selben Brief wenig später spricht
er von seinem "Talent, alles von allen Seiten anzusehen" (S. 22), und darauf kommt es
an. Die Brieffiktion erlaubt die Überwindung
der einen Perspektive, der borniert-begrenzten
Festgelegtheit, erlaubt den Standortwechsel,
die simulierende Darstellung und Erprobung
menschlicher Fähigkeiten, das Spiel mit Rollen, kurz, die Metamorphose [31].

Die Romantiker waren enthusiastische Briefschreiber und knüpfen mit ihrer Briefromanform
an pietistische und empfindsame Strömungen des
18. Jahrhunderts an [32]. Der "Godwi" ist aber
kein "Werther". Gestalt und Funktion der Briefe
unterscheiden sich als erstes deutlich voneinander.
Die genau datierte Brieffolge Werthers an Wilhelm und Lotte ist das "erfahrensseelenkundliche"
Drama eines Menschen, dessen Entwicklung einem
stehenden Sturmlauf gleicht, eingespannt zwischen Expansion des Herzens und resignativem
Erliegen, und das mehr und mehr tragische Züge

annimmt, nachdem Lebensprinzipien wie Herz,
Liebe, Schicksal ihre dialektische Umschlägig-
keit enthüllen. Die Verbindung von Gefühlsbe-
kenntnis und Reflexion auf das Gefühl **kennzeich**-
net den Briefroman. Goethes Roman nutzt sie in
zweifacher Hinsicht. Werther kommt dem Grund
seiner Leiden auf die Spur, daß nämlich Gefühl
und Verstand sich gegenseitig beeinträchtigen
und die Reflexion eine Glücksvorstellung ver-
hindern muß, die sich ausgerechnet an der un-
reflektierten Selbstzufriedenheit orientiert [33].
Für den Romanautor sind die Brief- und spätere
Herausgeberfiktion wohlfeile Mittel, mit
distanzierendem Gestus die Problematik einer
allein der Stimme des "Herzens" folgenden
Existenz sichtbar zu machen. Hinzu kommen als
kritische Indizien Werthers Selbstwidersprüche,
die warnenden Beispiele (Jugendfreundin, Bau-
ernbursche, Blumensucher), die in korrespondie-
rende "Gegenbilder" gekleideten Signale (Nuß-
bäume, Homer-Ossian usw.) [34]. Werthers Leiden
sind eher die Kritik als der Triumph der
Empfindsamkeit. Der Autor objektiviert über-
standene Gefahren; der heutige Leser braucht
Nicolais "Anti-Werther" nicht nehr.

Ganz anders verfährt dagegen der I. Teil
des "Godwi". Die Brieffiktion sucht den Eindruck der Unmittelbarkeit und des Labyrinthischen
zu erwecken, sie verstrickt sich gegen Ende in
Ausweglosigkeiten, verrätselt Personen und
Situationen (die weiße Marmorfrau, die Familien-
mitglieder im "Goldenen Kopf") und bricht die
Erzählstränge abrupt ab. Von Tragik kann keine
Rede sein. Die einunddreißig Briefe stammen von
verschiedenen Schreibern, richten sich an verschiedene Adressaten, sind undatiert, ohne
äußere Chronologie und vermitteln zwei, zunächst scheinbar getrennte, Wirklichkeitsebenen,
nämlich eine innere der Lebensansichten, der

reflektierten Erfahrungen, und eine äußere der
signifikanten, daher nicht kolportagehaften ver-
wandtschaftlichen Lebensbeziehungen. Der I. Romanteil breitet ein episch-flächiges Netz ge-
heimnisvoller Andeutungen, verdeckter Personen-
bezüge, gegensätzlich typisierter Lebenskreise
aus, die den Leser vorerst ordentlich irritie-
ren. Seine Erwartung erfüllt der II. Teil mit
der von Meixner erläuterten allegorischen Aus-
deutung der Familiengeschichte.

Doch der I. Teil hat auch eine relative
Selbständigkeit, sieht man sich die Briefe genauer an.
Eigentlich kommunikativ sind sie nicht, selbst
die nicht zwischen Godwi und Römer. "Unsre Briefe können sich nicht mehr beantworten, denn wo
du glühst, starre ich, und bin ich nur erwärmt,
so schmilzt du schon." (S. 183); sie h a b e n
sich auch nie beantwortet. Selbstenthüllung be-
absichtigen sie, eine communis opinio der Forschung, die sich zudem mit der Beurteilung der
Gattung "Briefroman" in Übereinstimmung weiß.
Jedoch, sind die Figuren ein "Selbst", sofern
man darunter das Einzigartige, Individuelle
versteht?

Wenn es stimmt, was seit Paul Böckmanns
Brentano-Aufsatz bestätigt wurde, daß nicht
das An-sich der Wirklichkeit, sondern ihre me-
diale Brechung im Perspektivismus Formprinzip
des I. Teiles ist, so scheinen die Figuren in
einer doppelten Relativität konzipiert. Sie
sind bezogen auf ihre Perspektive, d.h. subjektiv und einseitig. Je nach dem, was sie an
Wirklichkeit dem Leser vermitteln, welche
Mitteilungsformen sie wählen (z.B. das Lied,
Otiliens Verssprache), werden sie für ihn
greifbar. Die perspektivische Begrenztheit
garantiert subjektive Schärfe und Einseitig-

keit mit dem Anspruch generalisierender Typik.
Molly repräsentiert emanzipierte Sinnlichkeit,
Joduno bildsame Einfalt, Otilie ätherische
Keuschheit, Godwi und Römer teilen sich die
Typik Mensch und Bürger [35].
Die Perspektiven sind ihrerseits nun nicht
beliebig oder zufällig. Vielmehr

> "ist und bleibt der Stoff, der des Dich-
> tens wert ist, ewig derselbe und ein-
> fachste, der eben darum unerschöpflich
> ist. Denn nach dem einzigen Punkt, der
> in der Mitte der Welt liegt, kannst du
> die meisten Linien ziehen, und nur von
> ihm aus zu allem gelangen." (S. 131).

Der Stoff, der des Dichtens wert ist, ist nach
übereinstimmender Auffassung aller Frühromantiker
das "absolut Individuelle" [36], die poetisierte
Ansicht der Dinge. Die Individualität ist erreicht, wenn sie Zusammenhänge eröffnet. Mittelpunkt und Peripherie verstehen sich als die
ins Geometrische übersetzte notwendige Korrelation von Innen und Außen, Ich/Nicht-Ich, Indi-
viduum-Mitmensch. Der Text enthält versteckte
Hinweise darauf, daß das multiperspektivische
Erzählen einen zentralen Fluchtpunkt hat [37].

Ganz beiläufig läßt Römer eine Bemerkung
über den "Verfasser des Romans Godwi" (S. 54)
fallen, eine ironische Selbstzitierung des
Autors oder ein kleines Beispiel für - wie
Brentano einmal sagt - "Ironie des aus dem
Stück Fallens" [38]. Gravierender erscheint
demgegenüber, daß sich die einzelnen Schreiber
hinsichtlich ihres Stiles schwerlich unterscheiden lassen - Jost von Eichenwehen vielleicht
ausgenommen. Otilie redet zwar in Versen, doch
charakterisiert dies mehr die außergewöhnliche
Situation der Lebensentrücktheit ihrer Sphäre

als ihre Person, denn im Brief an die Freundin
Joduno steht sie ihr im Gebrauch hypotaktisch-
elaborierter formelhafter Sätze kaum nach.

Die Reihenfolge der Briefe verrät zudem
künstlerische Absicht. Den roten Faden des
Organisationsprinzips gibt die hellsichtige
Bemerkung Römers an die Hand:

> "Die Folge deiner Bekanntschaften und
> deiner Briefe machen mir eine voll-
> kommene Krise wahrscheinlich. Von dem
> Landhause einer Engländerin in die Burg
> eines Landedelmanns, von da zu einer
> Ruine, zu einem Einsiedler; ist das
> nicht der Lauf der Zeit?" (S. 184).

Die drei Frauentypen entsprechen den Reise-
stationen als räumlicher Aufwärtsbewegung. In
der Auseinandersetzung mit ihnen vollzieht
sich Godwis Individuation, der selber - "nichts
als ein Spiegel" (S. 87) - wie immer "andere
Bilder" (S. 113) "in der Werkstätte des Lebens" (ebd.) dasteht. Die drei Frauen sind
Ichfunktionen, Figurationen des Lebens, perspektivische Stilisierungen einer Individualität als Vereinzelung auf der Suche nach
autarker Ganzheit. Sie stellt den anderen, positiven Sinn von Individualität, der "schönste(n)
Vollendung unserer Eigentümlichkeit" (S. 113)
dar oder, wie F. Schlegel es nennt, die Universalität. Wer um seine Eigentümlichkeit weiß,
hat eine glückhaft-freudige Ansicht vom Leben.
Er erkennt sich in allem wieder, ist dem
Dissonanzleid enthoben, entdeckt, daß "Alles
ist ewig im Innern verwandt" (S. 156). Ihm
glückt die Einsicht in den Lebensgrund, die
Chiffre "Mutter" ist aufgelöst. Der Doppel-
titel des Romans stellt die vielen Erzähl-
perspektiven in den Dienst der einen Sache,

deren Telos am Schluß der Römer-Godwi-Briefe
zweimal jeweils über den I. Teil hinausweist.
Das einzige durchgehend feste Korrespondenzpaar
bilden Godwi und Römer. Der Roman beginnt mit
je einem ihrer Briefe, und er endet ebenso zweigipflig. Diese Achse zieht den Perspektivismus
am stärksten ins Enge. Die Signifikanz des gleichen Vornamens (Karl) und des gleichen Vaters
(Godwi der Ältere) belegt eine Identität, die
ihre gegensätzliche äußere Typik übergreift:
"wohl uns, daß ein Punkt in unsern Herzen ist,
wo wir uns beide ewig wiederfinden, die Freundschaft, denn im Äußern sind wir für einander
verloren." (S. 183).

Angesichts aller Konvergenzen darf man der
Brieffiktion bezüglich ihres scheinbar so zufällig zusammengewürfelten, unterschiedlichen
Figurenpersonals mißtrauen. Gehen doch Godwis
Briefe plötzlich in sein Tagebuch über, dieses
wiederum in den Brief und so fort. Der Briefroman ist die Verhüllung eines Tagebuchromans.
Im Tagebuch setzt sich das Ich mit sich selbst
auseinander. Wie also, wenn das multiperspektivische Erzählen ein Monolog mit verteilten
Rollen wäre? [39]. Dann leuchtet ein, was der
Dichter Maria als die Rolle des Autors in den
beiden Vorreden bekennt, daß das Buch "nur zu
sehr mehr von mir als sich selbst durchdrungen
ist" (S. 15), er "diese Briefe mit dem Meinigen vermischt" (S. 225) habe.
Etwas sehen und darstellen, indem man "ihm aber
zugleich etwas von dem Seinigen mitgiebt,
ist romantisch" (S. 258) nach der bekannten
Perspektiv-Definition. Der Gegenstand erhält
seine Bestimmung (Gestalt) "durch die Form des
Glases" (S. 259), durch das Medium, die Subjektivität des Erzählers. Daß diese Subjektivität sich multiperspektivisch aufspaltet und in
verschiedenen Rollen spiegelt, liegt an ihrer

Absicht des selbstanalytisch verfahrenden Individuationsversuches. Bedingung der Möglichkeit für Individuation ist das Nicht-Ich, das Wiedererkennen im anderen oder die Identität der eigenen und der fremden Beurteilungsperspektiven [40]. Das verdeckte Erzählen Maria-Brentanos ist thematisch bedingt [41] und bekundet sich durch Indizienbeweis. Die Interpretation hebt "das Täuschende der Perspektive" (S. 32) wieder auf.

3.2. Die Distanzierung vom I. Teil (1. Vorrede)

Warum, muß man fragen, widerruft der Erzähler Maria den I. Romanteil schon in der auf Juni 1800 datierten 1. Vorrede?
Ein Proömium als Revocatio provoziert Neugierde. Gewiß wird der angeredete "liebe Leser" dem Erzähler "wohlwollen", wenn er hört, daß dieser nun "alle Mängel, die ich vor zwei Jahren hatte, zu übersehen" imstande ist (S. 15), aber vielleicht verbirgt sich hinter der captatio benevolentiae eine Manipulation von Lesererwartungen, die sowohl den Grund legt für das Konstrukt des intendierten Lesers wie dem tatsächlichen Winke zukommen läßt, warum und zu welchem Ende der Erzähler erzählt.

Die Vorrede formuliert eine Einsicht. Zwischen dem Zeitpunkt ihrer Abfassung (Juni 1800) und dem Beginn des Schreibens am Roman liegen "zwei Jahre(n)". "Anfang des Jahres 99" (S. 15) war Teil I vollendet; sein Erscheinen verzögerte sich aber länger als ein Jahr [42]. Der Erzähler argumentiert mit dieser Zeitspanne und stellt eine Entwicklung bei sich fest, derzufolge das Buch rückblickend mangelhaft erscheint.

Er qualifiziert es am Maßstab seines gelebten
Lebens ab. Die Analogie Buch-Leben taucht wieder auf, jetzt offenbar als Richtschnur literarischer Arbeit. Die Beurteilungskriterien haben
sich im Laufe der Zeit, während des Schreibens
und durch das Schreiben, verändert.

> "Ich wollte damals ein Buch machen, und
> itzt erscheint es nur noch, weil ich mir
> in ihm die erste Stufe, die freilich sehr
> niedrig ist, gelegt habe." (S. 15).

Drei Mängel haften angeblich dem Buch nun an: Es
"hat keine Tendenz", "fällt hie und da in eine
falsche Sentimentalität", es ist "nur zu sehr
mehr von mir als sich selbst durchdrungen"
(S. 15). Wie ist das zu verstehen?

Die 1. Widmungsanrede nennt den Roman bereits "ein Buch ohne Tendenz", der Untertitel
des Ganzen lautet zuvor: Ein verwilderter Roman.
Als Gattungsbezeichnung genommen, bringt man
beides zunächst in Verbindung mit einer "ten-
denzlos-verwilderten" literarischen Form, dann
auch mit einem so gearteten, im sittlich
konventionellen Sinne "verwilderten" Inhalt.
So urteilt A.H. Korff bezüglich des Inhaltes,
er sei "ein willkürliches Konglomerat von aller-
lei romantischen Stoffen, die nur insofern eine
Einheit bilden, als sie insgesamt erotische
Stoffe sind." [43]. Das Hohe Lied auf "die freie
Liebe, die Mutter aller Kunst" (S. 97), steht
nun nicht um seiner selbst willen, sondern ist
offensichtlich Ausdruck der symbolischen
Existenzlinie des Helden. "Der Weg", sagt
Godwi, "scheint lang von dem Denkmale einer
Mutter bis zu dem eines Freudenmädchens; er
ist es nicht, aber er umfaßt dennoch mein Ge-
müt." (S. 372). Wer als Autor solch eine klare
Vorstellung von dem hat, was er ausdrücken will,

schreibt nicht blindlings vorwärts. Das Kalkül
hinter der scheinbaren Willkürlichkeit, die Absicht dichterischer Formen und des Aufbaus
stehen außer Frage [44]. Zu dieser Annahme veranlaßt schon der erkannte Perspektivismus.

Die polare Godwi-Römer-Achse endet im I.
Teil in einem doppelten divergierenden Höhepunkt.
Die Typik im Äußeren bestimmt beide zu Antipoden
und stilisiert ihre Entwicklung gegenläufig. "Es
ist ein Unglück, daß du auch immer in die Hände
der Extreme fallen mußt", hält Godwi dem Freund
schon zu Beginn vor, macht es selbst aber nicht
besser. "Unsre Seelen treibt eine seltsame
Laune des Geschicks" (S. 183), die innerhalb
eines artifiziellen Verweisungsgeflechts und
kompositionellen Gefüges den überlegenen Erzähler verrät. Er setzt Figur und Schicksal ineins, läßt Godwis Drang nach Reisen auf der
Höhe Reinhardstein, Brentanos "Zauberberg", en-
den und bringt den reiselustigen Römer auf den
Geschmack, sich der bürgerlichen Geschäfte und
seiner Grundsätze ("welchem sind alle seine
Grundsätze auf vier Rädern so weggerollt"
S. 66), zu entledigen. Römer darf mit Erlaub-
nis seines Dienstherren, Godwi dem Älteren,
"noch ein paar Monate ausbleiben und so fröh-
lich sein, als mein Aufenthalt mich machen kann"
(S. 187) - im "Goldnen Kopf" (S. 189), dem -
von Pietro Brentano eigentlich "Coppa d'oro,
d.h. "Goldene Schale" getauften - Frankfurter
Familienhaus Brentanos.
Reinhardstein und der "Goldne Kopf" stellen
zwei topographische Zeichen dar für eine
gescheiterte Individuation, die in den Romanbeginn mündet: "von allen Seiten bin ich eingeschlossen" (S. 18). Das Gefängnis ist das
eigene Innere. Nach dem Mißerfolg der Liebe
und nach der Erkenntnis, mit der Extremierung
des Typs und der je vertretenen Lebensansicht

die Sackgasse nur zu verlängern, kehrt der Schluß
kreisförmig zur Ausgangssituation zurück.

> "Ich habe eine ganze Reihe von Briefen von
> dir, und wenn ich sie beantworten wollte,
> was könnte ich sagen? Können wir beide
> uns etwas sagen? da keiner feststeht, da
> ein jeder getrieben wird. Wir können
> höchstens einer dem andern das Eigne
> zeigen und vertauschen; aber uns erfüllen
> können wir nicht, ich kann dir nicht ge-
> ben, was dir fehlt, und du mir nicht, denn
> der Streit ist mit einem jeden losgebro-
> chen, und jeder hat nur mit dem Seinigen
> zu tun." (S. 183).

Die Figuren sehen sich im letzten Brief des I.
Teils, wo diesmal Römer und nicht Godwi die Mut-
ter-Frage stellt - ein weiteres Indiz für ihre
Einheit übrigens -, von der Auflösung ihrer Frage weiter entfernt als zu Anfang. Der Romanteil
endet aporetisch.
Godwis Überstieg aus der "Geschichte (...) aus
dem Leben in die Natur" (S. 119) [45] ist sein
großer Irrtum, weil der Preis für diese "milde
wahre Auflösung aller Rätsel der Kunst" (S. 118 f.
Verzicht auf Leben bedeutet und Ersatz durch
Künstlichkeit. Das Vergessen alles Vergangenen
war Bedingung für das Gesunden.

> "So lasse mich vergessend hier gesunden"
> (S. 136);
> "hier oben" (S. 115) ist man "in einer
> andern Welt (...) und ein Kind" (S. 116).

Die reine Gegenwart bietet den erfüllten Augenblick jedoch nicht wie bei Schiller dialektisch-
künstlerisch, sondern nur statisch-künstlich.
Beim Anblick der weißen Marmorfrau, "der Versteinerung eines einstmals Lebendigen, die zur

Allegorie der Unerlöstheit wird" [46], kommt dem
sich "geheilt" dünkenden Godwi wieder die Gewißheit: "Ich bin krank" (S. 158). Die Brieffolge
bricht ab. Das Muttermotiv hält als Denkstein
Vergangenes erinnernd fest, als Bildmotiv verweist es wie fast alle Motive und Dingsymbole
bei Brentano auf Bewußtseinsvorgänge, durch die
jene erst ihre jeweilige Bedeutung erhalten [47].
Die "weiße" Marmorfrau indiziert an dieser Stelle
Irrtum und Umkehr. Otilie, das fleischlose blut-
leere Geschöpf, eine ins Engelhaft-Idealische
stilisierte Denaturierung menschlicher Natur,
taugt am allerwenigsten als Liebespartner oder
"Ärztin", weil sie eine Gesundheit repräsentiert,
ohne um die Krankheit zu wissen.

> "Tilien liebe ich, weil sie so ist, denn
> die Gesundheit allein ist liebenswürdig.
> Sie war nie anders, sie ist nie so gewor-
> den, und wird nie anders werden. Sie ist
> so, und ewig so." (S. 14o).

Der vermeintliche Vorzug der Unreflektiert-
heit [48] bewirkt ein gesteigertes Bewußtsein der
Situation. "Ich war mit diesem zarten einfachen
Leben uneins geworden" (S. 15o). In Otilie kann
sich Godwi nicht wiedererkennen. Sie ruht selig
in sich selbst, und ein permanentes Glück ohne
die genußsteigernde Reflexion überfliegt menschliche Kondition. "Es war kein Umriß da und keine
Fülle, und kein Selbstgefühl, es war alles eins"
(S. 139).
Das "steinerne Bild der Mutter" drückt die eigene
Unerlöstheit aus. Es demaskiert als Ausdruck von
Godwis Innerm das Lebensfeindliche und Künstliche
der Einsiedelei auf Reinhardstein. Godwis Froh-
locken, "ich finde mich in allem, und der Liebe"
(S. 115), währt so lange, wie er die Bedingungen
dieses Glücks unreflektiert erfüllt. Die Erinne-
rung "Szene aus meinen Kinderjahren" löst die

isolatorische Einheit und Selbstgenügsamkeit
auf. Beides benennt die kritische Vorrede mit
"falsche(r) Sentimentalität" und dem "Buche,
das nur zu sehr mehr von mir als sich selbst
durchdrungen ist." (S. 15). Der Erzähler Maria
scheint auch die Nähe mancher Stellen zum Kitsch
selbst bemerkt zu haben, kann doch die berüch-
tigte Reh-Szene (S. 78 ff.) schwerlich dem Ver-
dacht "falscher Sentimentalität" entzogen werden, weil ihre Funktion für den betrachtenden
Godwi nichts ist "als eine bisarre Erhöhung
seines Wesens" (S. 81) [49].

Die Otilienwelt ist die homogenste Station
auf Godwis Reise, insofern das Erzählen sie am
wenigsten perspektiviert. Hier wechselt der
Briefroman zum Tagebuchroman. Die dissonanten
Figuren Werdo und Eusebio müßten aufhorchen
lassen, werden aber in Godwis vereinseitigender
Selbstbeobachtung zu Naturfaktoren. "So war
ich aufgelöst in die Natur, die mich umgab,
und in der ich nun alles umgab." (S. 117). Die
Perspektive Godwis gilt absolut, ohne daß der
allegorische Verweis gelingt, denn Reinhardstein fällt aus dem Spannungsfeld des Endlichen
und Unendlichen heraus, ist nur unendlich, rei-
nes Innen, Paradies und nicht von dieser Welt.

Inhalt erscheint formtheoretisch im Gegensatz von Brief (Tagebuch) und Roman (Buch). Der
Roman ist gar kein Roman, also auch kein Leben.

"Da ich es schrieb, kannte ich alles das
noch nicht, ich wollte damals ein Buch
machen, und itzt erscheint es nur noch,
weil ich mir in ihm die erste Stufe, die
freilich sehr niedrig ist, gelegt habe."
(S. 15).

Der I. Romanteil, auf den sich dieser Satz be-

zieht, ist zu wenig Buch und zu viel Brief. Die
Subjektivität des Erzählers will in steigendem
Maße ausschließlicher Gegenstand der Darstellung
sein anstatt Medium, wie die Definition des Romantischen es vorsieht. Godwi als Figur, Erzähler-
und Autorperspektive, verliert sich "ganz in die
Gegenwart der Idee in der Wirklichkeit" [50], er
bleibt "kleben" [51] und muß sich Aberglaube,
Schwärmerei und mangelnde Freiheit des Geistes,
kurz Ironielosigkeit vorwerfen lassen.

> "In allen Romanarten muß alles Subjektive
> objektiviert werden; es ist ein Irrthum,
> daß der Roman eine subjektive Dichart
> wäre.-" [52].

Der Erzähler verfällt diesem Irrtum keineswegs;
die Vorrede spricht es nachträglich aus:

> "Du wirst mir darum wohlwollen, lieber
> Leser, daß ich mich mit diesem Buche
> (...) gleichsam selbst vernichte, um
> schneller zur Macht der Objektivität
> zu gelangen, und von meinem Punkte
> aus zu tun, was ich vermag." (S. 15).

Außerdem ist Godwis Persönlichkeitsalternative
Römer dafür umso ironischer. Er diagnostiziert
am Ende des Freundes "Ideenparadies" (S. 186),

> "in dem du gar nicht aus dir selbst kömmst;
> du tappst in deinem Herzen herum, daß es
> mir oft ein Jammer ist, und zertrittst
> eine Blume nach der andern." (S. 183 f.).

Da sich die Fiktion des Haupterzählstranges in
Eigengesetzlichkeit verstiegen hat, das Leben
weit überflogen wurde und die Mediatisierung
des Erzählers diesen zuguterletzt an und in
den Stoff band, so daß er "kleben blieb", des-

halb holt die Römer-Perspektive ihr Pendant
ironisch relativierend auf den Boden streng
prosaischer Wirklichkeit zurück und entwirft
das andere Extrem unerlöster Selbstgefangen-
heit, die bürgerliche Familie zu Frankfurt.
Die Fiktion mündet hier in die Autobiographie.
Der Perspektivimmus pendelt sich wieder auf
den Verfasser ein, der nun doppelt gescheitert
ist, als Bürger und als Mensch. Die hermeneutische Funktion der Kunst und des Buches [53]
bleibt zwischen kunstloser Poesie (Schwärmerei
Aberglaube, Ironielosigkeit) und poesieloser
Kunst (Espritglanz, Trockenheit) auf der Strecke.
Römers Reflexion über Godwis letzte Briefe und
seine Darstellung des Bureau d'esprit integrie-
ren dem Roman in Form eines distanziert-doppel-
sinnigen Sprachgestus das romantische Ironie
genannte Verhältnis von unendlichem Progress
und endlicher Konsistenz, nachdem sein Fehler
Maria bereits bemängelte:

> "Es ist mir schon itzt ein inniger Genuß,
> alle Mängel, die ich vor zwei Jahren
> hatte, zu übersehen; sie alle zu ver-
> bessern, dazu müßte ich auf der letzten
> Höhe stehen, die ewig vor uns flieht."
> (S. 15).

Jedoch auch Römer nimmt die Ironie als V e r -
h ä l t n i s nicht zur Lebens- und Darstel-
lungsvoraussetzung. Er erinnert nur daran und
macht uns Godwis und indirekt sein eigenes Scheitern plausibel. Das Verhältnis zerfällt im
I. Teil in lauter Perspektiven und Gegensätze,
die den Koinzidenzpunkt schließlich total ver-
decken. Die Illusion der Unmittelbarkeit, das
verdeckte Erzählen, wendet sich gegen seine thematische Funktion. Der Erzähler wird das Opfer
seiner Erzählmethode. Daher bedarf es einer
leserorientierenden Vorrede, die deshalb nach-

träglich verfaßt sein muß.

Die fehlende Ironie als d a r g e -
s t e l l t e s Verhältnis ist der Grund für
alle von Maria beanstandeten Mängel des I. Teils.
Nicht die Mediatisierung als solche erkennt
der Erzähler als Hauptmangel [54], sie entspricht
an sich sowohl der Thematik als auch dem "eigentlich romantische(n) Princip" [55]. Nur W i e
er schließlich mediatisiert ist, nämlich ohne
jede Bezüglichkeit in Extreme fixiert, die das
ironisch-romantische Verhältnis zerbrechen,
statt es darstellerisch zu realisieren - das
macht eine Revision des Erzählverfahrens erfor-
derlich. Die Darstellungsweise des I. Teils verhindert eine "freie poetische Existens" und
vereitelt die Werk-Leben-Analogie. Das Wiedererkennen weist nur in der Chiffre "Mutter" über
den I. Teil hinaus, denn noch gilt: "Poesie muß
und kann ganz mit dem Leben verschmelzen." [56].

Die behauptete Tendenzlosigkeit erscheint
nun in neuem Lichte. Fünf Bedeutungsebenen heben
sich voneinander ab, die diesen Mangel genauer
einordnen können.
Im nicht-terminologischen Sinn meint "Tendenz"
nach Campe "Hang, Neigung oder Richtung (...)
Strebungen" [57]. Campe führt weiter aus: "Tendenz ist von Absicht und Zweck oder Beabsich-
tigung, Bezweckung oder Abzweckung darin unter-
schieden, daß bei diesen der Nebenbegriff wis-
sentlich oder vorsetzlich Statt findet, bei
jenem nicht." [58]. Tendenz meint also Absichtslosigkeit, folglich hieße "ohne Tendenz": Ab-
sichtlichkeit [59]. Die Brieffiktion verrät denn
auch künstlerische Absicht und artifizielle
Struktur, will aber - und das ist wie gezeigt
ihre Hauptabsicht - lebensechte Authentizität
erreichen durch formale Verwildertheit. Den
lebensprägenden Mächten, Zufall und "Laune"
des Schicksals (S. 183), muß ein romantischer

Roman Rechnung tragen.

Ein dritter Aspekt ist folgender. Der Begriff "Tendenz" bezeichnet als terminus technicus der Frühromantik immer ein Geschehen, genauer
eine Bewegung unterschiedlicher Strebungen, sofern diese ihre E i n h e i t verwirklichen [60]. Angesichts des mißlungenen Romanendes
gilt rechtens: "Dies Buch hat keine Tendenz"
(S. 15).
Eine vierte Auslegungshinsicht fügt sich an. F.
Schlegel konfrontiert die klassisch-antike Epoche
mit der modern-romantischen und verdeutlicht dabei den Unterschied der Kriterien von Dichtarten
damals und heute durch verschiedene Begriffe.
"In den Romanarten sind Manier, Tendenz und Ton
bestimmt. In den classischen Dichtarten hingegen
Form, Stoff und Styl." [61]. Nimmt man folgende
Notizen noch hinzu [62], so entspricht der klassischen Form die modern-romantische Tendenz als der
Inbegriff einer progressiven, offenen, ganzheits-
stiftenden "Form der Formlosigkeit" [63]. Sie erfüllt "Godwi", Teil I, ebenfalls nicht. Das Resultat lautet demzufolge "ohne Tendenz". Sogar
als "vorläufiger Versuch" [64] ist der Romanteil
letztlich nicht anzuerkennen, weil die nun unter-
nommene Revision das Vorläufige auch noch tilgen
wird.

3.3. Die Fiktionalisierung durch Parodie
(2. Vorrede)

Im II. Romanteil tritt der Autor-Erzähler Maria
den Gang zu seinen Geschöpfen an wie Faust den
zu den Müttern. Was diesem der Dreifuß, ist jenem
die parodistische Integration, gilt es doch, ein

Mittel zu finden, die Verschmelzung von Poesie
und Leben endlich ins Werk zu setzen.
Der Literaturkundige kennt nun zwar aus früheren
Beispielen die Mittel, mit denen sich "die Stimme
des Autors im Erzählwerk" Gehör verschafft und
der auftretende Erzähler als Sprecher für den
implizierten Autor agiert [65]. Nur, originell
werden die Formsymptome erst im Funktionskontext
von Epoche, Gattung und Textart. Der romantische
Roman entwirft sie auf den Sinnzusammenhang der
Werk-Leben-Analogie.

Marias erste Tat ist: Er setzt das bislang
gültige Gesetz des Fiktiven außer Kraft. Er erzählt, "wie ich zu diesen Briefen gekommen bin"
(S. 225), degradiert sich zu ihrem Herausgeber,
aber so, daß er sie "bearbeite(te)" (S. 226)
- schlecht, wie wir wissen.
Marias zweite Tat ist: Er stellt statt dessen
das Gesetz der Finktion auf, rekurriert auf die
eigenen Lebensverhältnisse und befördert seine
Figuren zu quasi-wirklichen Personen:

"So kam ich endlich in meinen vielen nicht
ausgehaltenen Lehrjahren zu Herrn Römer,
den die Leser aus meinem Buche kennen;
er ist ein reicher Kaufmann in B.
(...)." (S. 225).

Nun spricht man nur dort sinnvoll von Fiktion,
wo die Beziehung zur Nicht-Fiktion entweder
textimmanent angezeigt oder durch Rahmenbe-
dingungen ausgewiesen ist [66]. Dann steht allerdings die Anwendung obiger Begriffe Käte Hamburgers auf romantische Texte vor einer grundsätzlichen Schwierigkeit. Hamburgers Theorie
epischer Fiktionalität ist am Aussagesystem der
Sprache ausgerichtete Dichtungsontologie. Danach ergeben sich zwei unterschiedliche Bewußt-
seinshaltungen zum Erzählten. "Diesem Unterschied

gehorcht auch die Sprache, wenn sie die verschiedenen Formen der Dichtung hervorbringt." [67].
Schematisiert sind es:

Er-Erzählung	Ich-Erzählung
Erzählfunktion	Ich-Erzähler
Fiktion	Finktion
Als-Struktur	Als ob-Struktur
Illusion als erzeug-	Desillusion als hist.
ter Schein	Dokumentation
Fiktive Ich-Origines	Reale Ich-Origio
Inhaltliche Mimesis	Formale Mimesis der
der Wirklichkeit	Wirklichkeitsaussage
Nicht-Wirklichkeit	Quasiwirklichkeit

Eine Diskussion dieser Theorie erübrigt sich [68];
vielmehr soll ihre Tauglichkeit für die Frühromantik erprobt werden.
Der Begriff der Wirklichkeit nach Hamburger
meint "nichts als die Wirklichkeit des menschlichen Lebens (der Natur, der Geschichte, des
Geistes) i m G e g e n s a t z zu dem, was
wir als den 'Inhalt' von Dichtungen erleben,
die Seinsweise des Lebens i m U n t e r -
s c h i e d zu der, die die Dichtung erschafft und präsentiert." [69]. Gerade diesen
Unterschied will die Frühromantik durch bestimmte Techniken aufheben. Das fingierende
Erzählen hilft im "Godwi" einer neuen Fiktion
auf die Sprünge, und zwar einer Fiktion mit
dem Schein von Wirklichkeit. Reale Ich-Origio
und fiktive Ich-Origines, die Erlebnisfelder des
Ich-Erzählers und seiner Figuren - Godwi erzählt
nach dem Tode Marias weiter! - verschränken sich,
so daß Hamburgers erkenntnistheoretische Unterscheidung gut geeignet ist nachzuweisen, wie
romantisch-parodistisches Erzählen als eine
Wirklichkeitsfiktion erzähltechnisch funktioniert.
Das Parodieren stiftet den neuen Bezug Erzähler-

Figur. Statt des Erzählers i n der Figur
- die falsche Mediatisierung also im I. Teil,
die sich folglich ins Unwirkliche, in eine
Fiktionswirklichkeit verstieg - begegnet der
Leser jetzt dem Erzähler a l s Figur und ihr
als Erzähler. Die auf eine Analogie hin appli-
zierte Polarität von gelebtem und erzähltem
Leben im Buch ist parodistisch. Sie verschafft
dem Erzählen Inhalte, denn durch sie erreicht
Maria die "Quellen zu der weiteren Fortsetzung
des Buchs, zu der ich mich doch durch den ersten
Band verbindlich fühle" (S. 226). Romantische
Literatur heißt leben und Leben verstehen.

Der Schlußabschnitt mit der Schiffahrtsme-
tapher ("ich werde in meinem kleinen Kahne wohl
zu Grunde gehen?" S. 227) läßt vorausdeutend
keinen Zweifel am Wagnis einer solchen idealen
Verbindung. Der I. Teil wird im II. Teil korrigiert und gespiegelt, weil die Verbindung, das
Romanthema, noch aussteht. Die ästhetisch bereits umgesetzte Wirklichkeit des I. Teils wird
also nochmals Gegenstand für die dichterische
Einbildungskraft.
Der autobiographische, "historische" Rahmen aus
Widmungen und "Nachrichten" verhält sich zu den
beiden Fiktionsteilen wie der I. Teil zum II.
und dieser zu sich selbst. Die scheinbar "ver-
wilderte" Anlage des Romans reproduziert signifikant die Utopie vom Leben als Buch. Käte Hamburger mißversteht m.E. die zitierte Formel
von Novalis, indem sie nur einen Gegensatz
herausliest und damit das ihrer Ansicht nach
humoristische Erzählen verdeutlicht [70]. Damit
hat der "Godwi" aber nichts gemein. Er ist kein
Er-Roman, in dem "Ich-Einbrüche" stattfinden und
sich der Autor vorübergehend abschweifend ein-
mischt [71]. Die Devise lautet Ingression statt
Digression, forcierte Selbstliterarisierung,
über die man gar nicht lachen kann [72]. Der Leser

wird in die Vorstellung eingeübt, mit dem Buch,
das er liest, habe er nichts "Gemachtes", kein
bloßes "poiein", in Händen, sondern realisierte,
angewandte Poesie, ein Muster für die Lebenspraxis [73]. Das Erzählen gibt den Schein der Unmittelbarkeit auf, wie ihn die Brieffiktion zunächst evozierte. Der neue Schein von simulierter
Wirklichkeit beruht auf der Offenlegung literarischer Vermittlungstechnik.

Akzeptiert man diese Prämissen, so dürfte
die Frage, ob der Übergang zum II. Teil und dieser selbst im Sinne romantischer Ironie zu lesen
sei, kein Etikettenschwindel sein. Die Ironie
scheidet aus. Das zweigeteilte Interpretenlager
für und gegen die Ironie macht die Unsicherheit
schon augenfällig, mit der hier im Grunde argumentiert wird, ohne im Falle der Ablehnung eine
voll befriedigende Alternative anzubieten.
Zu der These Alfred Kerrs vom "Unterschied des
Grades" der Ironie, verglichen mit Jean Paul
und einer völligen Zerstörung der Illusion, hat
Strohschneider-Kohrs bereits Stellung genommen
und die Illusionierung geltend gemacht [74], die
dadurch entstehe, daß der Roman eher Ausdruck
eruptiver Stimmungen und der Zerrissenheit sei
als der freien Erhebung des Dichters über sich
und sein Werk. Strohschneider-Kohrs begründet
ihre Ablehnung der dichterischen Umsetzung des
Ironie-Postulats mit dem alternativen Wechsel
von Destruktion (Desillusion) und enthusiasti-
schem Aufschwung [75]. Damit hat sie aber präzis
die Ablauffolge des Ironischen getroffen, wie
sie Ernst Behler neuerdings zu bestimmen versucht hat.
Die "Ironie des aus dem Stück Fallens" [76] wäre
dem I. Teil in viel stärkerem Maße zugute gekommen, als der Erzähler sie tatsächlich anwendet. Sie hätte das "Kleben bleiben" (A.H. Müller)
und die "unbeholfne Buchverderberei" (S. 226)

verhindert. Die Erkenntnis dieses Sachverhalts
ermöglicht eine Revision des Erzählverfahrens.
Wie der Erzähler sie aber schließlich in eine
neue Fiktion überführt, sich als Verfasser li-
terarisiert und so die Figuren vitalisiert, das
ist wohl weniger die Leistung des "philosophischen Witzes" Ironie denn die der Parodie, dem
"poetischen Witz" [77]. Verifiziert werden kann
diese These anhand von Meixners Plädoyer f ü r
die Umsetzung der Ironie-Theorie in diesem
Roman.

Meixner sieht hauptsächlich vier Postulate
verwirklicht [78].
1.) Die Freiheit des Künstlers gegenüber dem
Stoff besteht in der Möglichkeit, sich von ihm
in einer erzähltechnischen Revision zu distan-
zieren und ihn auf verschiedene Weisen darzustellen [79]. Nun ist der Stoff aber der Künstler selbst,
und zwar in adäquater Darstellbarkeit. Daran ist
er per Intention gebunden und daraus entstehen
ihm die Schwierigkeiten. Maria begibt sich in die
Romanfiktion, d.h. baut auf diese Weise eine solche auf, weil ihm zur Romanfortsetzung der Stoff,
die "Quellen" (S. 226) fehlen, nämlich das Leben
mit einer Disposition für das Ästhetische. Von
Freiheit kann weniger die Rede sein. Hier liegt
der kritische Maßstab: "es ist eine eigne Aufklärung, wenn so plötzlich die Wirklichkeit vor
das Ideal tritt." (S. 227) [80]. Der Gang der
"Kunst" zum "Leben" folgt der bindenden Ver-
pflichtung einer wechselseitigen Auslegung.

2.) Die Selbstdarstellung in der Darstellung
oder die involvierende Darstellung von Produkt
und Produzierendem kennzeichnet die Transzendentalpoesie und von daher erst die Ironie. Wenn
eine Ironiebegriffsinterpretation sich darauf
beruft [81], muß sie sich im klaren sein, Ironie
und Poesie synonym zu gebrauchen. Benutzt sie
gleichzeitig Ironie im engeren Sinne von "Ab-

sicht", dem Bewußtseinspol, geraten die Hinsichten durcheinander, denn Ironie drückt dann eine
Bewußtseinshaltung aus und stellt keine Inhalte
dar.

3.) Die Distanz zum Geschaffenen, durch die der
Künstler sich als frei verfügender Autor erweist,
ist ebenso notwendig, weil theorieimmanent, wie
im Falle "Godwi" unzureichend. Der II. Teil muß
zunächst einmal "geschaffen" werden. Der Dichter
braucht Einfälle, Inhalte, Themen. Sein Einfall
ist die Parodie. Der II. Teil geht nicht darin
auf, Kritik des I. zu sein. Vor der Kritik steht
der Entwurf.

4.) Das Spiel von gesetzter und aufgehobener
Illusion - auf seine Funktion hin angesehen! -
betreibt nicht die Ironie im engeren Sinne, sondern das von Schlegel "Parodie" genannte Dichtervermögen. Hier gelten die in der 2. Widmung ausgesprochenen Beurteilungen einer ironischen Re-
flexionskunst und ihres Gegenteils, der "freien
poetischen Existens". Nur sie vermag den für die
Frühromantik typischen Bruch zwischen der Werk-
Kunst und dem ästhetisch-anthropologischen
Kunstbegriff einer Lebens-Kunst zu heilen. Was
die Dichtungstheorie als Heilmittel empfiehlt,
probiert Brentano im II. Romanteil aus.

> "In der Poesie übergebe ich das Werk sich
> selbst, und die Macht, welche bildet,
> bildet sich selbst, denn das Werk ist in
> ihr die ganze Kraft des Meisters."
> (S. 1o3 f.).

4.   Die Dialektik der Parodie im II. Teil

Der I. Teil scheitert an der verfehlten Vermittlung der Wirklichkeitsmodi, die ihren Grund in
der verdeckten Erzählweise hat. Der II. Teil
zieht daraus die Lehre, offenes Erzählen einzu-
führen, den Autor Maria zu fiktionalisieren
und der Figur Godwi eine Quasiwirklichkeit zu
verleihen. Die alten Fehler, sich über jede
auch nur entfernt lebensähnliche Situation hin-
wegzusetzen und die Individualitätsdarstellung
im Perspektivismus zerfallen zu lassen, sollen
nicht wieder vorkommen. Das parodistische Verfahren impliziert Strategien, damit die Kunst
den Anschein von Leben bekomme. Das Erzählen
ist nun wirklichkeitsbeglaubigt, es verfährt
dokumentaristisch.

Godwi-Maria bilden jetzt ein ähnliches Ge-
spann wie Godwi-Römer. Ihre Entwicklung ver-
läuft umgekehrt proportional. Was der eine verliert, gewinnt der andere hinzu. Marias Werde-
gang kommt dem einer zunehmenden Degradierung
gleich. Von der Autorschaft führt der Weg über
den subjektiv-schuldhaft verfahrenden Herausgeber von Dokumenten zum Ich-Erzähler, der
bloßes Medium sein will ("unberufene(r) Geschichtsschreiber" Godwis, S. 232) und der
schließlich die historiographische Erzählerrolle
auch noch verliert, bevor er stirbt. Godwi dagegen verläßt seine Buch-Existenz, rückt auf
zum quasiwirklichen Erzähler und Autor (bzw.
zum authorisierten Herausgeber, vgl. S. 445).
Die "Macht, welche bildet" (S. 1o4), repräsentieren Maria u n d Godwi. Sie teilen sich
die Funktionen des Erzählers und der Figur so,
daß für den Leser der Eindruck entstehen soll,
hier vollziehe sich Leben als Erzählen, als
Roman und Buch neben der Fertigstellung des

II. Bandes und über sie hinaus. "Roman" bezieht sich auf den II. Band ("Nun sind wir mit
dem verzweifelten zweiten Bande fertig-",
S. 388), den Maria als Fortsetzung und Auflösung der undurchsichtigen Familiengeschichte
schreiben muß, und auf das Werk Brentanos, das
vor den Augen des Lesers die eigene Entstehung
durch eine zweite Zeit- und Handlungsebene re-
flektierend darstellt.

Der II. Teil beginnt damit, daß Maria Godwi
auf seinem Gut aufsucht. Im Präteritum wird eine
Gegenwart erzählt, erlebtes und gelebtes Leben.
Sie bietet die Voraussetzung, die im I. Band
dargestellte Vergangenheit der Figuren wirklich-
keitsadäquat zu korrigieren, fortzusetzen und
mit der Fiktion ins Gericht zu gehen. "Dies war
also der Godwi, von dem ich so viel geschrieben
habe (...) Ich hatte ihn mir ganz anders vorge-
stellt." (S. 237).
Das Buch im Buch steht im Dienst einer Vitalisierung der Kunst. Es baut eine Spannung auf
zwischen Kunstfigur, dem gedruckten Godwi, und
Wirklichkeitsgestalt, der lebendigen Person.
Sie konstituiert fortan den Roman als Wirklichkeitsfiktion. Das Mimische des romantischen Parodierens verknüpft bei F. Schlegel den Doppelsinn des Wortes "Geschichte". Geschichte ist,
was geschieht und erzählt wird. Die Konjunktion
"und" analogisiert und erreicht darin eine poetische Existenz. Indem sich Godwi entschließt,
mit Maria zusammen den II. Band zu machen (" wir
wollen den zweiten Band miteinander machen",
S. 3o7), unternimmt er den ersten Schritt zu
diesem Ziel. Denn nur er verfügt über den Stoff
des Lebens, den er zunächst in Form von vorge-
lesenen schriftlichen Unterlagen (S. 3o9 ff.),
dann durch mündlichen Bericht (S. 372) bei-
steuert. Es ist s e i n e Geschichte und
s e i n Leben. Maria schreibt sie nur auf

und formt daraus den II. Band.

"Ich dankte ihm für seine Güte, und versprach ihm, es so gut zu machen, als ich könnte" (S. 3o9).

Da die künstlerische Formung durch den Lebensstoff bedingt ist, bilden beide eine Einheit, so daß der Roman bereits im Vorverständnis Leben als solches ist und Leben umgekehrt romanhafte Züge trägt. Dies erklärt Sätze wie "Ich zog hier den ersten Band dieses (sic! B.A.) Romans aus der Tasche" (S. 3o3), noch bevor man sich zur Fortsetzung des II. Bandes entschlossen hat.
Das Leben verlangt andererseits nach sprachlich-künstlerischer Objektivierung. Die Erzählform deckt das Problem auf, das hinter solchem Programm steckt.
Das künstlerische Medium, zunächst Maria, und der künstlerische Stoff, Godwi, gehören funktional zusammen, sind aber nicht kongruent. Ihre gegenläufige Entwicklung kann bei der Bewußtheit, mit der in diesem Roman alles komponiert ist, nicht zufällig sein. Hat sie einen Sinn, muß er mit dem Thema zusammenhängen. "Wo ist der Künstler, der sich erreichte" (S. 98), hieß es im I. Teil. Sein Verhältnis zum zweiten scheint vorderhand klar, weil er offenbar nach dem bisher Gesagten das romantische Schema von Erwartung und Erfüllung anwendet. Allerdings wird bei Brentano nun zu zeigen sein, wie und warum beide Pole nicht aufeinander abgestimmt sind, wie sich der Sinn vom Geschehnis löst und umschlägt.
Die für den Godwi des I. Teils zutreffenden Bestimmungen: jung, unerfahren, Lehr- und Wanderjahre, Suche, Krankheit, Scheitern, gelten im II. Teil allesamt für Maria; die jeweiligen Gegenteile charakterisieren Godwi [82]. Wenn nun beide Figuren einerseits funktional voneinander

abhängen wie Stoff und Form, andererseits ihre
Funktionen im umgekehrten Proporz einander über-
tragen, begründet der Widerspruch, in dem sie
stehen und sich entwickeln, den Erzählvorgang
und den Handlungsverlauf. Eine Bewegung, die
durch Widersprüche und deren versuchte Vermittlung entsteht, heißt dialektisch. Dem Erzählen
geht es um die Selbstdarstellung der Person als
"freier poetischer Existens". Folglich ist das
Erzählverfahren mit "Dialektik der Parodie"
zu bezeichnen.

Das multiperspektivische verdeckte Erzählen
des I. Teils wird abgelöst durch die explizit
gemachte Selbstdarstellung Maria-Brentanos in
zwei gegenläufig sich entwickelnden Rollen, die
dem Leser die Analogie Werk-Leben veranschauli-
chen und gleichzeitig problematisieren. Damit
beweist der "Godwi" seine Literarizität. Die
Strategie Brentanos, die Erzählinstanz in eine
Zweiheit auseinanderzulegen und aus ihrem Widerspruch sowohl das Verfehlen des Zieles bei Maria
wie das Erreichen bei Godwi abzuleiten, erzeugt
jene Unbestimmtheiten, mit denen nach Iser literarische Texte den Leser herausfordern - romantisch gesprochen, ihn zum Sympoiein veranlassen -
und die ein Textverständnis herbeiführen [83].
Der im Roman wiederholt angesprochene Leser
füllt die Leerstellen und Informationslücken,
sobald er erkennt, daß das parodistische Erzählen in den Hauptfiguren Widersprüche austrägt
von Stoff und Form, Kunstfigur und Person,
Wirklichkeit und Fiktion, utopischen Indiffe-
renzabsichten und hermeneutischer Objektivierung. Der Leser fügt die vermittelnde, dritte
Perspektive dem Roman ein. Durch ihn ist die
Parodie rechtens dialektisch und die Wirkungsästhetik im romantischen Poesiebegriff reaktiviert.

Die parodistische Fiktionalisierung verfolgt
die Absicht, Kunst zum Leben zu machen und dem
Schreckgespenst einer künstlichen Kunst zu ent-
gehen. Die Mischung von Fiktion und Finktion,
der Gedanke, den degradierten Autor zu seinen
wirklichkeitserhöhten Figuren zu schicken,
hat etwas von jenem romantischen Potenzierungs-
paradox, durch Steigerung einer Bewußtheitsform
das Gegenteil zu erreichen [84], durch Künstlichkeit der Künstlichkeit wieder natürlich zu werden in der Verdoppelung eines artifiziellen
Romans. Das dargestellte Leben auf der Gegen-
wartsstufe bemüht sich um die Rekonstruktion
des Vergangenen, das dann in Bildern und Sta-
tuen je subjektive Auslegungen erfährt [85]. Es
geht also einmal um ein Leben als Roman. Maria
erzählt autobiographisch, von s e i n e r Vergangenheit, von dem, was e r erlebt hat und
augenblicklich erlebt. Zugleich erzählt er
historiographisch, bringt die Lebensgeschichte
Godwis und dessen Familie zu Papier. Ein Roman
liegt als dargestelltes Leben vor. Wer diese
Doppelaufgabe meistert, hat die Bedingung der
Möglichkeit einer poetischen Existenz erfüllt.
Maria scheitert an ihr, wie sich an den Etappen
seiner Entwicklung ablesen läßt. Die "romantischen Dichter haben mehr als bloße Darstellung,
sie haben sich selbst noch stark." (S. 26o). Die
ambivalente Figur Marias macht das Aporetische
des Theoriekonstrukts sinnfällig.

Der Dichter Maria muß den Band f o r t -
s e t z e n , weil er sich - wie er sagt -
durch seine "unbeholfne Buchverderberei" zur
Fortsetzung "verbindlich fühlte" (S. 226). Worin die "Buchverderberei" bestand, wurde gezeigt. Die neuen "Lehrjahre" (S. 227) lassen
sich zunächst gut an, bis erste Schwierigkeiten
auftauchen. Was der Mensch empfindet, die Weise,
wie sich ihm in einem Natur- oder Liebeserleben

dasjenige mitteilt, was er "höhere Welt" oder
Einheitszusammenhänge nennt, sperrt sich gegen
jeden Versuch sprachlicher Umsetzung.

> "Alles verlor seine Gestalt und sank in
> Einigkeit. Es gab nur einen Himmel und
> eine Erde, auf ihr wandelte ich, und
> mein Fuß rauschte im Laube, in des Him-
> mels mildem Glanze ging mein Auge und
> trank große herrliche Ruhe. O! wem
> hätte ich sagen können, wie mein Herz
> war, wer hätte mich verstanden, und
> das elende Fragment meiner Sprache ent-
> ziffert, und wer hätte es verdient?"
> (S. 27o).

Aber wie beim Eisberg der kleinste Teil sichtbar ist und der größte unter Wasser verborgen,
ist die Sprachmisere nur die Spitze des Grund-
konflikts, zu welchen Teilen nämlich das Leben
gelebt und andererseits sprachkünstlerisch objektiviert werden soll.
Maria muß auch den B a n d fortsetzen, sich
also Godwi zu erkennen geben und dessen Leben
darstellen. Brentanos Aufspaltung der Erzähl-
funktion in zwei Figuren ermöglicht die Thematisierung des Konflikts nach zwei Seiten.
Maria sei "unbändig" (S. 282), tadelt Godwi.
Er wird leicht "heftig" (S. 285), denn

> "das ist ja eben das Unglück, daß ich
> mich mit jeder Erscheinung begatte,
> und der Mutter ewig ungetreu eine Menge
> unehelicher Kinder habe; nimmer kommen
> ich zu einer honetten Haushaltung in
> meiner Seele." (S. 318 f.).

Am Korrektiv und seiner Erfahrung - man denke
nur an das Otilienerlebnis - erkennt Maria das
Mißverhältnis in seinem "Talent", "sowohl (...)

zu fühlen als darzustellen" (S. 3o2), jene
"falsche Dramatik" (ebd.), die distanz- und
ironielos Inneres exhibitioniert, sich in
allem scheinbar wiedererkennt, in Wirklichkeit
jedoch die Einheit von literarischer Selbstobjektivierung und erfahrener Lebensfülle verfehlt. Indem Maria zunehmend in die Pflicht genommen wird, Godwis Lebensgeschichte aufzuschrei-
ben, leistet er entfremdete Arbeit. Sie wird
zur Fron. Sie schreibt ihn auf die pure Ver-
mittlerfunktion fest, von der er nicht mehr los-
kommt. Sie enthält ihm das Leben selbst vor.

> "Der Sinn seiner Dichtungen", heißt es
> in den "Lebensumständen", "spricht sich
> deutlich genug aus - daß in unserm Zeit-
> alter die Liebe gefangen ist, die Bedin-
> gungen des Lebens höher geachtet sind
> wie das Leben selbst." (S. 453 f.).

Vor lauter Reflexion versäumt der Dichter zu
leben, was Godwi klar erkennt, wenn er rät:

> "Doch ich will die fatalen Geschichten,
> die nicht zwischen diesen schönen Polen,
> diesem Aufgang und Untergang, liegen,
> schnell erzählen, damit Sie, lieber
> Freund, mit meiner Geschichte fertig
> werden, und wir miteinander eine bessere
> lebendige des eignen Lebens anfangen
> können." (S. 373).

Erste Anzeichen von Arbeitsunlust stellen sich
ein, sobald das Schreiben als moralischer Zwang
zum "frohen Müßiggange" (S. 33o) in den Gegensatz tritt; "denn eine Geschichte aus bloßem
Respekt gegen den Leser zu schreiben, ist un-
angenehm" (ebd.). Der Leser steht für das per-
sonifizierte Literatengewissen.
Maria kann sich im Geschriebenen nicht wieder-

erkennen, er ist krank, nachdem er "mit dem verzweifelten zweiten Bande" (S. 388) endlich fertig
ist [86]. Wie im I. Teil hat Krankheit einen zei-
chenhaften Sinn; "eine bösartige Zungenentzün-
dung" (S. 445) läßt ihn an "Herzentzündung" (ebd.)
sterben. Selbstverwirklichung durch Sprache erscheint unmöglich, die Realitätsbewältigung des
Dichters mit dichterischen Mitteln selbstzerstö-
rerisch. So jedenfalls lautet der Bescheid, den
der Leser der Maria-Handlung entnimmt, die mit
ihrer "negativen" Konfliktlösung selbst wiederum
zur Darstellung gelangt, weil sie - formal
explizit in der "Fragmentarischen Fortsetzung dieses Romans" - dialektisch-parodistisch die Godwi-
Handlung trägt.
Klartext spricht Marias Testament, seine auf eine
Schiefertafel geschriebene und vom Erzähler
Godwi wörtlich mitgeteilte Lebensanalyse (S.
415 ff.). Es war ein "fruchtloses Leben" (S.
415), Maria hat "versäumt, eine Spur zurückzu-
lassen, daß ich da war" (ebd.), er hat den Traum
der Liebe und des Lebens geträumt, ohne je geliebt worden zu sein. "Streit mit der Liebe war
sein Schicksal, Streit für die Liebe sein Beruf." (S. 454). Auf seinem Grabstein soll
stehen:

> "Sprecht! Wessen bin ich? Wer hat mich
> besessen? Ich lebte nie - war eines
> Weibes Träumen - Und nimmer starb ich.
> - Sie hat mein vergessen." (S. 417).

Die Dialogik der Aufforderung blieb aus. Maria
wurden Lebensmöglichkeiten vorenthalten, "denn
ich war noch nicht, und warum sollte ich nicht
werden?" (S. 415). Die Antwort gibt der Roman-
verlauf. Die "Lebenstheorie", die der I. Romanteil aufstellt, sieht menschliches Glück
im gleichgewichtigen Wechsel von Reflexion und
Spontaneität, "Fühlen und Fühlenmachen" (S. 43)

realisiert, einem potenzierten Genußzustand,
der sich "zum Zwecke alles Lebens" (S. 41) auf-
steigert.

Marias Dichter-Leben ist dagegen zum bloßen
Mittel pervertiert. Den Zweckbezug in Form hermeneutischer Aufklärungsarbeit, den es zu Beginn
noch hatte, verliert es mit der Erfahrung, daß
sich die künstlerische Arbeit aus ihrer Analogie-
funktion löst. Der Inhalt dessen, was der Dichter darzustellen hat, ist seiner Lebenssituation
diametral entgegengesetzt [87]. Auf dem Krankenbett
wird dem todgeweihten Maria die Schilderung von
Godwis freudvollen Begegnissen mit den gräfli-
chen Damen in Schloß und Bett abverlangt. Der
Roman verwendet verschiedene Mittel der Kontrastdarstellung: den sprachlichen Parallelismus im
Übergang der Erzähl- und Zeitebenen ("Aber die
Tür ging auf und die Mutter trat herein. - Die
Tür ging auf, der Arzt trat herein.", S. 4o7),
zeichenhaft verdichtete Konkreta (Rheinwein-
Arznei, S. 395 f.; der zitternde warme Busen
- die schwerfälligen Umschläge auf die Brust,
S. 396), das paradigmatische Gedicht "Die
.stigen Musikanten" (S. 396 ff.).

Godwis Ausgangsposition der totalen Aus-
sichts- und Perspektivenlosigkeit ("von allen
Seiten bin ich eingeschlossen", S. 18) holt
am Ende des Gesamtromans den Dichter Maria ein,
fixiert ihn zwischen Lebensentzug und Wirkungs-
losigkeit [88] in künstliche Kunst. Hier wird
das Trauma gestaltet, das Brentano zeitlebens
mit seiner zum Beruf entwickelten Anlage ver-
bund.

Die Figuren des II. Teils sind ebensowenig
psychologisch motiviert wie die des ersten. Waren es dort perspektivisch stilisierte Figurationen des Lebens, so handelt es sich jetzt um

die dialektisch-parodische Selbststilisierung
des Autor-Erzählers in zwei Rollen, zwei Le-
bensschicksale, die als Einheit genommen sich
wechselseitig negativ setzen. Von der stufen-
weisen Reduktion der Figur Maria profitiert
die Figur Godwi als eine Art Gegenfüßler. Sie
bahnt sich aus schlechter Literarizität den
Weg zu jenem Menschentyp, dem als "Dichter"
Lebensstoff und Kunstdarstellung so übereinkommen, daß er "glückselig" (S. 413) ist
per definitionem, "denn der lebt nicht, dessen
Haupt nicht im Himmel steht, auf dessen Brust
nicht die Wolken ruhen, dem die Liebe nicht
im Schoße wohnt, und der Fuß nicht in der Erde
wurzelt." (S. 413 f.). "Leben" wird im Diktum
der Gräfin gleichgesetzt mit der romantischen
Entsprechung der beiden Wirklichkeitsmodalitäten,
mit F. Schlegels "Indifferenz", mit Poesie.
Inwiefern ist Godwi am Ende "ein Repräsentant
des Lebens" (S. 432)?

Eine Analyse des "Godwi"-Romans muß das
Ineinander der rückblickenden Buchkritik und der
vorwärtsgerichteten Buchvollendung im II. Teil
funktional erklären, die Gleichzeitigkeit also
von analytischem und synthetischem Erzählen.
Der Rückgriff auf den I. Band hat drei sach-
liche Gründe: Fortsetzung von bereits Bekann-
tem [89], kompetente Aufklärung [90] und unzimperliche
Kritik an Marias Mystifikation der Tatsachen [91].
Godwi hat gut reden. Er ist in der jetzigen Rolle
als Leser seiner selbst die Verantwortung für
die damalige Darstellung los und kann nach dem
Grundsatz, daß "die Wirklichkeit vor das Ideal
tritt" (S. 237), nunmehr berichten als jemand,
der dabeigewesen ist und es wissen muß. Das
wirklichkeitsbeglaubigte, dokumentarische Erzählen verbessert "diese(n) Roman" (S. 3o3). Es
macht die Selbstrezeption zum Hauptinhalt des
II. Teils, so daß die desillusionierende Kritik

an Marias "undeutlichen Kunststücken" (S. 384)
konstruktives Mittel der Werk-Leben-Analogie
ist und Godwis Reifungsprozeß belegt. Die analysierende Aufarbeitung des Vergangenen in Gestalt der mühevollen Buchverfertigung geschieht
um eines Zieles, eines Lebensentwurfs willen,
der praxisbezogen und paradigmatisch sein soll:
Godwis Individuation.

Der Titelheld schreibt nicht wie in Teil I.
unmittelbare Eindrücke nieder nach Art des Tage-
buchberichts und formtechnisch verhüllt als Briefroman, sondern er resumiert vom Standpunkt rück-
blickend-distanzierter Überschau Lebensetappen
der eigenen Vergangenheit, die durch die künstlerische Objektivierung Verstehenszusammenhänge eröffnen. Die mysteriöse Hintergrundhandlung der
Firmentis, Godwi des Älteren etc. entdeckt ihre
Bezüge zu Godwis neuerlicher Reise.
Violetta, Flametta, die Rheingräfin stellen seine
vierte Frauenstation dar. Bei ihnen und durch sie
- "in diese neue Welt eingegangen" (S. 423) -
wird er eine Art "freie poetische Existens". Die
Grundbereiche Natur und Liebe lassen ihn die
"Wichtigkeit des Lebendigen" (S. 432) erfahren,
"der einzige Grund irgend eines Rechtes, (...)
der einzige Grund der Moral" (S. 432).

> "Es giebt nur z w e i ursprüngliche
> Begeisterungen, die der L i e b e
> und der N a t u r .-"[92].

Der romantische Allgemeinplatz erhält seine Bedeutung als Romangipfel aus dem Verhältnis, in dem
diese Konstellation zur analogen Schlußstation
des I. Teiles steht - Reinhardstein und Ostein,
die Ruine und das gräfliche Schloß, das nachher
auch Ruine ist, der Engel und die Dirne.
Das parodistische Erzählen setzt thematisch der
verstiegenen Idee von Liebe ihre Praktizierung

entgegen. "Kein Priester verband uns, aber auch
das Leben nicht, die Liebe war es allein.-"
(S. 444). Brentanos Apotheose der freien Liebe
- eine Form Schlegelscher "Anarchie" - jenseits
von autoritativen Reglementierungen oder Prinzipien staatlicher, religiöser, ständemorali-
scher Art will "das Leben selbst" (S. 454) über
seine Bedingungen setzen, die es notwendigerweise relativieren oder eingrenzen [93]. Natürlich
stellt sich die Frage, ob dies nicht die noch
verstiegenere Idee sei, weil eine sogenannte
freie Liebe von ihrem geschmähten Gegenteil ehe-
licher Art abhängt, weil Glückzustände, wie
sie Godwi in Liebessituationen oder Naturbe-
gegnungen erlebt, augenblicksgebunden sind, den
Wechsel implizieren und langweiligen Überdruß
evozieren können [94], wo die reflektierte Hingabe gewollt war in der sicheren Erwartung
"alles sei ein einziges Leben" (S. 434) und man
werde sich "als ein besserer Mensch zurückge-
geben" (S. 435).
Es wäre die noch verstiegenere Idee, wenn nicht
Leben, Bewußtsein und alles Existierende durchgängig ästhetischen Auffassungsformen unter-
stünden [95], von denen die Werk-Leben-Analogie
nur eine besonders markante, übergreifende ist.
Das Ästhetische beständigt, legt auseinander,
bildet Zusammenhänge und stiftet Sinn.

Maria: "'Und wenn ich schon manches aus
Ihrem Leben abgeschrieben hätte, und Sie
sähen meine schlechte Schrift, und meinen
selbstischen Stil, würden Sie mir diese
Tränen dennoch vertrauen?'"

Godwi: "'Auch dann; Sie scheinen mir das
Verwirrteste entwirren zu können. Sie
haben Violettas Leben so treu in einer
bloßen Darstellung ihres Grabmals geschil-
dert, daß ich Ihnen zutraue, Sie könnten,

wenn Sie lange mit mir umgingen, aus mir,
dem Denksteine meines Lebens, meine Geschichte entwickeln.'" (S. 3o3).

Maria kann es nicht; die Funktionalisierung mißlingt. In der Rückwirkung aber auf das Leben ist
Kunst Veränderung. Sie stellt Brentano mit der
Figur Godwis dar.
Lebenserfahrung und sprachliche Objektivierung,
subjektive Verfassung und objektive Gegebenheit
fließen ihm zu einem gesteigerten Dasein zusammen [96]. Er schafft den "Übergang von dem Allein-
stehen des Einzelnen in die volle Verbindung des
Lebens" (S. 98). Er vermag sich zu binden, ohne
"daß dies freie Leben einen Charakter annehmen"
(S. 44o) muß, d.h. zwanghafte Bestimmtheit: "in
Marien lag der Schmerz und die Liebe gefangen,
in Violetten ward das Leben frei.-" (S. 373).
Das Bewußtsein solcher Freiheit ist Ausdruck
von Schönheit. Godwi gehört zu den "gebildeten,
schönen Menschen", er ist "Dichter" [97].

Kunst und Schönheit überschreiten bei Brentano die Grenzen des gemeinhin Ästhetischen auf
jede innere Erfahrung hin, die der erwähnten
Dialogik der Aufforderung entspricht.

"Das ist was ich Bilden nenne, lieben und
geliebt werden. Bilden heißt zur vollen
Schönheit gelangen, dies ist die Schönheit der Handlung, in der Form und Inhalt
zur Thätigkeit sich einen, sie wirkt auf
uns, sagte ich, wie Blick, Händedruck,
und Umarmung, das ist ein Bild nur,
(...) Sie ist eine Folge des Wechsel-
wirkens, wie jede Handlung." [98]

Violette repräsentiert die Einheit der Endlichkeit und Unendlichkeit, die Kraft sinnlicher Erfüllung mit der Aura transzendenter Sanktionierung.

Die Dirne "war wie ein Engel" (S. 444) eine
vom Kopf auf die Füße gestellte Otilie. Die
"freie Liebe, die Mutter aller Kunst" (S. 97),
"entzündet" Godwi zum Leben im Bewußtsein einer
Freiheit, die nur als ästhetisch-poetische
eine Grundlage hat.

Brentanos Poetik einer "Kunst als Liebe" war zu
ihrer Zeit schon esoterische Utopie und obendrein
kaum rezipiert [99], zog aber ebenso wie die Philosophie eines Fichte oder Schelling ihre revolu-
tionäre Kraft aus dem Freiheitspathos, das sie
initiieren wollte.

5.   Die Utopie vom Leben als Buch

Anspruch und Grenze romantischen Parodierens
müssen zum Schluß anhand der drei Widersprüche
nachgewiesen werden, die das Theorieverständnis
glaubt aufheben zu können.

5.1. Hermeneutik gegen Lebens-Kunst

Die Voraussetzungen und Schwierigkeiten bei der
Verfertigung eines Buches machen den Inhalt von
"Godwi", Teil II aus. Das Buch stellt Lebens-
läufe dar, verschachtelte Personenbeziehungen,
die in der Vita des Titelhelden konvergieren.
Der traditionelle Buch-im-Buch-Topos fungiert
als Auffassungsform der Wirklichkeit, bestimmter
Lebenserfahrungen, als eine Sehweise, die Aus-
sichten eröffnet auf bisher Unbekanntes und
Einsichten in bislang verschlossene Einheits-

zusammenhänge. Godwis zum Schluß beschriebene
Erfahrungen antizipieren die beabsichtigte Le-
serwirkung. Mit dem Ziel, "Zusammenhänge" und
"Entsprechungen" wahrzunehmen, sind Lesedirek-
tiven verbunden. Das potenzierte Buch erschließt sich keinem Zugriff, der Einzelheiten,
ausgewählte Kapitel oder Realien herausgreift [100].
Die durchgehende Potenzierung muß wörtlich genommen werden. Zwei Erzähler sind am Werke und
zwei "Helden" in Aktion, die beide auf e i n e
Autor-Erzählfunktion verweisen. Es fragt sich,
mit welchem Recht die gesamte Forschung den
Romanschluß einseitig negativ beurteilt [101].
Eine Folge davon ist, daß man Brentanos Kapitel-
überschrift "Fragmentarische Fortsetzung dieses
Romans" (S. 389) als Abbruch und Scheitern
versteht [102]. Alle Interpreten setzen voraus,
Maria, der Dichter, erzähle; stirbt er, bekommt
der Roman damit seine zentrale negative Sinn-
mitte.

Nun erzählt aber Godwi genausogut, zuerst
im Sinne einer authentischen Quelle durch die
sprachformerische Vermittlung Marias, dann die
letzten sechs Kapitel selbständig. Diese Entwicklung verhält sich umgekehrt proportional zu
der Marias. Sie konstituiert das dialektisch-
parodistische Erzählen und endet konsequenter-
weise zweigipflig. Erst die funktionalen Abhängigkeiten beider Personen- und Erzählstränge
begründen das jeweilige Ende. Scheitern und Tod
des Dichters Maria sowie Liebe und Leben des
Dichters Godwi sind nur verständlich auf dem
Hintergrund der Werk-Leben-Analogie. Aus der
Tatsache, daß beide Figuren den Titel "Dichter"
für sich reklamieren können, erhellt die Einheit des Widerspruchs zwischen Hermeneutik
und Lebens-Kunst, den der Begriff bei Brentano
aushalten muß. Maria heißt mit Recht Dichter,
weil er ein Buch schreibt. Godwi ist Dichter,

weil er zum Schluß einen bestimmten Menschentyp verkörpert, eine "freie poetische
Existens" [103]. Die Einheit dieses Widerspruchs
ist der Nervus probandi des Romans. Sie prägt
die romantische Vorstellung vom Dichter. Mit
ihr setzen sich beide Figuren auseinander, so
daß sie im Grunde eine einzige sind. Sie provoziert das romantische Parodieren und weist ihm
in der dichterischen Praxis den Rang zu, den in
der Theorie die Ironie innehat.

Zwei Fragen stellen sich. Zunächst: Was
folgt daraus für die Form des Romans?

Der "Godwi" demontiert sich keineswegs selbst,
wie Marianne Schuller meint, und hat einen durchaus "erfüllten Schluß", gerade auch im Blick
auf die in sich abgerundete Komposition. Der
Doppelgipfel der beiden gleichwertigen Protagonisten gibt Alternativlösungen der Themafrage:
Wie kann die Dichterwerdung gelingen und woran
kann sie scheitern? Die Antworten resultieren
wechselseitig auseinander. Die Doppelanlage des
Romans stellt ein konsistentes Erzählen aufgrund der integrierenden Leistung des Erzählverfahrens dar. Die Parodie bewährt sich als
formbildend und konstruktiv.
Die abgeschlossene Komposition bedeutet jedoch
nicht Harmonisierung oder gar Vollendung, ein
bekanntlich "unromantisches" Wort. "Form der
Formlosigkeit" [104] oder "absichtliche Formlosigkeit" [105] nennt F. Schlegel das dem Künstler Erreichbare. In Anbetracht der mehrfachen
Bedeutung der Angabe "ohne Tendenz" muß nach
dem Charakter der "Ganzheit" gefragt werden.

Wo realisiert sich also die Einheit des
Widerspruchs: Hermeneutik - Lebens-Kunst?

Die vorliegende Interpretation könnte den Ein-

druck erwecken, Godwi gehöre zu den Siegern und
der Romanschluß sei ein Triumph der Poesie. Dem
ist nicht so. Godwi versteht sein Künstlertum
primär als Vollzug der Individuation, der Be-
wußtseinserweiterung oder wie Paul Böckmann
von der Poesie generell gesagt hat, "als Stimmungsgehalt des Lebens selbst" [106], was nicht
heißt, die hermeneutische Selbstauslegung im
Werk gelte nichts. Schließlich vollendet er
den Band über sein "eigentliches", d.h. auf
Band I bezogenes Ende hinaus ("Nun sind wir
eigentlich fertig", S. 388), wodurch das Erlebte
Dauer, Objektivität und Sinn bekommt.

Beide Protagonisten, Maria wie Godwi, üben
die Funktionen eines Erzählers, einer Figur und
eines Lesers aus. Sie simulieren theoretische
und praktische Verhaltensweisen, kritisieren
und verbessern schlechte Literatur in Literatur.
Die Zweiheit ihrer Rollen lebt bis zum Schluß
aus dem Widerspruch zueinander, der sich im
Parodieren über den Gegensatz Kunst - Wirklichkeit hinwegsetzt und sich einer Auflösung be-
harrlich verweigert, es sei denn im Leser.
Sich "in seiner ungeteilten Einheit" völlig
wiederzuerkennen [107], gelingt und mißlingt den
Figuren. Nur der reagierende Leser weiß, woran
das liegt. Indem er "selbst zum Künstler" wird,
bereit, "dem Verborgensten nachzuforschen und
das Entlegenste zu verbinden" [108], realisiert
e r die Einheit d i e s e s Widerspruchs.

5.2. Autonomie gegen Universalität

Die Werk-Leben-Analogie mutet, wie gezeigt, der
Fiktion zu, Praxis zu sein. Handeln und Herstellen sind Aspekte derselben Tätigkeit. Die

frühromantische Utopie der Literatur prägt Brentanos "Godwi" zur literarischen Utopie.

> "Nicht in der positiven Bestimmung dessen,
> was sie will, sondern in der Negation des-
> sen, was sie nicht will, konkretisiert
> sich die utopische Intention am genauesten.
> Ist die bestehende Wirklichkeit die Nega-
> tion einer möglichen besseren, so ist
> Utopie die Negation der Negation." [109]

Der "Godwi" verknüpft die negative Utopie (Maria-
Handlung) mit der positiven (Godwi-Handlung),
Wirklichkeitskritik mit Wirklichkeitsentwurf.
Darin liegen das Romantisch-Progressive als be-
stimmender geschichtsphilosophischer Kategorie
und die antizipatorische Tagtraumfunktion von
Dichtung, in der das Gemüt Unbewußtes bewußt
macht, Sehnsüchte, Wünsche, Ängste und Hoffnun-
gen ästhetisch objektiviert [110]. Nach Neusüss'
Definition konkretisiert die Maria-Handlung am
genauesten die utopische Intention, weil sie
sich negativ zu dem verhält, was ist.
Wenn man nun sagt, die unbefriedigende Wirklichkeit als die alltägliche sei eine Bedingung für
das Entstehen der Dichtung - und dies sagen
selbst jene, die in der Romantik Flucht und Selbst-
betrug sehen -, dann unterläuft die Doppelanlage
des Romans das Dilemma, Wirklichkeit zu übergehen [111], aber andererseits ständig ihre
Funktion sein zu wollen. Die Vor-Bildlichkeit
gelungener Poetisierung, dessen also, was sein
sollte, zieht ihre Legitimation aus der Tatsache, daß es Brentano gelingt, die Kunstautonomie hier auszusetzen. "Universalität" ist
dann erreicht.
Gegen mögliche Einwände läßt sich mit dem frühromantischen Wirklichkeitsbegriff antworten.
Brentanos Utopie ist eine "konservative" [112].
Der Wille zur Veränderung setzt beim Einzelnen

an, in der idealistischen Hoffnung, "die Verhältnisse" möchten dem folgen [113].

5.3. Ersatz oder Medium

Parodieren meint die Manifestation einer Existenz
eines Lebens im Werk. Welche Kriterien, muß man
fragen, können entscheiden, ob dieses Leben
wirklich ein solches genannt werden kann und die
Fiktion tatsächlich den Charakter von Wirklichkeit hat. Diese Frage stellt bereits Weichen.
Legt man wieder den Wirklichkeitsbegriff der
Romantik zugrunde und mißt ihre dichterischen
Produkte an den figural-allegorischen Bildformen, die in einer Art unendlicher Verwei-
sung und Sinnhaftigkeit dem Prozeßcharakter
von Leben gerecht zu werden versuchen, oder
verwendet man einen Wirklichkeitsbegriff eigener Provenienz, der dann das methodische Vor-
gehen spezifisch bestimmt und zu jeweils anderen Ergebnissen führt?

Das Erkenntnisinteresse dieser Untersuchung ist historisch-kritisch in dem Sinne, daß
es die gesellschaftlich-ökonomische Bedingtheit
weniger als Methode denn als mögliches Thema
betrachtet und sich an das romantische Begriffsverständnis hält.
Wirklichkeit ist ein Plural und hat ästhetische
Struktur; "die äußere Natur wird in jeder inneren eine andere, und diese Brotverwandlung ins
Göttliche ist der geistige poetische Stoff" [114].
Man sollte nun meinen, eine bereits ästheti-
sierte Lebenswirklichkeit biete die beste
Voraussetzung, um mit der dargestellten Kunstwirklichkeit übereinzustimmen und diese als

ihr Medium willkommenzuheißen. Wäre dem so, wäre
Kunst überflüssig. Ihre Notwendigkeit entspringt
der Duplizitätserfahrung. Sie läßt den Gedanken
gerechtfertigt erscheinen, die Vorzüge der
ästhetischen Erfahrung und des künstlerischen
Mediums könnten hier Abhilfe schaffen.
Beide tun es, aber im Werk, nicht im Leben. Was
sich ästhetisch nicht mehr bewältigen läßt, ist
die Identifizierung von künstlerischem Werk und
Leben [115]. Das Parodieren überschreitet seine
Grenzen. Die Analogie hingegen bleibt Medium der
poetischen Erfahrung, jener "Brotverwandlung ins
Göttliche", weil eine analoge Einheit die Ver-
scheidenartigkeit des Geeinten beläßt und sie
nur auf ein gemeinsames Ziel hin verbindet. Analogie ist Einheit der Beziehung. Einer biographistisch verfahrenden Forschung muß der
"Godwi" als Wirklichkeitsersatz, mithin nihi-
listisch erscheinen. Die literarästhetische Reflexion der Formen und Verfahren entdeckt eine
artifiziell-signifikante Doppelanlage des Romans,
die den Ausweis der Wirklichkeit, die Duplizität, in Form, Figur und Handlung widerspiegelt.

III.   Joseph von Eichendorff:
                        Viel Lärmen um Nichts

Eichendorff hat keine Satiren geschrieben, wenn
man darunter Gattungsgebilde versteht, die im
Satirischen aufgehen; andererseits kommen die
Mehrzahl seiner epischen und dramatischen Werke
nicht ohne mehr oder weniger auffällige Sprach-
ironie und Satire aus.
Anlaß zu der Feststellung geben die Rezeptions-
geschichte Eichendorffs im allgemeinen und die
der Erzählung im besonderen. Es scheint, als
müsse man zunächst die Funktion des Satirischen
bei Eichendorff genauer bestimmen, um einem Werk
wie "Viel Lärmen um Nichts" in seiner Eigenständigkeit und Komplexität gerecht zu werden. Denn
darüber ist die Forschung bisher hinweggegangen.
Die formgeschichtliche Fragestellung könnte diese
Vorhaben ein entscheidendes Stück weiterbringen,
indem sie Eichendorffs inhaltliche Formelhaftig-
keit auf die spezifischen Darstellungsweisen
d i e s e r Erzählung bezieht.
Der scheinbare Mangel von "Viel Lärmen um Nichts"
- Alewyn spricht von "einer der geringeren Erzählungen Eichendorffs, in der sich Dichterisches
und Satirisches zu einer Mischung verbindet,
deren man nicht ganz froh wird" [1] - erweist sich
dann als auszeichnendes Spezifikum der Schreib-
weise des Dichters. Die Mischung macht Eichendorff originell. Sie führt ins Zentrum seiner
Literaturtheorie und steht in Zusammenhang mit
einer grundsätzlichen Auffassungsdifferenz der
Eichendorff-Forschung.

   Schon die ersten kritischen Stimmen zu "Ahnung und Gegenwart" zeigen, wie unterschiedlich
man offenbar ein- und denselben Roman rezipieren

kann, und geben damit eine bis heute gültige
Alternative vor. Die einen sehen in Eichendorff
primär den Adepten romantischer Spätzeit, der
eine hochartifizielle Formelsprache spirituellen
Sinns virtuos handhabt, die anderen konzentrie-
ren sich auf die historisch-politische Signatur
seiner Werke, die häufig - nicht immer, wie sich
zeigen wird - im Gewand verkehrender und relati-
vierender Komikformen begegnet [2]. Geht es also
darum, "den Anteil des Wirklichen (des realge-
schichtlich Wirklichen, B.A.) im Werk Eichendorffs neu zu analysieren" [3], oder stimmt es,
"daß für ihn Vision das ist, was wirklich gesehen werden kann"? [4].
Eine Besinnung auf die Funktion von Ironie und
Satire läßt beide in der Tendenz einander aus-
schließende Rezeptionsweisen vereinbar erscheinen, sofern man dann die Gelegenheit hat, sie
als Wirkung des Textes, d.h. textkonstitutives
Element zu verstehen.

    Gustav Adolf Schöll hebt bereits 1836 in
seinem großen literarphilosophischen Essay über
"Joseph Freyherr von Eichendorff's Schriften" [5]
den "Doppelsinn der Erscheinung" hervor, der
sich als Poesie im "Doppelsinn der Begeisterung
und der Ironie" niederschlage [6]. Die von Schöll
hervorgehobene "Mitte" der Poesie lenkt den
Blick auf die Interdependenz von Absicht und
Verfahren des Literaten. Eichendorff will romantische Kunst in einer ihr ungünstigen Zeit erhalten und restituieren, neu zur Geltung bringen
und sie gegen vielfachen Widerstand durchsetzen.
Der Leser von Eichendorffs literaturhistorischen,
politischen und tageskritischen Schriften stößt
allenthalben darauf: Hier schreibt jemand aufgrund eines entschiedenen Standpunktes - Kritik
aus Prinzipien und als Bekenntnis.

    Die Dichtung könnte auf ihre Weise nun von

diesem Ansatz her geprägt sein, so daß sich die
Eingangsthese präzisieren und wie folgt begründen läßt.
Ironie und Satire sind dort, wo sie über beiläu-
fige Verwendung hinausgehen, nicht Zweck, sondern
Mittel; sie erfüllen eine notwendige Funktion im
literarischen Darstellungszusammenhang.

Dorothea Schlegels Titelvorschlag "Ahnung
und Gegenwart" für den Erstlingsroman des Vier-
undzwanzigjährigen trifft exakt die Themenkonstante seines Erzählens. Was sein soll, das un-
entwegte Planen der Personen, wie ihre Ideen von
Vaterland, Freiheit, Nonkonformismus und Selbst-
bewährung zu verwirklichen seien, figuriert auf
dem Hintergrund dessen, was ist. Gegenwart erscheint zudem unter religiösem Aspekt als transi-
torisch. Wo diese Bewegung unterbrochen ist und
das Irdische sich verselbständigt, hat eine
historisch-politische oder kultur- und literarästhetische Kritik ihren legitimen Ort.
Die Gegenstände der Kritik sind, wie man weiß,
die Verselbstung des Menschen, der Geist des
Rebellisch-Heidnischen, das Maschinenzeitalter,
der "praktische(n) Abgrund" [7] einer Gesellschaft,
die sich an Leistungssteigerung und Profitrate
orientiert, ferner das Philiströs-Bürgerliche,
Unnatürlich-Manirierte, Modernistische, die
"Tendenzpoesie" und die zeitgeschichtliche Trias
Rationalismus - Liberalismus - Materialismus, kurz
alle "Zeichen der Zeit" [8]. Da sie zu ernst sind,
um nur mit den Mitteln des Lächerlichen dargestellt zu werden, prägt die eingesetzten formel-
haften Bilder eine Ambivalenz. Sie signalisieren
je nach Zusammenhang Witz und Verspottung ebenso
wie die Sphäre des Bedrohlichen, der "Bangigkeit"
und des Grausens [9]. Ein witziger Zusammenhang
liegt vor, wenn eine oder mehrere der folgenden
Bedingungen gelten.

1.) Der Gegenstand ist genuin witzig. Die Schlafmütze und einschlägige Attribute der Nacht reichen hin, um die Lebensauffassung der Betroffenen als "immerwährende Geschäftsreise vom Buttermarkt zum Käsemarkt" [10] eindeutig zu decouvrieren. Die Pseudodichter mit dem sprechenden Namen "Faber", Poeten aus Profession ohne 'natura', Schreiber, die es mit dem Buchstaben und dem Sitzfleisch halten, überall Papier um sich verbreiten und anders handeln als schreiben [11], sie gehören hierher wie ansonsten alle Salonliebhaber, Teilnehmer "ästhetischer Tees", die, "was noch fashionabler, in vornehmem Weltschmerz" [12] "europamüde" [13] und vor lauter "Zerrissenheit" [14] nicht merken, daß ihnen der Zopf hinten hängt. Alle zitierten Begriffe einschließlich des Zopfes als Sinnbild veraltet-borniert-unpoetischen Geistes [15] verwendet Eichendorff kulturkritisch im Sinne komischer Inkongruenz von Absicht und Erfüllung (Darstellung). Die scheinbar Progressiven verkörpern hoffnungslose Reaktion [16].

2.) Die Erzählperspektive benutzt Ironie zur Selbstkritik. Die Position der Wanderdichter und 'Waldlieb'-Figuren wird selbstironisch korrigiert und dadurch gefestigt. Eichendorff übt Ironie nach beiden Seiten. Seine Vorliebe für das Antinomische läßt häufig die Personentypen zu Gegenbilder zusammentreten, die sich kon-figurativ auslegen, z.B. Bianka-Venus ("Das Marmorbild"), Florio-Florestan (ebd.), Julie-Rosa ("Ahnung und Gegenwart"), Friedrich-Leontin (ebd.), Willibald-Leontin ("Viel Lärmen um Nichts"). Die beiden männlichen Pendants, Florestan und Leontin, repräsentieren dabei eine Art Parallelismus im Gegensatz. Ihren Bezugspersonen immer an Wissen und Erfahrung voraus, verkörpern sie ein ironisches Korrektiv,

das schließlich mit für Enträtselung und
Knüpfung der richtigen Bezüge sorgt [17]. Die
gleichsam dramaturgische Funktion der Selbstironie Eichendorffs liegt in dem sich selbst
steuernden Spiel-Handlungs- und Erzählsystem.
Wie Münchhausen sich am eigenen Schopf aus dem
Sumpf zieht, verfährt der selbstironische Erzählperspektivismus mit der von ihm angerich-
teten Verrätselung und Verwirrung.

3.) Die religio muß prinzipiell gesichert sein.
Nur wo "ein sicherer Mittelpunkt" die Chaos und
Verwirrung stiftenden Zeichen der Zeit "zu einem
klaren Verständnis, zu einem lebendigen Ganzen" [18] läutern kann, ist Raum für Komik und
Witz. Dem Chaos fehlt der Stachel, die ernsthafte
Gefährdung. Die "Gesinnung" [19] bindet den Menschen an Heimat, Ursprung und sprechende Natur
zurück, und wer sie einmal aufgibt, aus seinem
stillen Garten herausspringt [20], ist aussichtslos
auf die transitorische Gegenwart fixiert. Ohne
diese Gefährdung ist sie aber nur "Posse".
Erst in der Beimischung zum "Mysterium" erscheint
der "natürliche(n) Doppelcharakter aller Kunst" [21],
der weltimmanentes Leben und welttranszendente
Orientierung als aufeinander angewiesene Relate
verknüpft.
Eine Welt als Posse ist seit jeher von der gleich-
namigen Literaturgattung beansprucht worden.
Witz, Satire und Ironie gehören zum natürlichen
Charakter der Kunst; sie sind also notwendig.
Eichendorffs prägnante Formulierung macht noch
mehr deutlich, wenn es heißt: "beigemischt".
Kunst ist Mischung inhaltlicher Gegensätze, die
sich in entsprechenden darstellerischen Verfahren ausdrücken. Eine reine Satire zu schreiben
würde für Eichendorff bedeuten, am Doppelcharakter
der Kunst vorbei die weltliche Posse oder die
Possen der Welt absolut zu setzen, "die eigentliche Poesie des Verstandes" [22] nur zu pflegen.

Es würde die Beimischung ignorieren und das
Mittel zum Zweck erheben. Denn "die Simultaneität des Temporären" [23] läßt sich zwar auf das
historische Hier und Jetzt ein, aber so, daß
- wie Seidlin nachweist - "jedes Geschehen hin-
deutet auf eine Über-Zeit, in der alles was da
war und alles was da sein wird sich versammelt
zu einem immerwährenden Jetzt." [24]. Auf solchen
"Goldgrund eines unverwüstlichen religiösen Gefühls" zeichnet der wahre Dichter "diese Ueber-
gangszeit mit ihren großen Erinnerungen, Thor-
heiten, Irrthümern und all ihrer ungeheuern
Confusion in kecken Genrebildern" [25].

4.) Das Komische beruht auf Kontrasten, und
sie implizieren Standpunkte. Vom Standpunkt
einer "höheren" Wirklichkeit aus, sub specie
aeternitatis, erscheint Diesseitigkeit zwangs-
läufig als witzige Verkehrung und Posse. Unter
der Optik des großen Welttheaters bekommt sie
lustspielhafte Züge, ist der Taugenichts ein
Narr in Christo. Daß die Personen bei Eichendorff ständig auf Bäume klettern, von Berg-
gipfeln hinunterblicken oder einem Geschehen
als Unbeteiligte zuschauen, hat bekanntlich
hierin seinen Sinn: i n d e r Geschichte zugleich ihr e n t h o b e n zu sein. Die
Gleichzeitlichkeit mischt wieder Ahnung, Erinnerung und Gegenwart und ist darstellerisch
die Mischung von Allegorie und Satire. Den
Betrachter können die Kontraste zwischen seinem
Standpunkt und der beobachteten Gegenwart rei-
zen; dann entstehen Wirkungen komischer Art.
Er kann auch zum Medium werden, durch das
sich der spirituelle Sinn der allegorischen
Natur kundtut. Welche Möglichkeit realisiert
wird, hängt außer den genannten Bedingungen
auch vom Objekt ab, ob es sich also um den gegen-
wartsfixierten "Zeitgeist", um Zivilisatorisches
und Literaturimmanentes handelt oder um den

"Geist aller Zeiten", der Erinnerung und Ahnung zur echten Gegenwart verbindet [26] und durchgehend Bezüge zwischen Natürlichem, Menschlichem und Göttlichem nach Art einer analogia entis hervorbringt [27].

Wenn Alewyn also den Mangel der Erzählung "Viel Lärmen um Nichts" in einer Mischung von Dichterischem und Satirischem erblickt, "deren man nicht ganz froh wird", könnte dieses Verdikt allenfalls als literarische Wertung eines speziellen Textes Bestand haben, sofern die Betonung auf dem Nachsatz läge. Allerdings fragt es sich, ob die Begriffe "Mischung" - man hört dahinter: Reinheit, Stilausgewogenheit, denn Alewyn gebraucht den Begriff keineswegs im hier angedeuteten autorterminologischen Sinn - und "Satirisches", sprich: Undichterisches, ob sie nicht grundsätzliche Wertungskriterien verraten, die in dieser Weise auf Eichendorff augenscheinlich nicht zutreffen. Sie treffen überhaupt auf Texte deutscher Romantik nicht zu, weil sie dem klassizistischen Poetik- und Wertungshorizont entstammen, Romantik aber "Mehrheit der Imperative" [28] bedeutet. Die romantische Kunst

> "gefällt sich in unauflöslichen Mischungen; alle Entgegengesetzten, Natur und Kunst, Poesie und Prosa, Ernst und Scherz, Erinnerung und Ahnung, Geistigkeit und Sinnlichkeit, das Irdische und Göttliche, Leben und Tod, verschmelzt sie auf das innigste mit einander." [29].

Eichendorffs Gründe für die Adaption dieses damaligen Gemeinplatzes "Mischung" dürften umrißhaft deutlich geworden sein. Die Poesie braucht um der Selbstkonstitution willen die Prosa weltlicher und gegenwartsbezogener Wirklichkeit [30]. Und sie, braucht sie auch die Poesie?

Eichendorffs gesamte publizistische Tätigkeit führt immer denselben Rechtfertigungsnachweis, wie wichtig Poesie in "poesielose(r) Zeit" [31] ist. Die poetischen Naturen, Wanderdichter, Taugenichtse der Romane und Erzählungen sind unbürgerlich, gehen auf witzig-satirischen Kollisionskurs, passen sich den bestehenden Verhältnissen nicht an, können ihnen aber auch nicht entgegenwirken, geschweige sie verändern, weil die Sphären des Poetischen und Unpoetischen trotz - oder gerade wegen! - aller konfusen, verrätselten Konvergenz, aller Mischung, am E n d e wie Öl und Wasser auseinandertreten. Die "Dichter"-Naturen können den Verhältnissen im Grunde nur entfliehen [32]. Gegen den "Zeitgeist" behauptet sich der "Geist aller Zeiten", indem er seine Vasallen im Reservoir der Poesie um sich schart, wie jene "von der alten Garde (...) sich um die zerrissene Standarte der Romantik (...) versammeln" (S. 1196).
Um "hörbar und verständlich" zu werden, waren für Eichendorffs Poesie andere Rezeptionsbedingungen nötig [33] als um ihre potentielle Wirkung bei denen auszuüben, die ihr philiströs-modernistisches Bewußtsein ändern müßten: Je schlimmer die Zeiten, desto notwendiger diese Poesie, desto ungünstiger ihre Rezeptionsbedingungen. In diesem Zirkel scheint sich seine Literatur zu bewegen. Beifall von unerwarteter Seite, z.B. den Jungdeutschen, und von der falschen, nämlich jenen Bürgerlichen, die dadurch alle kritische Potenz in simplifizierender Aneignung töteten, überrascht dann kaum mehr. Von den eigentlichen Adressaten wurde die Kritik nicht verstanden, und wer sie verstand, dem galt sie nicht. Denn um sie zu verstehen, mußte man einen Sinn für das sogenannte Poetische, das Spielerische und Witzige bewahrt haben und mit Eichendorff die Rechtmäßigkeit des schein-

bar Unzeitgemäßen einsehen.

Die epischen und dramatischen Texte Eichendorffs ziehen ihre Wirkungsenergien aus dem Unzeitgemäßen. Man kann in ihnen den Versuch sehen, eine zu früh versunkene Welt kontrastiv
wiederzubeleben. Daß Eichendorff dabei der Frühromantik und vor allem ihren philosophischen
Implikationen kritisch gegenüberstand, ändert
nichts an seiner Vorstellung vom historischen
Sinn, den die romantische Bewegung als Platz-
halter des "Geists aller Zeiten" hat.
Im Blick auf die literarischen Werke läßt sich
schlußfolgern, daß die selbstparodistischen Ro-
mantikanspielungen oder die zahlreichen, oft
sehr versteckten satirischen Zitierungen aktuel-
ler Themen, Personen, Vorgänge politischer und
literarkultureller Art isoliert gesehen uner-
giebig sind [34]. Die Analyse einer Erzählung wie
"Viel Lärmen um Nichts" greift zwar auf sie zurück [35], aber erst der Funktionszusammenhang
des Satirisch-Parodistischen entdeckt Wesent-
liches, nämlich: Werk und Gattung kollationieren
in der Romantik nicht, und die gattungshaft-
nachahmende Parodie der Stoffe verwandelt sich
in eine kreative Form dichterischer Einbildungskraft, die als zeittypisches Erzählverfahren den
stofflichen Vorwurf überschreitet.

Eichendorff hat entgegen oft anderslauten-
der Forschungsmeinung häufig den Zusammenhang
zwischen Kunstform und Inhalt reflektiert. Dabei läuft die Argumentation immer darauf hinaus,
die Form aus Gründen eines gesinnungslosen
Formalismus nicht zur Hauptsache zu erklären,
sie aber gleichzeitig wegen ihrer Leistung der
"Verlebendigung" auch nicht gering zu veranschlagen. Gegen Ende der Goethe-Kritik in der "Geschichte der poetischen Literatur Deutschlands"
heißt es:

"Denn wo nun einmal durch die Ungunst der
Zeiten der rechte I n h a l t abhanden
gekommen, tritt nothwendig die F o r m
als Hauptsache ein. Und das ist eben
Goethe's unübertroffene Meisterschaft,
daß er uns in seinen Dichtungen ein edles,
köstliches Gefäß hinterlassen hat, für
immer würdig des größten Inhalts, den ihm
künftige Geschlechter wieder geben möchten. Ohne tüchtige Gesinnung giebt es freilich keinen tüchtigen Dichter; aber auch
die Gesinnung ist nichts ohne die tüchtige Darstellung, welche eben das Organ
aller Kunst ist, und ohne deren lebendige
Vermittlung alle idealisirte Tugendhaftig-
keit nur ein todter Begriff bleibt." [36].

Die Relevanz des aufgezeigten geistesgeschicht-
lichen Tatbestandes könnte eine formgeschichtliche Interpretation nachweisen. Sie untersucht
am Beispiel von "Viel Lärmen um Nichts", w i e
die beschriebene "Mischung" zustandekommt und
zu einem Sinngefüge integriert wird. Dazu bieten
sich die Erzählperspektive, die Folge szenischer
Bilder und die Shakespearezitate als Anhaltspunkte
an.

Die Erzählung beginnt dialogisch. Ein Prinz
stellt Fragen, ein Jüngling antwortet. Zwischen
der ersten Frage und Antwort erfährt der Leser
in einem Nebensatz etwas über die Situation: Ankunft, Erwartung, Blick von oben auf eine Landschaft in der Tiefe.
So beginnen eine Reihe Erzähltexte Eichendorffs,
keiner aber fügt den epischen Bericht einem
Dialog ein. Vergegenwärtigt wird also ein Vorgang als Vorgang. Wir befinden uns in einer Szene.
Die Protagonisten treten auf - "indem sie soeben
auf einer Höhe aus dem Walde hervorkamen" (S. 1187).
Während der Prinz einen Namen hat - Romano -,

wird vom Antwortenden nur als dem "schöne(n) Jüngling" gesprochen, mit der Bemerkung, er antworte "sichtbar verwirrt und mit flüchtigem Erröten." (ebd.).
Einen Erzähler gibt es also, der eine wörtliche Rede mitteilt und Sichtbares erzählt. Denn sichtbar sind sowohl die "weite, reiche Tiefe" (ebd.), die er mit den Augen des Prinzen und seines Gefolges wahrnimmt, wie das plötzliche Hervorkommen der Reitergesellschaft aus dem Wald und schließlich die Reaktion des Jünglings. Ihre Mitteilung verrätselt den Dialog und gibt dem Sprechenden den Anschein des Besonderen. Mit ihm hat es tatsächlich seine Bewandtnis, denn er ist, wie der Leser am Ende erfährt, die inkognito reisende Gräfin Aurora, die soeben ihr Spiel einfädelt, "um die tollen Freier zu foppen" (S. 1249).
Der Erzähler geht auf der Rätselspur noch einen Schritt weiter, wenn er in den Augen des Jünglings den Schalk beobachtet, seine Gestalt "zierlich" (S. 1188) nennt und dann über das äußerlich Sichtbare hinausgeht und ihn als Jäger einführt, der sich verirrt und daraufhin dem Prinzengefolge angeschlossen habe. Das ist aus dramaturgischen Gründen natürlich nicht die volle Wahrheit, aber auch nicht falsch, denn ein Jäger und Fallensteller ist "der Bursch" tatsächlich im übertragenen Sinn und verirrt hat er sich auch in einem früher schon getriebenen Spiel, wie seine Verzweiflung und Willibalds Erzählung später deutlich machen. Doch zunächst führt der Erzähler den Leser auf eine andere Fährte, die das Augenmerk auf Romano lenkt und den Jüngling zwischen rätselhafter Bedeutsamkeit und Nebenfigur beiseite läßt.

Die Perspektive des Erzählers ist uneindeutig, schillernd, anspielungsreich. Sie wechselt. Das mehrmals gebrauchte Wort "schien" läßt eine Standortgebundenheit vermuten [37], so,

als stünde er mitten unter den Personen und
teilte einfach mit, was er sieht. Aber gleichzeitig blickt er auch mit den Augen der Personen selbst [38], verfügt über eine Vogel-
perspektive [39], über Einsichten, wie sie ein
auktorialer Erzähler hat [40], und sogar über
Gedankenperspektiven [41], die er wiederum teilweise - wie anderes auch - satirisch bricht [42].
Spätestens nach des Prinzen Ankunft im Schloß,
"unter den wunderlichsten Sprüngen (...) wie auf
einem tollgewordenen Schaukelpferde" (S. 1189) [43],
bei Feuerwerk, rätselhaft bevölkertem Park und
Permanenter Verwechslung der Personen, steht
fest, daß der Erzählperspektivismus wohl zunächst die formale Entsprechung des inhaltlichen Vorgangs der Konfusion, des Verwechselns
und Durcheinanders ist. "Konfusion, lauter Konfusion! sagte er (Herr Publikum, B.A.) voller
Verwirrung." (S. 119o).

Jede Geschichte Eichendorffs verwendet Formeln der "Verwirrung" [44], die nicht unmittelbar
vorganghaft zu sein brauchen. Sie grenzen die
Extrembereiche des Undifferenziert-Amorphen und
des Überdifferenziert-Verhärteten als Signale
der Leblosigkeit und Gottferne [45] ab gegen den
Bereich des Organisch-Naturhaften, der als durch-
schaubarer, klar differenzierter Mittel-Zweck-
Verband sich aufgrund von eindeutigen Funktions-
abhängigkeiten selbst organisiert und hervorbringt.
Er repräsentiert die für Eichendorff notwendige
Spannung zwischen den Unheilpolen einer bloßen
Bewegung ohne Ziel, bei der Teil und Ganzes un-
unterscheidbar sind (Lärmen, Geschrei) und einem
Ziel ohne Bewegung, das bloßes, isoliertes Teil
bleibt (Rakete, Versteinerung). Leben untersteht
den Gesetzen des Organischen. Die organische Natur hat sich in ihrer Richtigkeit, d.h. linearen
Gerichtetheit auf Selbstreproduktion in festen

Beziehungen, immer schon bewährt, ohne deshalb zur Leblosigkeit zu erstarren [46]. Die Erzählung "Viel Lärmen um Nichts" führt die Formel bereits im Titel und handelt dementsprechend
von nichts anderem. Sie braucht es auch nicht,
weil die Formel alles andere enthält. Verwirrung
ist "Unnatur"; "Unnatur" und "Natürlichkeit"
sind Eichendorffs oberste Klassifikationshinsich-
ten.

> "Kunst und Natur sind glücklicherweise
> keineswegs so scharf geschieden, beide
> sind vielmehr nur der U n n a t u r
> entgegengesetzt, welche aber ebenso
> durch geregelte Künstelei als durch
> Uebertreibung und ein verwildertes
> Sichgehenlassen erzeugt wird." [47]

Vergleicht man nun, ausgerüstet mit diesem theoretischen Wissen, die beiden ersten Szenen der Erzählung, fällt ein Unterschied sofort auf. Verwirrung im Sinne von Unnatur, wie sie Eichendorff beschreibt, gilt nur für die Ankunftsszene
im Park vor Publikums Palast. Der Erzähler läßt
hier der Handlung die Zügel schießen. Der nar-
zistische Pseudopoet Romano sowie der dumm-
rationalistische Erzphilistermäzen Publikum agie-
ren als Protagonisten zweier Handlungsstränge,
deren Irrtümer, falsche Voraussetzungen und
witzige Verkehrungen der Leser meistens schon
sofort durchschaut, die Helden selbst aber nie.
Ihre Unnatur ist unheilbar. Sie erreichen keinen
Gipfel, von dem aus ein Über- und Durchblick
möglich wäre. Die satirische Darstellung des
Autors legt sie auf Verkehrung fest. Sie sind
statisch, Gefangene der eigenen Physiogno-
mie [48]. Wenn der Zeit- und Kulturkritiker
Eichendorff die bestehenden Verhältnisse in
diesen Figuren und in der von ihnen provozier-
ten Verwirrung ausdrückt, bekundet er damit

nicht gerade Optimismus der Veränderbarkeit,
wohl aber die Notwendigkeit der Beimischung von
Poesie, wobei die Fronten hart aneinanderstoßen.
Der unheilbaren Verwirrung luziferischer Provenienz, die die Betroffenen selbst nicht zu
durchschauen vermögen und die daher satirisch
dargestellt wird, steht eine andere gegenüber,
die das Leben unter religiös-christlicher Optik
als Suche und Bewährung begreift und für die
- im Rückblick wird dies deutlich - die erste
Szene, der Romanbeginn also, symptomatisch ist.
Eichendorffs Geschichten sind Rätselerzählungen,
weil die menschlich-endliche Vernunft, geschaffen und abhängig wie sie ist, einen notwendigen,
aber auflösbaren Schein erzeugt.

Die Personen der Erzählung haben ständig
Einfälle, Absichten, fassen Pläne und "Anschlä-
ge" [49], jedoch liegt es an ihrem Standpunkt, ob
das Geplante ziellos in heilloser Verwirrung
steckenbleibt und der Lächerlichkeit preisge-
geben wird oder ob der überlegene Durchblick mit
festem Ziel wie bei Florentin-Aurora, dem "Jüngling", prinzipiell schon vorhanden ist, nur das
menschliche Kalkül sich in widersprüchliche Absichten verstrickt und der Providentia bedarf,
um aus den Krisensituationen heraus das Ziel
doch zu erreichen.

In der ersten Szene setzen allein fünf Pläne die dramatische Handlung [50] in Gang. Romano
will Publikum "ein Schnippchen schlagen", der
Gräfin Aurora den Hof machen und sich des Jägers
Florentin dabei als "Liebesboten" bedienen. Diese
Pläne erfährt der Leser schon zu Beginn, denn
sie gehören nicht zum Rätselcharakter menschlicher Existenz, sondern sind unverbindlich-ober-
flächliche Literatur und begründen die durch
possenhafte Erzählsituationen bestimmte konven-
tionelle, triviale Novellistik Romano und seines-

gleichen "machen Novelle" (S. 1187, 1199).
Menschliches Handeln figuriert für Eichendorff
existentielles Sein. Die "Literatoren" (S. 1218)
samt Romano erschöpfen sich im Machen, in bloßer
Künstlichkeit. Florentin-Aurora dagegen sucht
Willibald, die aus eigener Schuld verlorene
Liebe. Erst das Ende der Erzählung deckt diese
Absicht auf. Der Leser stimmt also mit der Hel-
din darin überein, daß beide an der Aufdeckung
rätselhafter Zusammenhänge arbeiten. Er lernt
nach und nach alle Personen kennen, aber nicht
ihre Beziehungen, Florentin kennt von Anfang an
sämtliche Beziehungen, aber nicht die gesuchte
entscheidende Person in ihrer Nähe, nämlich
Willibald. Da sich Florentin-Aurora insgeheim
nun auch auf das Spiel der Literatoren einläßt
und schon früher ein solches mit Willibald getrie-
ben hat, konvergieren bei ihr der scheinbar
harmlose Mummenschanz inszenierter Aktionen
mit der ernsthaften Suche nach dem Liebesglück,
das paradigmatisch für "Heimat" steht: "ich seh--
ne mich schon recht nach meiner Heimat!" (S.
1250). Der Glaube an das Machbare, die aufge-
klärte, technokratische Selbstgewißheit, die mit
Masken spielt und sie meint beherrschen zu können, muß sich stets verbinden lassen mit dem
Glauben an eine göttliche Abkunft, die das Handeln bestimmt u n d sich in ihm dokumentiert.

Das ist Eichendorffs Formel für "Leben",
das ist die Beimischung im "natürlichen Doppelcharakter aller Kunst" [51]: Posse und Mysterium,
Weltliches und Transzendenz. Florentin-Aurora
allegorisiert diese Mischung.
Auf dem Aktionshöhepunkt, der zugleich Peripetie
ist, denn Willibald erscheint, und vollends kurz
vor der Auflösung signalisiert ihr verzweifeltes
Weinen [52] den geahnten und später eingesehenen
Widerspruch der bislang verfolgten Absichten
"es ist alles vorbei, ich hätte ihn über den

Possen nicht so gehn lassen sollen, nun ist er
auf immer verloren!" (S. 1248 f.).
Die weltliche Posse scheint das Mysterium ver-
spielt zu haben; sie gefährdet es im Grunde ständig. Wohl deshalb glaubt sich Eichendorff im
Recht, wenn er die spielerische Harmlosigkeit
autonomen Handelns nicht immer nur karikiert,
sondern auch beargwöhnt und schließlich im politischen Liberalismus oder zeitgenössischen
Literaturbetrieb eine " f a l s c h e Aufklärung" am Werk sieht, die "vergißt, daß sie nicht
selbst das Licht sei, sondern auf daß sie von
dem Lichte Zeugniß gebe" [53]. Sobald aber die
romantische Spannung zwischen Endlichem und Unendlichem, die Eichendorff als Mischung auslegt, dem Menschen bewußt ist und aufrechter-
halten bleibt, kann göttliche Fügung die Verwirrung entwirren. Willibald sitzt plötzlich im
anderen Teil des Gartens. Wie er dahin gekommen
ist? Das klare Bewußtsein des Menschen von den
Grenzen selbstinszenierter Aktionen verhindert
ein Scheitern an ihnen. Aurora hat das Bewußtsein erreicht, also auch das Ziel. Auch in die-
der Erzählung geht zum Schluß "soeben die Sonne
auf" (S. 1249) [54]. Das Lärmen ist verklungen,
alle Konfusion aufgeklärt, der epische Wechsel-
perspektivismus in der eindeutigen Perspektive
des Ich-Erzählers zur Ruhe gekommen.

Die Forschung hat sich mit der Erklärung
seines Auftretens recht schwer getan, was allerdings seinerseits erklären könnte, weshalb man
die Erzählung letztlich doch für eine "unwahr-
scheinliche Häufung von krausem Zeug" hält,
bei dem "es Eichendorff nicht gelungen ist,
diesem Wirrsal jene Ordnung aufzuprägen, die
aus dem amorphen Reichtum der Phantasie erst
ein Kunstwerk macht" [55]. Wenn der Kunstwerk-
charakter vom Ordnungsprinzip abhängt, ist
Eichendorffs Erzählung ein Meisterwerk.

Man kann ihr weder die Mischung negativ-kate-
gorial anlasten noch das fehlende Integrations-
moment beanstanden. Letzteres gilt es nun zu beweisen.

Auf bloße Feststellungen beschränkt sich
auffallenderweise diejenige Interpretation, die
den Ich-Erzähler biographistisch und als Ausdruck romantischer Ironie versteht [56]. Das funktionale Fragen führt weiter. Danach bewirkt das
persönliche Auftreten des Dichters als handelnde
Person letzte Aufklärung der Figurenkonstellation und "Gewährleistung und Beglaubigung des
Berichteten, Schrumpfen der Distanz zwischen der
Welt des Lesers und derjenigen der dichterischen
Ereignisse, Beruhigung in der menschlichen Identität, kurz Wirklichkeitsnähe, Realismus." [57] .
Nun spricht der Erzähler vorerst nicht vom Dichter, vielmehr vom "Schreiber" (S. 1245) in der
Funktion eines Ich-Erzählers, der "dieses"
- gemeint ist wohl die bisherige Geschichte -
geschrieben hat und nun mit dem Manuskript
einer "ausgearbeitete(n) Novelle" (ebd.) zu
Publikum unterwegs ist, um sie ihm zur Hochzeit
zu schenken. Vor der Frage nach Fiktion und Wirklichkeit verdient die Bezeichnung 'Schreiber'
Beachtung.

Man "könnte", so Eichendorff, "die Classi-
fikation allgemein machen, und die ganze
menschliche Societät, je nach ihrem innerlichen Metier, füglich in Soldaten und
Schreiber abtheilen, welche beiden Klassen
jenen welthistorischen Gegensatz vielleicht
am entschiedensten repräsentieren; denn es
ist überall ein sehr verschieden Ding, ob
man ein tüchtiges Roß, oder einen gepolster-
ten Schreibesel reitet." [58] .

Die vita activa und contemplativa stehen hier

ebenso zur Diskussion wie der romantische Bruch
von Denken und Handeln. Der Schreiber ist ein
Mensch vom Schlage der Faber-Dichter, der glaubt,
"von seinem Isolirschemel herab alles Leben in
Eine Schulformel einfangen zu können" [59]. Er
gehört zu den "Confusen" [60]. Dabei geht seine
Selbsterkenntnis - der Dichter als Narr! - sehr
weit: "Dem einen ist zu tun, zu schreiben mir gegeben, sagte Faber, als er ausgelesen hatte.
Poetisch sein und Poet sein, fuhr er fort, das
sind zwei verschiedene Dinge" [61].
Der romantische Widerspruch zwischen Werk- und
Künstlerästhetik hat bei Eichendorff einen falschen und einen richtigen Lösungsansatz. Den
falschen verfolgen die "Zerrissenen", die "Novellenmacher". Sie internalisieren den Widerspruch so, daß er nur weiter potenziert anstatt
auf seine Gründe hin durchschaut wird. Ihr
Aktionismus versteht sich als Naturnachahmung
im strikten Sinne und literarische Formerfül-
lung ineins; etwas Unnatürlicheres läßt sich
für Eichendorff nicht erfinden.

> "Nun, ich weiß, Verehrteste, Sie teilen
> schon längst unsre Überzeugung, daß jene
> überspannten künstlichen Erfindungen in
> der Poesie uns der Natur entfremden und
> nach und nach ein wunderliches, konven-
> tionelles, nirgends vorhandenes, g e -
> s c h r i e b e n e s Leben über dem
> Lebendigen gebildet, ich möchte sagen:
> eine Bibel über die Tradition gesetzt
> haben, daß wir also eilig zur Wirklichkeit
> zurückkehren müssen, daß -- Dichterin:
> Kürzer! Ich bitte, fassen Sie sich kür-
> zer, mir wird ganz flau. - Grauer: Kurz,
> wir machen hier soeben Novelle."
> (S. 1199) [62].

Nur mit Federkiel und Papier herumzulaufen ist

ebenso lächerlich [63] wie die Verkürzung des
Poetisch-seins zur "Manier" (S. 12o3) [64]. Richtig löst dagegen derjenige den Widerspruch, der
sich wie unser Schreiber von kompetenter Seite
sagen läßt, was er schreiben soll. Die Natur
spricht, die Dinge des Lebens haben einen optisch
akustisch vernehmbaren Sinn, und ihn zu erhellen, zu verkünden, sich ihm als Medium anzubieten, dazu ist der Dichter da. Poesie ist
Kerygma.

Der Schreiber in "Viel Lärmen um Nichts"
legt "die rechte Himmelsleiter" (S. 1191) an der
rechten Stelle an, dort, wo die Erzählung vom
Imperfekt endgültig wieder zum Präsens wechselt.
"Gräfin Aurora erzählte mir alles, wie es sich
begeben, von Anfang bis zu Ende. Ich aber sitze
vergnügt in dem prächtigen Garten (...)" (S.
125o). Zwischen "Ende" und "Ich aber" spielt
die Geschichte der Verwirrungen, hier liegen
erzähllogisch der Ursprung und dichtungstheore-
tisch der Grund ihrer Entstehung. Die Inspiration durch Aurora - Naturphänomen, Lebens- und
Kunstallegorie sowie handelnde Person ineins -
erhebt den "Schreiber" zum "Dichter" [65], wobei der Widerspruch darin liegt, daß man bereits ein Dichter sein muß, um die eigene Entwicklung zu diesem Ziel dichterisch so darstellen zu können!
Der Erzähler war von Anfang an im Erzählten immer schon anwesend. Er hat immer auch etwas von
sich erzählt, sich schrittweise selber deutlicher artikuliert bis hin zum offenen Ich.
D i e s e n Vermittlungsvorgang muß eine
Interpretation der Erzählung offenlegen, will
sie auf deren Niveau bleiben.
Denn Inspiration allein, die rechte Gesinnung
genügen nicht, wenn Poesie Kerygma ist. Was da
verkündet werden soll, ist "an sich undarstell-
bar" [66]. Durch Darstellung wird es "für uns".

Auf sie kommt es an, mit Eichendorffs Worten:

> "Es kommt dabei nur auf die künstlerische
> V e r m i t t l u n g , d.h. darauf an,
> daß das Ewige, nicht als metaphysisches
> Abstractum, das verhüllende Irdische
> nicht als bloße todte Formel dafür er-
> scheine, sondern daß beide einander innig
> durchdringen und also die Allegorie le-
> bendig wird, die poetischen Gestalten
> nicht bloß b e d e u t e n , sondern
> wirkliche, individuelle, leibhaftige
> Personen sind." [67]

Eichendorff formuliert das Grundproblem aller
Romantiker: Wie wird die Allegorie lebendig?
E i n e Vermittlungsmöglichkeit stellt das von
Friedrich Schlegel vorskizzierte Verfahren des
Parodierens dar.

Die Erzählperspektive zu Beginn erweckte
durch versteckte Hinweise den Eindruck, als sei
der Erzähler omnipräsent, stünde in der beschriebenen Szene und zugleich außerhalb, wüßte
mehr als äußerlich Sichtbares und sähe doch zugleich nur das, was von einem bestimmten Stand-
ort aus gesehen und vermutet werden kann. Die
Erzählhaltung wechselt zwischen Distanz und
Engagement. Der Erzähler selbst bleibt jedoch
unsichtbar.
Ein markanter Einschnitt erfolgt mit dem plötzlichen Tempuswechsel. Der Erzähler wird zum für
den Leser sichtbaren Szenenbeobachter, wobei
sich der Leser jetzt ebenfalls als Zuschauer
in die Szene versetzt sieht.

> "Vom Garten des Herrn Publikum bringt
> der Wind unverhofft ein sonderbares,
> unerklärliches Gesumse zu uns herüber
> (...) Je mehr wir uns indes mit gebüh

render Vorsicht nähern, je deutlicher
unterscheiden wir nach und nach das ver-
worrene Geschnatter (...) Durch eine Öff-
nung des Gebüsches endlich übersehen wir
(...) Nur Herz gefaßt! Noch einige Schrit-
te vorwärts: und wir können alles bequem
vernehmen." (S. 1198)

Bei dieser Passage handelt es sich um die prä-
sentisch-epische Introduktion zum dramatisch-
satirischen Schwank der Novellenmacher, der sich
in Rede und Gegenrede unmittelbar selbst darstellt, allerdings nur scheinbar, denn einen
gelegentlichen Kommentar kann der Erzähler auch
jetzt nicht unterdrücken. Je zurückhaltender und
bescheidener er verbal seinen Erzählauftrag erfüllt, desto unübersehbarer wird er für den Leser. Er befindet sich auf der Handlungs- und
Fiktionsebene. Von nun ab benutzt er die Wir-
Formel [68] und bietet sich dem Leser als Führer
durch die Szenenlandschaft an.
Bühnenhaftigkeit, Theaternähe, opern- und lustspielhafte Züge sind unter dem Stichwort: dra-
matisierender Erzählstil seit den ersten zeitgenössischen Rezensionen gültige Erkenntnis der
Forschung [69]. Der Rezensent der "Blätter für
literarische Unterhaltung" schreibt 1834 über
"Viel Lärmen um Nichts":

> "Tausend abenteuerlich phantastische Bil-
> der und Scenen führen (...) durch ein
> vielfach verschlungenes Labyrinth roman-
> tischer Begebenheiten zuletzt zu diesem
> Ziele (der Paarbildung, B.A.), und Alles,
> wenn schon so leicht und durchsichtig ge-
> halten, wie goldbeglänzte Morgenwölkchen,
> hat doch so sichere Gestaltung, so voll-
> kommene Gegenständlichkeit, daß man in
> der üppig geistigen Märchenwelt wie in
> der realsten Wirklichkeit sich heimisch

fühlt." [70]

Zentralbegriffe wie "phantastische Bilder und
Scenen", "führen", "sichere Gestaltung" und
"vollkommene Gegenständlichkeit" verraten den
seinerseits sicheren Instinkt des Kritikers.
"Viel Lärmen um Nichts" ist eine Erzählkompo-
sition aus - nach meiner Zählung 23 - "szeni-
schen Bildern" [71].
Als terminus technicus gebührt diesem Begriff
wohl der Vorzug gegenüber "epischer Szene", denn
Eichendorffs Szenentechnik ist eine solche im
dramaturgischen Sinne. Schauplatzwechsel und
Auf- bzw. Abtritte der Personen markieren jeweils die erzählerischen Einschnitte [72], so
daß die Szene nicht insulär dem ansonsten epischen Bericht eingelagert ist. Diese Besonder-
heit Eichendorffs prägt die Erzählung "Viel
Lärmen um Nichts" in außergewöhnlichem Maß;
über die deutlichen, oft schon optisch her-
vorgehobenen Szenengrenzen läßt sich kaum
streiten. Der Handlungs- und Lustspielaspekt
stehen ganz im Vordergrund, denn j e d e
Person verfolgt auf ihre Weise Absichten und
Pläne und typisiert sich durch Handeln.
Eine von mehreren Bedeutungen, die Eichendorff
dem Begriff "Novelle" beimißt, rekurriert auf
ihre Beziehung zum Drama, in Sonderheit zum
Lustspiel [73], und "Viel Lärmen um Nichts"
ließe sich ohne weiteres dramatisieren. Am
spezifischen Unterschied allerdings treten
die Baugesetze dieses Erzählens in Erscheinung.

Zweifellos kommt dem Spiel als satirische
Revue, als Täuschungs-Verwechslungs- und Ver-
wirrungsmanöver inhaltlich handlungstragende
Bedeutung zu, doch der erzählte, inhaltlich
dramatische Vorgang lenkt durch sprachliche
Indizien den Leser plötzlich und unerwartet

immer wieder auf die Art des Erzählens und den
Erzählenden selbst zurück. Das Spiel scheint
auch formal im Erzählverfahren wirksam zu
sein.
Ein Beispiel ist der Beginn von Szene 5, jener
Introduktion des "Schwanks" der Novellenmacher,
dem Erzähler und Leser zusammen zuschauen. Mögen
die Wir-Formel und die sich darin bekundende
Zurücknahme des Erzählers, der die Dinge sich
scheinbar selbst präsentieren läßt und die
Leserphantasie aktiviert, durchaus geläufige
Erzählmittel Eichendorffscher Dichtung sein [74],
so stockt man doch zu Beginn von Szene 12,
wo es heißt:

> "Schöne, fröhliche Jugendzeit, was tauchst
> du wie ein wunderbares Land im Traume
> wieder vor mir auf! Die Morgenglocken
> tönen von neuem durch die weite Stille,
> es ist, als hört ich Gottes leisen Tritt
> in den Fluren, und ferne Schlösser erst
> und Burgen hängen glühend über dem Zau-
> berduft. Wer ahnt, was das geheimnisvolle
> Rauschen der verträumten Wälder mir ver-
> künden will? - Ich höre die Ströme unten
> gehen und weiß nicht, wohin sie ziehen,
> ich bin so voller Glanz und Klang und
> Liebe und weiß noch nicht, wo mein künfti-
> ges Liebchen wohnt! - Da über die Berge,
> zwischen den ersten Morgenlichtern sehe
> ich einen jungen, rüstigen Gesellen wan-
> dern, einen grünen Eichenzweig auf dem
> Hute, die braunen Locken vom Tau funkelnd,
> so frisch und keck, als gings ins Paradies.
> Und mir ist, als müßt ich alles liegen-
> lassen und wieder mitreisen, als nun die
> Sonne plötzlich die schimmernden Abgründe
> aufdeckt und der Gesell im Wandern in die
> Täler hinabsingt: Vom Grund bis zu den
> Gipfeln/Soweit man sehen kann/Jetzt

> blühts in allen Wipfeln/Nun geht das
> Wandern an (...). (S. 1215 f.).

Unvermittelt und zusammenhanglos führt sich der
Erzähler als "Ich" ein, als ein sehr Eichendorff-
sches Ich, das eine Sprache verwendet, wie einige
Zeit später Willibald in seiner Jugenderzählung.
Hier wie dort liegt die gleiche Situation vor:
visionär erinnerte Vergangenheit, "fröhliche"
Jugend, Morgenstille, Landschaft, religiöse
Empfindung. Im Unterschied aber zu Willibald,
der hoffnungsvoll an jenem Morgen seine Wanderung
beginnt, bedeutet die Situation für das Erzähler-
Ich Scheingeborgenheit. Er ist nicht unterwegs,
die Erinnerung deckt ein Ungenügen auf, weil
sie mit keiner Ahnung zusammengeht. Wälder und
Ströme sprechen nur unverständlich zu ihm, das
"künftige Liebchen" wird schmerzhaft vermißt. Da
erblickt er plötzlich, was er so sehr sein möchte,
"einen jungen, rüstigen Gesellen wandern". Das
folgende Lied des Wanderers mit seiner Anfang-
Schluß-Sentenz "Nun geht das Wandern an" ex-
poniert den Sänger und die Stelle, an der es
im Erzählkontext steht.

Die Lieder in Eichendorffs Prosa haben bestimmte Funktionen. An entscheidenden Wegpunkten
der Handlung drücken die Personen im Leid aus,
was sie fürchten, hoffen, wollen oder für möglich halten. Das Lied steht erzähltechnisch
"zur Motivierung einer inneren Wandlung, eines
Entschlusses".[75].
Während der Ich-Erzähler das Lied hört und den
Gesellen wandern sieht, "als gings ins Paradies",
heißt es: "Und mir ist, als müßt ich alles lie-
genlassen und wieder mitreisen". Das Erzählte,
der Gesell, verlockt den Erzählenden, es ihm
gleich zu tun. Der Erzähler ist
potentiell zur Figur ge-
worden. Das epische Präsens hebt ihn zwar

noch aus der Handlungsebene heraus und er
nimmt sich auch bloß etwas vor, anstatt es
auszuführen, doch das Lied des anderen, von
dem der Leser gar nicht weiß, wer er ist und
was er mit dem Geschehen zu tun hat, hat für
das Erzähler-Ich eine Bedeutung, motiviert es
dazu, sein Leben der Scheingeborgenheit zu verändern. Man wird dem Ernst und der Sinnhaftigkeit
dieser Stelle mit einer biographistischen Erklärung nicht gerecht, und um romantische Ironie
dürfte es sich auch nicht handeln, weil der Erzähler die Fiktion nicht reflektiert, sondern
weiterführt.
Kaum ist das Lied zuende, verknüpft die "als
ob"-Wendung beide Erzählebenen, die im Verhältnis von Möglichkeit zu Wirklichkeit stehen.
"Nun aber war es wirklich, als würde das Lied
auf einmal lebendig" (S. 1216). Der im Lied vor-
weggenommene Vorgang - "Da wird die Welt so mun-
ter (...)" - ereignet sich, denn die Perspektiv-
figur ist jetzt der Wanderer, dem beim unerwarteten Anblick einer "Frauengestalt in präch-
tigem Jagdkleid (...)" eine leuchtende Erinnerung
durch die Seele" flog, und "die ganze Erscheinung war ihm wie eine wunderbare Verheißung"
(S. 1216 f.).

Auf dem Höhepunkt der Konfusion und des
inszenierten Schwanks trifft der Wanderer Willibald ins Spiel und erfährt sogleich ahnungsweise etwas von der gesuchten Aurora. Vorausdeutend ist das Ende der Erzählung vorwegge-
nommen. Die Schlußstrophe des Willibald-Liedes
an dieser Stelle beschließt dem Schema von Erwartung und Erfüllung zufolge auch die Erzählung als Ganzes. Es zeugt für Eichendorffs
szenische Kompositorik, daß genau in der Mitte,
in Szene 12, Höhepunkt, Krise (Florentin-Aurora
"weinte bitterlich", S. 1218) und Peripetie
("wunderbare Verheißung") zusammenfallen. Eine

kontrapunktische Spannung resultiert aus der
Art, wie hier die Personen in den Spielvorgang integriert werden. Florentins Verzweiflung kontrastiert Willibalds "leuchtende Erinnerung", sein Gefühl einer "wunderbaren Verheißung" bildet die Kontrastfolie für den Mangel, den der Ich-Erzähler bei sich entdeckt:
"weiß nicht, wohin sie ziehen (...) weiß noch
nicht, wo mein künftiges Liebchen wohnt!"

Er wird es am Ende wissen, denn seine erzählerische Selbstvermittlung ist schon weit
gediehen: vom unsichtbaren Szenenbeobachter
(1 - 4) zum sichtbaren (S. 5 ff.) und jetzt
zum "Ich", das sich eine Figur zum Vorbild
nimmt. Man kann Willibald des Erzählers Rollenfigur nennen. Noch versteckt er sich in
ihr und bleibt somit Medium, weil die Fiktionsebene des Präteritums ihn als Figur über den
Zeiten (Präsens) ausschließt - bis zum Beginn
der Szene 21: "In derselben angenehmen Jahres-
zeit hatte Schreiber dieses das Glück, mehrere
der denkwürdigen Personen dieser Geschichte
selbst kennen zu lernen." (S. 1245).

Die Spannung der Erzählhaltung zwischen
Distanz und Engagement schrumpft mit der end-
gültigen Fiktionalisierung des Erzählers und
seines Entschlusses zur Teilnahme. Jetzt ist
er selbständige Figur der eigenen Fiktion, und
zwar wie bislang in Gestalt eines Mediums, als
Vermittlungsinstanz oder "Schreiber". Seine
Begegnung mit der Rollenfigur Willibald klärt
die beiderseitige Beziehung. Die Freunde aus
dem Harz, beides poetische Naturen, sind schon
zu verwechseln (S. 1246), aber nicht identisch.
Die dichterischen Anlagen des Erzählers müssen
erst geweckt werden. Den Erfolg dieser Bemühungen bescheinigt seine "Geschichte", Eichendorffs Geschichte. Aus Auroras Inspiration macht
der Erzähler keine Liebesgeschichte, was auch

möglich gewesen wäre [76], sondern eine histo-
risch-biographische Allegorie:

> "ein bestimmter historischer Zeitabschnitt,
> an den Begebenheiten eines bestimmten In-
> dividuums, durch innige Durchdringung von
> Leben und Erlebtem klar und plastisch an-
> schaulich gemacht. Sie setzen daher nicht
> sowohl einen fertigen Poeten, als eine
> poetische Natur überhaupt voraus." [77].

So charakterisiert Eichendorff das Verhältnis
von "Novelle" zu "Poesie" [78], Kunstform zu Wirk-
lichkeitskonstitution. Das Verständnis der Erzählung "Viel Lärmen um Nichts" hängt vom Verständnis der Begebenheiten des oben angesprochenen "bestimmten Individuum" ab. Das ist der
Erzähler. Im Sinne einer figuralen Mitte integriert er die Stoffülle des historischen Zeitabschnitts zum Sinnganzen. Hinter der beschriebenen fünfstufigen Selbstpräsentation verbirgt
sich die "moderne" Figur" der Potenzierung,
von der Friedrich Schlegel sagt, sie sei "Combinazion des Individuums mit sich selbst" [79] oder
- was dasselbe ist - das Verfahren des romantischen Parodierens. Sine "streitende(n) Bildungsarten" [80] drückt die Figurenkonstellation Erzähler-Ich - Willibald aus. Als omnipräsenter
Erzähler begibt sich das Ich in das Werk hinein,
das damit Ausdruck von Subjektivität, satirischer
Brechung und kommentierender Lesersteuerung ist.
Auf einer zweiten ästhetischen Ebene objektiviert
es sich in einer Rollenfigur; das Werk ist Ausdruck von Objektivität. Die bei Schlegel "Indifferenz" genannte Syntheseleistung des Verfahrens gestaltet Eichendorff im sinnbildhaften
Schlußtableau, der 23. Szene.

Nach dem adversativen "aber" -

"Ich aber sitze vergnügt in dem prächtigen
Garten (...) und indem ich dieses schreibe,
ziehn unten Aurora und Willibald soeben
durch die glänzende Landschaft nach Italien
fort, ich höre sie nur noch von fern singen:
Und über die Felsenwände/Und auf dem grünen
Plan/ Das wirrt und jauchzt ohn Ende/
Nun geht das Wandern an!" (S. 125o).

- fließen die Erzählzeiten endgültig ins Präsens
zusammen. Das Spiel des erzählenden Ich mit sich
ist Poesie geworden. Sie stellt sich selbst vor,
indem die Gleichzeitigkeit der Geschehnisse jene
Über-Zeit aus "Ahnung und Erinnerung" [81] anzeigt.
Willibald fühlt sich der "andern, wunderbaren
Adelskette angehörig, über welche die Zeit keine
Gewalt hat" (S. 1219), und der ihm von Natur aus
verwandte Ich-Erzähler hat sich i n der Darstellung dessen bewährt, die damit ihre historische Bestimmtheit, das epische Imperfekt, aufgibt.
So hält das Tableau ein immerwährendes Jetzt fest,
den "Geist aller Zeiten", signifikant eingefangen
in den Bildern des unschuldigen Paradiesgartens,
eines locus amoenus mit friedlich weidenden Dam-
hirschen [82], und des Wanderns, dem Italien-
Bild [83].
Die Polarität beider Bilder reproduziert ein
letztesmal die parodistische Figurenkonstellation.
Der Ich-Erzähler weiß und bekundet, was es heißt,
eine "Geschichte" zu schreiben. Sie weist ihn als
"Dichter" aus, und er ist durch sie dazu geworden
- die Geschichte eines Lebens zwischen umfriede-
tem Garten und Wandern nach Italien, Aufbruch
und Ankunft, ein ständig Übergängiges, das Ursprung und Ziel schließlich ineinssetzt [84], kurz,
eine Geschichte Eichendorffs.

Nun gehört zu einer Geschichte Eichendorffs
die Ambivalenz der Bildlichkeit. Seine Formeln
unterscheidet vom Klischee, daß erst der Kontext,
in dem die Formeln stehen, ihre Sinn-Bildlichkeit

festlegt [85]. Garten- und Italienbild können
nicht über den bleibenden Dualismus von Schreiber und Wanderer hinwegtäuschen [86], und dem ist
gut so. Vor dem Hintergrund der dilettantischen
Verwechslung von "Leben und Dichten" [87], wie sie
die jungdeutschen Novellenmacher betreiben, besteht die Funktion des romantischen Parodierens
darin, die Werk-Leben-Analogie auf die dichterische Grundfrage zu beziehen, auf welche Weise
allegorisch Dargestelltes verlebendigt werden
kann. Die Kunst im   r e c h t e n   Verstande
kann der Poesie auf die Sprünge helfen. Diese
Einsicht vermittelt das Parodieren!

> "Denn die Kunst ist im Grunde nichts
> Anderes, als die von allem zufälligen,
> niederhaltenden und unschönen Beiwerk
> befreite Naturwahrheit, wogegen die
> Künstlichkeit und sogenannte Natürlich-
> keit, bei aller Verschiedenheit der
> Bahnen, die sie einschlagen, den Familien-
> zug miteinander gemein haben, daß beide,
> eben weil ihnen jene tiefere poetische
> Wahrheit fehlt, auf Täuschung ausgehen." [88]

Die Erzählung stellt diesen   V o r g a n g   dar,
nämlich wie die Naturwahrheit (Kunst) schrittweise durch die Selbstvermittlung des Erzähler-
Ich von allem Beiwerk befreit wird, indem die
verschiedenen Arten von Künstlichkeit und soge-
nannter Natürlichkeit im Romano- und Publikum-
Handlungsstrang entlarvt werden und die tiefere
poetische Wahrheit (Poesie) in der überzeitli-
chen Schreiber-Wanderer-Analogie des Schluß-
tableaus an den Tag kommt.

Die Mischungen in dieser Novelle, ob in-
haltlich-thematischer oder darstellerischer Art,
sind sinnkonstitutiv. Das beginnt schon beim
Begriff "Novelle" selbst.

Rolf Schröder legt eine Fülle von Belegen vor,
die zeigen, wie seit den Zwanziger Jahren "Novelle" zum terminologisch unscharfen Modebegriff
wird und eine Massenunterhaltungsliteratur mit
dem Anspruch auftritt, Literatur "unmittelbar
aus dem Leben gegriffen" [89] zu sein. Danach
dünkt einem Publikums Fabrikationsdampfmaschine
so übertrieben nicht. Die Buchproduktion flo-
riert, die Poesie stirbt ab, für Eichendorff
schon seit der "Erfindung der Buchdruckerkunst,
indem nun gar an die Stelle des lebendigen Worts
der Buchstabe in die Stelle des persönlich mimischen Sprechers der einsame Leser trat. Das ge-
druckte Buch hat (...) für den Geist überhaupt
etwas Mumienhaftes, Stationaires und Abgemachtes
(...) Durch den Druck ist aber in der Tat die
ganze Literatur ein Buch geworden, in welchem
Jeder nach Belieben blättern mag, und daraus ein
allgemeiner Dilettantismus der Producenten wie
der Consumenten entstanden." [90].
Der Topos vom toten Buchstaben hat für Eichendorff eine kaum zu überschätzende Bedeutung. Die
Sprachformeln der Novellenmacher sind künstlich-
erstarrt, weil sie einen eindeutigen Zweck verfolgen und nichts mehr zu denken geben. Als
"Sprache gewordene Gedankenlosigkeit" [91] steht
der Begriff "Novelle" für den Bereich der Zweck-
literatur - der Ich-Erzähler hat seine Novelle
aus Anlaß der Hochzeit Publikums verfaßt! -,
für die Bedürfnisse eines Massenpublikums, dessen einzelne Leser nicht mehr am Sympoiein, dem
wechselseitigen Mitdenken und Mitdichten, interessiert sind oder aus ökonomischen Absichten
interessiert sein sollen. Eichendorffs Animosi-
tät gegen bedrucktes Papier und fliegende Blätter unterstellt seine eigenen Werke dem Anspruch
eines Gegenentwurfs.

Was ist Kunst im rechten Verstande? Des
Autors eigene, bereits zitierten Bestimmungen

lauten: lebendiges Wort; persönlich mimischer
Sprecher; Geist; Naturwahrheit; tiefere poetische Wahrheit; Novelle - positiv verstanden -
als Verknüpfung eines bestimmten historischen
Zeitabschnitts mit den Begebenheiten eines bestimmten Individuums; klar und plastisch anschaulich machen; es kommt auf künstlerische
Vermittlung an; die Allegorie soll lebendig
werden: die poetischen Gestalten sollen wirkliche, individuelle, leibhaftige Personen
sein.

Christentum und deutscher Idealismus iden-
tifizieren Leben und Geist. Eichendorffs Postulat, bei der künstlerischen Darstellung komme
es auf Verlebendigung an, spricht der Kunst
"figürliche Unerschöpflichkeit" [92] zu, ein
geistiges Substrat, das produktions- und re-
zeptionsästhetisch auf je verschiedene, individuelle Weise als Poesiegehalt "in allen Erscheinungen des Lebens" [93] entdeckt werden soll.
Das lebendige, weil geistreiche Wort oder Verfahren hält nicht wie die reduzierten Klischees
Einbildungen für Wirklichkeit, Erdichtetes für
Leben, "macht" keine Novellen, sondern macht
aus Novellen potentielle Praxisentwürfe. Die
Vor-Bildlichkeit der Kunst resultiert aus dem
Bemühen, Werk, Buch und toten Buchstaben zu
vitalisieren.
Damit wird nicht behauptet, Eichendorff sei
sich dessen immer bewußt gewesen oder habe sogar im Falle der Erzählung die darstellerischen
Verfahren mit der hier unterstellten Absicht
und Funktion angewendet [94]. Selbst wenn er
sich geäußert hätte [95], wäre zugleich dem Leser
das Recht auf seine Rezeption zugestanden. Denn
darin besteht e i n e Möglichkeit der Verlebendigung. "So wie die Eichendorffschen
Schauspieler keine Trennung von Leben und Spiel
kennen, möchte Eichendorff die Schranken zwi-

schen Buch und Leser durchbrechen. Die Welt des
Buches will lebendig werden in der Phantasie des
Lesers" [96].
Eine zweite Möglichkeit besteht darin, daß Personen, Landschaften oder Dinge als Bewegung erscheinen, so daß etwa Eichendorffs Landschaften
im Grunde nicht abbildbar sind, obwohl es
Illustrationen gibt [97].
Ferner hat man auf die ausgeprägte sinnliche
Qualität sämtlicher, auch der begrifflich-ab-
strakten Vorstellungen hingewiesen [98], und in
diesen Zusammenhang gehört auch die Szenentechnik.

Der Erzähler in "Viel Lärmen um Nichts"
stellt sich auf der Bühne seiner Phantasie selbst
vor. Die Beschreibung der Erzählhaltung konsta-
tiert einen zunehmenden Abbau der Spannung von
Distanz und Engagement. Dem entspricht darstel-
lungstechnisch die ebenfalls verminderte Spannung zwischen Szene und Bild. Zum Schluß werden
beide deckungsgleich im Tabelau [99]. Der präch-
tige Garten oben und die glänzende Landschaft
unten, die Vorgänge an diesen Orten - sitzen
und schreiben bzw. nach Italien ziehen und
singen - und schließlich die Personen sind
realiter nicht mehr vorstellbar, weil ihre
gegenständliche Bedeutung durch die Signifikanz aufgesogen ist. Was sie trotzdem und
gerade jetzt verlebendigt, ist der vom Leser
zu leistende neue Bezug von Bild und Sinn.
Die im Tableau für einen Augenblick angehal-
tene Raum-Zeit- und Aktionsbewegung hebt ex
negativo den Bewegungscharakter um so ein-
dringlicher hervor. Das in der gewohnten Rezeption sonst nur mittelbar Sinnenfällige
erscheint hier unmittelbar. Über die Protagonisten hinaus präsentieren sich Eichendorffs Lebens- und Poesiebegriff.

Präsentieren heißt, etwas unmittelbar an sich
selbst zur Vorstellung zu bringen, während
repräsentieren eine Vermittlungsweise ist, die
etwas an sich Unsichtbares durch ein Anderes,
Mittelbares vorstellt. Von daher gewinnt der
Begriff "szenisches Bild" (Seidlin) Aussage-
kraft.
Das Szenische am Bild ist das Repräsentierende,
Dramatische, also die versinnlichende Umsetzung
der Aussageinhalte in Wahrnehmbares und Bewegung, die scheinbare (!) Selbstdarstellung der
Personen in Gedanke, Wort und Tat, deren Beziehung zur Spannungserregung genutzt wird,
schließlich der inhaltliche Spielvorgang
selbst [100]. Er repräsentiert in seinen verschiedenen Formen der "Verwirrung" und des "Lärmens"
- als Spiel der Novellenmacher, Spiel Romanos,
Auroras, des Erzähler-Ichs - etwas, das an sich
selbst keineswegs sichtbar werden kann: "Zeitgeist" und "Geist aller Zeiten", Leben als Posse
und Mysterium, Suche und Bewährung in echter,
d.h. Ursprung und Ziel identifizierender Gegenwart. Macht sich der Erzähler als Szenenbeobachter, potentiell handelnde Figur, Rollenfigur
und tatsächlich handelndes Erzähler-Ich selbst
sichtbar, dann haben doch wohl Faktum und Reihenfolge solche Repräsentationsfunktion. Sie stellen Eichendorffs historische Situation als Lite-
rat vor, sein Bewußtsein, in poesieloser,
"lärmender" Zeit korrigierend Zeichen für das zu
setzen, worauf es ankommt - aus der verwirren-
den Novellenwirklichkeit die "befreite Naturwahrheit" und Kunstwirklichkeit sinnbildlich
hervorgehen zu lassen. Daher verliert die Erzählung im Fortgang der parodistischen Selbstvermittlung des Erzählers alle am Anfang ge-
häuften Züge von Unnatur und Künstlichkeit und
endet im Verweis auf eine heilsgeschichtliche
Perspektive des Lebens.
Die szenisch-dramatische Repräsentation ver-

lebendigt darüberhinaus das "metaphysische(s)
Abstractum", läßt "das verhüllende Irdische
nicht als bloße todte Formel dafür erschei-
ne(n)" und bewirkt, daß "die poetischen Gestalten nicht blos b e d e u t e n , sondern
wirkliche, individuelle, leibhaftige Personen
sind." [101] Um zu zeigen, was ein Dichter Eichendorffscher Provenienz ist und leistet, wird er
zur leibhaftigen Person.

Eichendorff benutzt das Szenisch-Bühnen-
hafte offenbar in der Absicht, die Max Frisch
in einer Notiz andeutet: "Verlockung des Thea-
ters auch für den nicht-dramatischen Dichter
(...): die Bühne liefert ihm, wenn er sie be-
herrscht, eine steigernde Folie für das Wort." [102]
Frisch erblickt das Theatralische im Zusammenspiel von Wahrnehmung und Imagination [103],
auf Eichendorff bezogen könnte man sagen, im
Zusammenspiel von Szenentechnik und Bildlichkeit.
Das Bildhafte an jeder Szene Eichendorffs ist
das Epische, Präsentierende; bildhaft sind die
Worte. Der allgegenwärtige Erzähler weist hinter dem Sichtbaren ein "Mehr an Bedeutung" [104]
vor. Macht er sich wie hier selbst sichtbar,
muß man diesen sprachlichen Vorgang im Zuge der
"Combinazion des Individuums mit sich selber"
(F. Schlegel) wohl auch als ein solches Bild
verstehen und darf ihn nicht mit Illusions-
durchbrechungen oder Selbstironisierung verwechseln.

Was gelangt durch den Erzähler als handelnde Person bildhaft zur Erscheinung?
Die Erzählung "Viel Lärmen um Nichts" stellt
zunächst den Entwicklungs- und Lernprozeß des
Literaten dar. Er lernt und beweist, was rechte
Kunst ist, nämlich die Lösung des Erkenntnis-
problems von Einbildung und Faktizität und das

Verständnis von Literatur (Büchern) als poten-
tiellen Praxisentwürfen. Zur Erläuterung der
ersten Bedeutung von Kunst kann man auf die
Shakespearezitate in Titel und Motto zurück-
greifen.

Shakespeares Gesellschaftskomödie "Viel
Lärmen um Nichts" hat formale und inhaltliche
Affinität zu Eichendorffs Erzählung. Nach be-
währter Komödientradition verbinden beide
kontrapunktisch eine ernste und eine komische
Liebesgeschichte (seria/buffa-Paar), kommt ein
Spiel mit Täuschungen, Verwechslungen, Jagen und
Fallenstellen in Gang, weil das zentrale Thema
die Verwirrung ist, Lärmen, ado. Die verwirrungs-
stiftende Macht eines doppelten Scheins, Resultat harmloser und ernster Verwirrung, figuriert
das Spiel zum Welt-Schauspiel.
Eichendorffs Novellenmacher halten ihre Einbildungen für Wirklichkeit und durchschauen die
Unnatur nicht. Ob richtige oder falsche Aurora
- beides gilt ihnen gleichviel. "Aber hört doch!
rief er; seid ihr denn wirklich toll? Ihr seid
ja abscheulich angeführt. So hört doch! Die
Glücklichen hörten jedoch nicht mehr.-" (S. 1244).
Die "sogenannte Natürlichkeit" verharrt in der
Täuschung; die satirische Verkehrung bleibt
bestehen. Der Zeitgeist hört nicht auf Worte,
ihn kümmert keine Bewußtmachung und warum auch,
er ist ja glücklich. Außerdem müßte er dazu über
das Unterscheidungskriterium von Richtig und
Verkehrt, Einbildung und Faktizität verfügen;
das aber fehlt ihm gerade. Der reine Tor ist
harmlos, also verzichtet man, ihn aufzuklären.
Der Titel scheint dieses Fazit ausdrücken zu
wollen.

Anders dagegen sieht die Verwirrung bei
Florentin-Aurora und dem novellenschreibenden
Ich-Erzähler aus. Die Suche entwirft Auroras

Leben auf Zukunft hin, erzeugt aber durch die
Verwirrung der Absichten einen verhängnisvol-
len Schein, so als sei ihr an der neckischen
Erfindung des Versteckspiels mehr gelegen als
an der Verwirklichung ihrer Liebe. Und am Ich-
Erzähler endlich kristallisieren sich Erkenntnisproblematik und zugleich Unterschied zu
Shakespeares Lustspielen am deutlichsten. Bestimmt "Viel Lärmen um Nichts" die halb verber-
gende, halb enthüllende Maske zum Zentralmotiv,
so hebt Puck im "Sommernachtstraum" mit den
von Eichendorff als Motto zitierten Schlußwor-
ten des Epilogs die Komödie selbst, das Kunstwerk also, noch in eine Ambivalenz von höherer
Wirklichkeit und bloßer Einbildung.

> "Wenn wir Schatten euch beleidigt,
> Oh, so glaubt - und wohl verteidigt
> Sind wir dann! ihr alle schier
> Habet nur geschlummert hier
> Und geschaut in Nachtgesichten
> Eures eignen Hirnes Dichten." (S. 1187).

Das Erkenntnismittel des Theaterspiels und aller
Kunst ist der Schein. Pucks Epilog führt dem
Zuschauer am Ende den Zirkel vor Augen, ob Erkenntnis durch Schein und seine Überwindung oder
Erkenntnis des Scheins intendiert sein sollen.
Die Wahrheit liegt jedenfalls in der Perspektive, und die Perspektiven haben im "Sommernachtstraum" keinen Fluchtpunkt, es sei denn,
der Zuschauer bietet sich an.
Wo Oberons inszenierender Zaubergehilfe aufhört (Epilog), beginnt Eichendorffs Erzähler
(Motto). Der epische Erzählperspektivismus hat
von Anfang an in ihm seinen Fluchtpunkt; er
ist figurale Mitte der Geschichte. Ihre "ge-
wissen willkürlichen und seltsamen Verknüpfun-
gen und Verwechslungen des Denkens, Dichtens
und Handelns" meistert er exakt im Sinne Frie-

drich Schlegels, der so "das Wesen des Bizar-
ren" umschrieben hat [105]. Das Erzählen ist bi-
zarr, denn es verknüpft und verwechselt fort-
während Denken – die ständigen Pläne und "An-
schläge" der Personen –, Dichten – den "Schwank"
der Novellenmacher, des Ich-Erzählers geschriebene Novelle, Fabers Trauerspiel hinter dem
Busch – und Handeln, also sämtliche Spielaktio-
nen. Indem aber die parodistische Einbildungskraft den Erzähler zunehmend selbst präsentiert,
wird die Ambivalenz schließlich in Eindeutig-
keit überführt. Mit dem Schlußtableau ist die
Emmendation der Kunst abgeschlossen. Die Be-
reiche der Einbildung, der literarischen Erfindung und Werkproduktion (Schreiber) einerseits und des faktischen Vollzuges, der Wirklichkeit des Lebens (Wanderer) auf der anderen
Seite bleiben getrennt. Verwechslung ist Unnatur und Dilettantismus.

Die "tiefere poetische Wahrheit" kommt nur
jener Literatur zu, die verlebendigend darstellt und novellistisch "an den Begebenheiten
eines bestimmten Individuums" [106] Historie anschaulich macht. In "Viel Lärmen um Nichts"
sind die Historie der "Zeitgeist" und das Individuum der Erzähler als Figur; die ästhetische
Organisationsform ist daher parodistisch. Die
novellistische Fiktion simuliert Leben im Werk,
und wer das Tableau in der vorgeschlagenen Weise
versteht, kann ihm abschließend noch einmal
entnehmen, was sich der Leser unter einer "Geschichte" Eichendorffs vorzustellen hat und wie
die Lebenspraxis des Menschen aussehen sollte.
Die Strukturanalogie von Geschichte und Leben
lautet: beide spielen zwischen "Paradiesgärt-
lein unsrer Kindheit" [107] und Wandern nach
Italien, Aufbruch und Ankunft, meinen eine
transitorische Wirklichkeit, der ein Heilsge-
schichtsverständnis zugrundeliegt, das Ursprung

und Ziel identifiziert.

Die parodistische Synthese überbrückt den
Gegensatz von Hermeneutik und Lebens-Kunst um
den Preis des Verzichts auf Realgeschichte. Die
Leistung des Verfahrens ist seine Grenze. Ein
Schreiber, der die Werk-Leben-Analogie vor Augen
hat und den toten Buchstaben zu verlebendigen
weiß, hält den Vergleich mit dem Wanderdichter
aus. Die Erzählung läßt nur offen, ob ein solch
ausgewogenes Verhältnis auch in der Wirklichkeit
anzutreffen ist oder ob man das Märchenhafte [108].
doch wörtlich nehmen sollte. Eine genauere Analyse der Sprache könnte zeigen, daß hier im Zi-
tatverfahren eine ästhetisch bereits vermittelte
Wirklichkeit Sprachmaterial und Vorstellungspo-
tential liefert. Goethe, Schiller, Tieck und
Hoffmann, Platen, Byron, Fürst Pückler-Muskau,
Herwegh, die zeitgenössischen Unterhaltungsautoren,
sie alle kommen als Personenvorwurf oder mit
Figuren bzw. Themen ihrer Werke vor, besonders
aber Eichendorff selber. Sie bilden die große
Zitatgemeinschaft partikularer Fiktionswirklichkeiten, die nun durch die Bildfunktion der parodistischen Selbstdarstellung des Erzählers zu
einer kohärenten Wirklichkeitsfiktion ästhetisch
organisiert werden. Der immanente
Sinnzusammenhang der Zitate setzt voraus, daß
der Leser die Anspielungen verstanden hat, sie
aber nicht zur Hauptsache macht. Das lebendige,
weil geistreiche Wort epischer Erzählerprä-
sentation ist dann Medium "befreiter Naturwahrheit".

Zusammenfassung und Ausblick:
Parodie und Ironie

Der Bedeutungsübergang des Begriffs "Parodie"
vom Gattungssinn zur subjektiv-individuellen
Ausdrucksform weist das Verfahren als spezifisch romantische Integrationsform aus.

Friedrich Schlegels "Lucinde" ist das erste
nach diesem Baugesetz organisierte romantische
Erzählwerk. Die Analyse setzt bei der Frage an,
wie sich der potenzierte Erzählvorgang darstellt
und welche Bedeutung er hat. Der Briefschreiber
formalisiert den thematischen Kontrast von geträumtem und tatsächlich gelebtem Leben durch
eine doppelte Darstellungsebene, auf der er als
erzählendes Ich fungiert, nämlich den Ebenen
Brief, allegorische Komödie u.a., literarisierten Formen also, und der Selbstapostrophierung
des Buches qua Wirklichkeit. In Ausnutzung des
Doppelsinns von "Geschichte" bildet das Erzählen Leben zur Geschichte. Die formale Doppelung
besteht darin, w a s der Erzähler darstellen
will - man kann es unter dem Begriff 'Künstlerästhetik' zusammenfassen - und w i e er
dies zu tun gedenkt, der zweckreflektierenden
Werkästhetik. Beides läßt sich auch als funktions-
orientiertes Verfahren ausdrücken. Die hermeneutische Funktion künstlerischer Objektivierung
sucht den Lebensprozeß allegorisch zu beständi-
gen und zur gleichen Zeit den Buchstaben
"fließend zu machen", um so das Werk sprachlich
zum Leben zu bilden.
Es scheint, als arbeite der sinnbildhafte
Sprachvorgang auf eine Vermittlung hin, die im
Dialog "Sehnsucht und Ruhe" erreicht wird, insofern die erklärte Absicht, Darstellung der
Liebe, auch Einheitsmodi der Individualität
beinhaltet. So bewegt sich der romantisch-paro-

distische Roman zwischen den Polen explikativen
Verstehens und gedichteter Lebenskunst. Der
parodistisch geleistete Übergang vom Werk zum
romantischen Buch unterstellt die "Lucinde"
dem Anspruch realisierter Poesie. Er beweist,
daß nur die künstlerische Objektivation Einheiten   als   solche   darstellen kann,
und bekanntlich hängt die Legitimität der Kunst
auch mit der Tauglichkeit ihrer Verfahren zusammen. Die philosophisch-begriffliche Ironie muß
das Feld hier literarischen Darstellungsformen
überlassen wie z.B. der Parodie, weil romantische Ironie nachweislich das philosophische
Substrat der Dichtung benennt und im Grunde
nichts anderes ist als die auf den Begriff gebrachte Poetik selbst.

Die Forschungsdiskussion um romantische
Ironie in Brentanos "Godwi" nimmt die Interpretation zum Anlaß, um auf Voraussetzungen aufmerksam zu machen, die den Gesamthorizont des
zweiteiligen Romans erhellen. Dazu gehören die
Revision des Erzählverfahrens in seiner Funktio-
nalität für Erzähler, Fiktion und Leser sowie das
asynchrone Erzählen im II. Teil. Die Spannung
zwischen Kunstfigur und Wirklichkeitsgestalt
konstituiert den Roman als Wirklichkeitsfiktion.
Brentanos Strategie der dialektisch-parodisti-
schen Selbststilisierung des Erzählers in zwei
Rollen konfrontiert Kunstmedium (Maria) und Lebensstoff (Godwi), um aus ihrem Widerspruch das
Scheitern und Gelingen einer poetischen
Existenz je nach Voraussetzung abzuleiten. Die
Doppel-Erzählfunktion führt zu einem negativen
und einem positiv-erfüllten Schluß. Dadurch
meistert er das Dilemma damaliger Kunst, von
der Wirklichkeit gelöst und doch zugleich ihre
Funktion zu sein.

Eichendorffs Erzählung "Viel Lärmen um
Nichts" schließlich sollte erstmals in ihrer

Eigenständigkeit nachgewiesen werden. Gegen
die von der Forschung vertretene literarische
Wertung (Nebenprodukt Eichendorffs, formelhafte
Literatursatire) erweist sich das Werk als kom-
plexes eigenständiges Erzählgebilde. Drei Ansätze wurden verfolgt: eine knappe Bestimmung der
Funktion des Satirischen bei Eichendorff, die
'Mischung' als positiv-kategoriales Element und
der Nachweis des bisher vermißten Integrations-
momentes der Erzählung, welches der Erzähler
selbst darstellt. Seine schrittweise parodistische Vermittlung integriert die Stoffülle aus
Zitat- und Historienwirklichkeit zur sinnbild-
lichen Befreiung der Kunst, genannt "Naturwahrheit", von allen Varianten dilettantischer
Künstlichkeit.
Auch hier liegt mit der Figurenkonstellation Er-
zähler-Ich/Willibald die parodistische Subjekt-
Objekt-Mediatisierung vor, die im Schlußtableau
der Erzählung einen poetischen Zustand indiziert,
nachdem sie am Entwicklungs- und Lernprozeß des
Literaten - vom Schreiber zum Dichter oder vom
Poet-sein zum Poetisch-sein - aufgezeigt hat,
was Kunst von Unnatur und Künstlichkeit unterscheidet. Der Erzähler als handelnde Person will
darüber hinaus bildlich verstanden werden. An
ihm exemplifizieren sich das Erkenntnisproblem
von literarischer Erfindung, Einbildung, Werkproduktion und andererseits faktischem Lebensvollzug. Wiederum wird Literatur hinsichtlich
der Strukturanalogie Geschichte - Leben gesehen.
Im Unterschied zum "Godwi" bleibt allerdings
offen, ob die Analogie nicht Realgeschichte
übersteigt; Italien und der stille Garten stellen
ausdrücklich den "Geist aller Zeiten" (Eichendorff) dar.

Die Textanalysen lassen folgende weiter-
führende Überlegungen zu. Das romantische Parodieren ist zunächst ein erneuter Beleg für die
Bedeutung, die den Vermittlungsformen in ro-

mantischer Dichtung zukommt. Poesie ist danach
weniger ein Motiv oder ein bestimmter Inhalt
- die Trivialromantik und banalisierende Rezeption
machen sie dazu - als vielmehr die Verlebendigung sprachlicher Darstellung zum Zweck der
Werk-Leben-Analogie als einer Einheit des Bezuges,
nicht der Substanz, was Identität und scheinhaft-
nichtiger Ästhetizismus bedeuten würde. Wo die
allegorische Bildlichkeit so dynamisiert ist,
daß sie einen Vorgang repräsentiert und den Widerstreit von Werk- und Künstlerästhetik überbrückt, erscheint das Buch als potentieller
Praxisentwurf. Diese Absicht verbindet das Parodieren mit anderen romantischen Darstellungsweisen wie der Allegorie, dem Humor oder der Satire
und lenkt den Blick auf die Art und Weise, wie
die Funktionsbestimmung der Bildlichkeit in den
einzelnen Dichtungen erfüllt wird. Die romantische Individualitätsdarstellung ignoriert Gattungsnormen und prägt die künstlerischen Mittel
hinsichtlich ihres Zweckes, der Darstellung von
"Ganzheiten" oder Entsprechungen, zu poetisierenden Ausdrucksformen. Parallel dazu verfolgt
sie die Absicht, Sprache vorgangshaft erscheinen zu lassen, um dem Postulat, daß Kunst unter
der Optik des Lebens stehe, gerecht zu werden.
Das Parodieren setzt beide Ziele verfahrens-
technisch um. Da sie nun aber Grundsätze der
frühromantischen Poetik schlechthin sind, gilt
der hier vorgeschlagene zweifache formgeschichtliche Ansatz auch für andere romantische Verfahren und Texte.

Der Versuch, die Gültigkeit romantischer
Ironie für die Interpretation der Dichtungen
auf den Theoriebereich einzuschränken und
gleichzeitig die Texte aus ihren je spezifischen Bedingungen her zu verstehen, stellt
keinen bloßen Etikettentausch dar, sondern
berührt das grundsätzliche Verhältnis von

Ironie (Theorie) und Bild- bzw. Verfahrensfor-
men (dichterische Praxis) in der deutschen Romantik. Man verstellt sich den Blick für ein
tieferes Verständnis dieser Literatur, solange
man an der praktischen Umsetzung des Theoriekonstrukts Ironie festhält. Dies sei anhand der
paradigmatischen Untersuchungen von Ingrid Strohschneider-Kohrs noch einmal kurz gezeigt.
Sie kann die theoretisch nach allen Hinsichten
einleuchtend analysierte romantische Ironie nur
als gleichzeitig d i c h t e r i s c h e s
Gestaltungsprinzip nachweisen, weil Ironie für
sie letztlich Indikation der Kunstautonomie
ist, einer Kunst, "die n u r ihre eigene Wirklichkeit dokumentiert." [1]. Das aber stimmt
nicht.
Die Autonomiebestrebung hat in der Universali-
tätsförderung ihren Widerpart, beide sind gleich-
ursprünglich, und das Interessante an romantischen Texten ist die Frage, wie sie den Widerspruch zwischen autonomen Bedingungen ihres Ent-
stehens und den universalen Absichten ihrer
Wirkungen austragen. Außerdem belassen sie es
nicht bei einer einmaligen Desillusion. Gerade
die auch von Strohschneider-Kohrs angesprochene
künstlerische Dialektik setzt jeder ironisch
erreichten Fiktionsnennung (Desillusion) eine
neue Fiktionalisierung (Illusion) hinterher, das
eine geschieht um des anderen willen, wobei der
Wechsel eben nicht die Eigengesetzlichkeit der
Kunst anzeigt, sondern die duplizitäre Wirklichkeitserfahrung der ständigen Übergänge
von Alltagsempirie und illudierter Poesie, subjektiv Vorgestelltem und objektiv Vorgefunde-
nem. Der stete Wechsel von Fiktionsauflösung
und Fiktionalisierung deutet auf umfassendere
Wirkungsabsichten romantischer Literatur und
wird im Parodieren funktionsbestimmend. Denn
als entscheidender Einwand gegen die Autonomiethese kommt die romantische Idee hinzu, Werk und

Leben sollten die Einheit der Analogie darstellen. Mit der Ästhetisierung der Lebenspraxis
geht die Vitalisierung der künstlerischen Mittel
und Formen einher. Von einer "eigene(n) Wirklichkeit" der Kunst ist diese Zielvorstellung
ebenso weit entfernt wie von dem Mittel roman-
tisch-künstlerischer Ironie, das es bei einer
Fiktionsauflösung beläßt.
So gewiß Ironie die Voraussetzung für ein solches Literaturprogramm ist - hierin im übrigen
identisch mit dem Prinzip des Transzendentalen -
so sicher kann sie nachgewiesenermaßen nichts
dazu beitragen, über das Bewußtsein von Bedingungen, Gegensätzen und Kunst als unendlichem
Prozeß hinaus die Entsprechungen formal kennt-
lich zu machen. Doch darauf kommt es an. Die
Ironie steckt das Bezugsfeld dessen ab, was
als korrelativ oder identisch erlebt und künstlerisch dargestellt werden soll.

Der Wert des Ironiebuches von I. Strohschneider-Kohrs ist unbestreitbar. Wo Kritik
angebracht sein könnte, wurde gezeigt, nämlich
an seinem zweiten, praktischen Teil und an der
Autonomiethese. Einzeluntersuchungen haben in
Abgrenzung vom Ironieprimat bereits zu - in
dieser Hinsicht - differenzierteren Ergebnissen
geführt [2], sowohl was den historischen Stellen-
wert der romantisch-ironischen Fiktionsnennung
betrifft - Humor und Parekbase gab es immer
schon - wie auch seine werk- und autorspezifi-
schen Ausprägungen und Funktionen. Sie bestätigen damit die prinzipielle Tauglichkeit
von Versuchen, die Ironie als romantische
Universalform anzuzweifeln. Eines hat man dabei
allerdings bisher noch nicht deutlich genug
gemacht. Strohschneider-Kohrs' Auslegungshinsicht muß korrigiert werden. Romantische
Literatur intendiert keine künstlerische
Eigenwirklichkeit, sondern den Nachweis der

Notwendigkeit des Ästhetischen für die Bewälti-
gung der Lebenspraxis. Daraus folgt: Ironie in
ihrer theoretischen Konzeption ist nicht Gestaltungsprinzip künstlerischer Werke. Sie wirkt
vielmehr als transzendentales Element in je
spezifisch abgeleiteten Formen wie dem Humor,
dem Lustspielwitz oder der Parodie. Das Bemühen,
romantische Integrationsformen zu erarbeiten,
hat dieses Theorie-Praxis-Verhältnis mitzure-
flektieren. Es stellt zugleich die Legitimation
dar, Werke neu zu interpretieren, die bislang
als Exempel für romantische Ironie galten. Dies
trifft für Brentanos "Godwi" ebenso zu wie für
Tiecks Lustspiele oder Hoffmanns Erzählungen und
Romane [3].

Sicherlich sind die Romantiker, mit Thomas
Mann zu sprechen, "Künstler mit und über der
Kunst", weil Reflexion und Potenzierung die
theoretischen Bedingungen ihres Kunstschaffens
ausmachen. Sie liegen mit dem Ironiekonzept aus-
gearbeitet vor. Seine werk- und autorspezifi-
sche Anwendung, d.h. die V e r w i r k l i -
c h u n g beginnt aber nun erst. Die mediati-
sierte Potenzierung des Ich, Parodieren genannt,
ist e i n e mögliche Ausprägung dieser "mo-
derne(n) Figur" (LN 9 1o), die ein ungeschicht-
licher Formalismus bliebe, würde sie nicht auf
die Tendenz der Verlebendigung sprachlicher
Inhalte als oberstes Ziel zurückbezogen. Dieser Bezug ist dem Parodieren als romantischem
bereits immanent.
Die dichterisch umgesetzte poetische Erfahrung,
das, was die Romantiker darstellen und leben
wollen, erschließt sich also einem Frageansatz,
der Gattungsnormen zugunsten individueller Ausdrucksformen überschreitet und sie im Zirkel
von Hermeneutik und Lebenskunst auslegt.

Sobald dieser bedingende Rahmen für ein Werk nicht mehr gilt, hat das gleiche Verfahren, die Figurwerdung des Erzählers, einen anderen Sinn.

Immermanns 1838/39 erschienener Doppelroman "Münchhausen", der das Verfahren ebenfalls anwendet, und insbesondere das Kapitel "Ich. Fragment einer Bildungsgeschichte" setzen den Erwartungshorizont der romantisch-parodistischen Erzählung voraus, um ihn zu durchkreuzen und daraus Wirkungsenergien zu ziehen. Die Parodie kehrt zum Gattungssinn zurück. Münchhausen ist als inkarnierte Lüge ein identitätsloses Ich mit dem Vermögen, alles und nichts zu sein. Indem die Darstellung des Individuellen nicht mehr gelingen will, löst sich des Erzählers Regression ins Werk von ihrem Sinn ab, das Werk vitalisieren zu wollen. Mit dem Verlust des Glaubens an das Dogma der Romantik, der Realismus der Poesie sei weltschöpferisch, verwandelt sich das romantische Parodieren in die Parodie der Romantik.

ANMERKUNGEN

THEORIE DES PARODIERENS

I.   Die frühromantische Literaturform
     und ihre Reform

1   Für häufig zitierte Quellen werden Siglen
    oder Stichworte verwendet (teilweise im
    Text zitiert mit Band-Seitenzahl und/oder
    Nummer), mehrmals angeführte Sekundärlite-
    ratur erscheint in Abkürzungen (siehe
    Literaturverzeichnis).

2   Dazu Volker Deubel: Die Friedrich Schlegel-
    Forschung 1945-1972. In: DVjs 47 (1973),
    S. 48-181, hier S. 97 ff. (Sonderheft:
    Forschungsreferate).

3   Vgl. auch NPhS, S. 38o; KA II, S. 29o, 3o5;
    KA III, S. 6o; KA XVIII, S. 38, Nr. 214;
    S. 85, Nr. 671; S. 95, Nr. 799; S. 96,
    Nr. 8o9; A.W. Schlegel, KSB I, S. 147;
    II, S. 9 ff. Die Frage nach den historisch-
    systematischen Abhängigkeiten und Ein-
    flüssen der Theoreme, danach, wie F. Schlegel
    sich zu profilieren sucht und wandelt,
    muß hier ausgeklammert werden. Ich ver-
    weise auf Einleitungen und Kommentare
    der Kritischen Ausgabe, vor allem auf
    Ernst Behlers Einleitung zu KA VIII.

4   Hans Robert Jauß: Literaturgeschichte als
    Provokation der Literaturwissenschaft.
    Konstanzer Universitätsreden 1967;
    wiederabgedruckt in: H.R.J.: Literaturge-
    schichte als Provokation. Frankfurt/M.
    197o, S. 144-2o7, bes. S. 194 ff.

5   Der begrifflich wie sachlich klärende

Aufsatz von Hinrich C. Seeba (Wirkungsgeschichte der Wirkungsgeschichte. Zu den
romantischen Quellen (F. Schlegel) einer
neuen Disziplin. In: Jahrbuch für internationale Germanistik 3 (1971), S. 145-
167) verdient Beachtung. Danach sollte
man fortan auseinanderhalten:

a) Die Romantiker, im besonderen F.
    Schlegel, sind keine Gegner der Wir-
    kungsgeschichte, sondern der Wir-
    kungspsychologie (Seeba, S. 152 ff.);

b) Wirkungsgeschichte bedeutet die tat-
    sächliche Wirkung eines Werkes, einer
    Idee etc., die Rezeption durch die
    Lesergenerationen;

c) Sofern sie Gegenstand einer literatur-
    wissenschaftlichen Methode ist, spricht
    man von der Literaturgeschichte des
    Lesers (H. Weinrich), von Rezeptions-
    ästhetik (H.R. Jauß) oder historischer
    Wirkungskritik (H.C. Seeba);

d) Wirkungsästhetik, in diesem Begriff
    ist man anscheinend einig, meint die
    Ästhetik der beabsichtigten Wirkung,
    ist eine "philosophische Disziplin"
    (Seeba, S. 159) und als solche Be-
    standteil des romantischen Poesie-
    begriffs in Gestalt der Sympoesie und
    Vollendung des Werkes durch mitschaf-
    fende, intendierte Leserkritik (vgl.
    F. Schlegel, KA II, S. 161, 112.LF).
    Man kann noch hinzufügen, daß hier
    die traditionelle Rhetorik in das
    romantische Programm einwandert.

Ergänzend zur Methodendiskussion:
Amsterdamer Beiträge zur neueren Germanistik 3 (1974), u.a. Horst Steinmetz:
Rezeption und Interpretation. Versuch
einer Abgrenzung, a.a.O., S. 37-81.

6   Darauf machen aufmerksam die Arbeiten
     von H.R. Jauß, Literaturgeschichte und
     Peter Szondi: Poetik und Geschichts-
     philosophie. 2. Bde. Frankfurt/M. 1974.

7   "Die Seele meiner Lehre ist, daß die
     Menschheit das höchste ist, und die
     Kunst nur um Ihrentwillen vorhanden
     sey." (Friedrich Schlegels Briefe an
     seinen Bruder August Wilhelm. Hrsg. v.
     Oskar F. Walzel. Berlin 189o, S. 125).
     Vgl. J.J. Winckelmann: "Der höchste Vor-
     wurf der Kunst für denkende Menschen ist
     der Mensch." (J.J.W.: Kleine Schriften-
     Vorreden-Entwürfe. Hrsg. v. Walter Rehm.
     Berlin 1968, S. 151); Goethe: "Der Mensch
     ist der höchste, ja der eigentliche Ge-
     genstand bildender Kunst!" (Goethes Wer-
     ke. Hamburger Ausgabe in 14 Bdn. 1949 ff.,
     Bd. XII, S. 43).

8   Vgl. zu letzterem z.B. J.G. Herder's
     Pädagogische Schriften und Äußerungen.
     Mit Einl. u. Anmerk. hrsg. v. Horst Kefer-
     stein. Langensalza 19o2, S. 48, 5o.

9   Walzel, Briefe, S. 2, 27, 125; NPhS, S. 366;
     zur späteren Theorie KA XII, S. 44-9o, bes.
     S. 5o f.; KA XIII, S. 3-35, 82 ff.; KA
     VIII, S. 598 ff. Gegen jede forciert ge-
     sellschaftliche Auslegung ist der von
     Schlegel zeitlebens vertretene Standpunkt
     zu berücksichtigen: "(...) der Zwiespalt
     des innern Menschen mit sich selbst,
     nicht der welcher zwischen ihm und der
     Außenwelt besteht, ist es, welchen wir
     zu fassen und zu verstehen suchen wollen."
     (KA VIII, S. 599).

1o   Vgl. Pascal, Pensées No. 358 (Oeuvres
     complètes. Ed. par J. Chevalier. Paris
     1954, S. 1182); Albrecht von Haller: Ge-
     danken über Vernunft, Aberglauben und

Unglauben (in: Gedichte. Krit. durchge-
sehene Ausgabe v. Harry Maync. Leipzig 1923,
S. 93); Schiller, NA XX, S. 47; NA III,
S. 25o; Goethe, HA III, S. 17, und in der
Philosophie als "Bürger Zweier Welten"
geläufig seit Platos "Politikos", wobei der
Bedeutungsinhalt dieser Denk- und Aus-
drucksform funktional variiert.

11 Vgl. die Skizze "Von dem Verhältnisse des
Unendlichen zum Endlichen" (KA XIII, S.
274 ff.), die die spekulative Transzendentalphilosophie – eine "kritische"
kommt nicht in Betracht, da Kant "überall auf halbem Wege stehen geblieben" ist
(KA XVIII, S. 59, Nr. 398) – bereits um-
deutet in eine spekulative Werdens- und
Lebensphilosophie. Eine vielaspektige
Einführung in romantisch-philosophische
Gedankengänge bieten ansonsten K.W.F.
Solgers wenig beachtete "Philosophische
Gespräche" (Mit einem Nachwort zum Neudruck von Wolfhart Henckmann. Darmstadt
1972).

12 Schiller, NA XX, S. 482 aufgrund der
Kantischen Bestimmungen KdrV, B 146 ff.
(Kant, Werke II, S. 145 ff.). Zu dem von
Baumgarten und Kant stammenden Initial-
gedanken, die Notwendigkeit (!) des
ästhetischen Sinnes als eines Ganzheits-
organs aus der Arbeitsteiligkeit der Wissenschaften und der Verdinglichungsten-
denz abzuleiten, vgl. Joachim Ritter:
Landschaft. Zur Funktion des Ästhetischen
in der modernen Gesellschaft. Münster
1963, S. 23 ff., 4o f.

13 Sein Programm mit Ursachen und Folgen entwickelt Bernhard Lypp: Ästhetischer Absolutismus und politische Vernunft. Zum
Widerstreit von Reflexion und Sittlichkeit
im deutschen Idealismus. Frankfurt/M. 1972.

14   Die produktive Einbildungskraft, ihrem
      Wesen nach spontan und auf Einzelnes ge-
      richtet, vermittelt zwar die Sphären des
      Begriffs (Freiheit) und der Anschauung
      (Natur) im Schematismus und in der Kunst,
      bringt aber keine Philosophie aus
      e i n e m Prinzip zustande; in der Praxis
      ist die Vermittlung Faktum. Die Erkenntnis-
      funktion schließlich geht der ästhetischen
      Erfahrung bei Kant gerade dadurch ab, daß
      sie "Spiel" ist, d.h. sich aufgrund der
      reflektierenden Urteilskraft einer be-
      grifflichen Festlegung entzieht und in die
      "ästhetische Idee" steigert.

15   Armand Nivelle: Frühromantische Dichtungs-
      theorie. Berlin 1970, S. 83, 90 ff. "Ten-
      denz" meint im damaligen philosophisch-
      terminologischen Sprachgebrauch die Be-
      stimmtheit eines Geschehens, sofern sie
      seine Einheit ausmacht (u.a. KA XVIII,
      S. 338, Nr. 185; S. 415, Nr. 1122).

16   KA XI, S. 274. Eine vierte Möglichkeit
      sind die als "Enzyklopädie" geplanten
      Zeitschriftenprojekte Schlegels; dazu
      Ernst Behlers Nachworte zu den Neuaus-
      gaben von "Athenäum", "Europa", "Deutsches
      Museum", "Concordia".

17   Horst Meixner: Denkstein und Bildersaal
      in Clemens Brentanos Godwi. Ein Beitrag
      zur romantischen Allegorie. In: JDSG 11
      (1967), S. 435-468; ders.: Romantischer
      Figuralismus. Kritische Studien zu
      Romanen von Arnim, Eichendorff und
      Hoffmann. Frankfurt/M. 1971, S. 10, 237.

18   "Wiedererkennen" ist ein Grundwort der
      Romantiker. Es läßt die Entsprechungen
      finden, die Tendenz erkennen, Altver-
      trautes kommt wieder ins Bewußtsein.
      Nicht zufällig schätzt F. Schlegel die
      Philosophie Platos (Anamnesislehre!) als

einen Real-Idealismus so hoch ein (KA XI,
S. 122; zur späteren Kritik vgl. KA XIII,
S. 215 ff.). Außerdem setzt das Wiedererkennen als Formel der Wirkungsästhetik
den Leser in sein Amt ein, an der Vollendung des Werkes mitzuwirken, und kennzeichnet die geschichtlichen Grenzen vor-
und rückwärts: Der Gestaltungsspielraum
dessen, was sich innerhalb der transzen-
dentalkritisch verstandenen Erfahrung zu
einer ästhetischen Realität bilden läßt,
wird zwar überschritten, bleibt aber in
das platonisch-metaphysische Schema des
Bekannten einbehalten. Eine aktualisie-
rende Anwendung des scheinbar Modernen in
heutiger Literaturtheorie verbietet sich.
Wolfgang Preisendanz hat das Notwendige
dazu gesagt, vgl. W.P.: Zur Poetik der
deutschen Romantik I: Die Abkehr vom
Grundsatz der Naturnachahmung. In: Die
deutsche Romantik. Poetik, Formen und
Motive. Hrsg. v. Hans Steffen. Göttingen
1967, S. 54-74.

19   Ebenfalls NPhS, S. 382; JS I, S. 3oo;
KA II, S. 48.

2o   KdrV B 25 (Kant, Werke II, S. 63). Zum
Transzendentalen bei Kant vgl. Norbert
Hinske: Kants Weg zur Transzendentalphilosophie. Der 3o-jährige Kant. Stuttgart (u.a.) 197o. Wichtig ist an dieser
Stelle die Beziehung der Erkenntnis auf
ihre Vermögen und die Möglichkeitsbe-
dingungen.

21   Hierzu Hans-Georg Gadamer: Wahrheit und
Methode. Grundzüge einer philosophischen
Hermeneutik. 2. Aufl. Tübingen 1965,
S. 67, 474 ff. und die im Literaturver-
zeichnis genannten Arbeiten Paul Böck-
manns, der als einer der ersten diese
Vorgänge beispielhaft beschrieb.

22   Friedrich Lederbogen: Friedrich Schlegels
      Geschichtsphilosophie. Ein Beitrag zur
      Genesis der historischen Weltanschauung.
      Leipzig 1908.

23   Auch A.W. Schlegel, KSB II, S. 18. Die Be-
      griffsrekonstruktion von Roland Heine muß
      man um das Historische als zweiten wich-
      tigen Bestandteil der Transzendentalpoesie
      F. Schlegels ergänzen (R.H.: Transzendental-
      poesie. Studien zu Friedrich Schlegel,
      Novalis und E.T.A. Hoffmann. Bonn 1974,
      S. 42-5o). Das Historische ist der Ansatz
      zur Kritik an Fichte, die durch die Natur-
      philosophie (Physik) noch erweitert wird.
      Beides führt auch Schelling gegen Fichte
      ins Feld. Das geistige Abhängigkeitsver-
      hältnis zwischen Schlegel und Schelling
      ist ein sehr merkwürdiges (vgl. die beider-
      seitigen Plagiatsverdächtigungen) und
      außer gelegentlichen Bemerkungen in der
      Forschung noch ungeklärt. (Zuletzt Behler
      in der Einleitung zu KA VIII, S. XXXVII ff.).
      Die Interpreten halten durchweg den für
      den originelleren, mit dem sie sich ge-
      rade beschäftigen.

24   LN 342, 1621. Wie das in praxi aussieht,
      zeigt Heinz Schlaffer: Roman und Märchen.
      Ein formtheoretischer Versuch über Tiecks
      "Blonden Eckbert". In: Gestaltungsgeschich-
      te und Gesellschaftsgeschichte. Fritz
      Martini zum 6o. Geburtstag. Hrsg. v.
      Helmut Kreuzer. Stuttgart 1969, S. 224-
      241.

25   Das meint Schlegel mit "Transzendental-
      philosophie", z.B. KA II, S. 169, 22.AF;
      S. 2o4, 238.AF; LN 1o41; KA XVIII,
      S. 93, Nr. 761; S. 113, Nr. 1oo9. Es ist
      das spekulativ Transzendentale, d.h.
      aus der Restriktion an die sinnlich be-
      dingte Menschenvernunft entlassen.

26   Sie findet sich beim frühen Schelling
      und auch bei Fichte; hierzu Ernst Behler:
      Friedrich Schlegel und Hegel. In:
      Hegel-Studien II (1963), S. 2o3-25o;
      ders.: Die Geschichte des Bewußtseins.
      Zur Vorgeschichte eines Hegelschen Themas.
      In: Hegel-Studien VII (1972), S. 169-216;
      Peter Szondi, Poetik I u. II.

27   Auch KA III, S. 58 ff., 81 ff. Dazu zu-
      letzt Heinz-Dieter Weber: Friedrich Schle-
      gels 'Transzendentalpoesie'. Untersuchungen
      zum Funktionswandel der Literaturkritik
      im 18. Jahrhundert. München 1973.

28   Heinrich Nüsse: Die Sprachtheorie Friedrich
      Schlegels. Heidelberg 1962.

29   Vgl. Nüsse, Sprachtheorie; H.-D. Weber,
      Transzendentalpoesie, S. 221 ff.; H.C.
      Seeba, Wirkungsgeschichte; ders.: Kritik
      des ästhetischen Menschen. Hermeneutik und
      Moral in Hofmannsthals "Der Tor und der
      Tod". Bad Homburg v.d.H. 197o, S. 124 ff.

3o   KA II, S. 188, 146.AF; KA XVIII, S. 222,
      Nr. 336; S. 389, Nr. 829; LN 32; JS I,
      S. 137.

31   Mit Szondis Worten: "an die Stelle der
      Geschichte tritt die Geschichtsphilosophie"
      (Szondi, Poetik II, S. 129); ders.:
      Friedrich Schlegels Theorie der Dicht-
      arten. Versuch einer Rekonstruktion auf
      Grund der Fragmente aus dem Nachlaß. In:
      Euphorion 64 (197o), S. 181-199, Zitat:
      S. 189.

32   LN 153, 322, 459, 1o63; KA II, S. 188,
      146.AF. Es war also nicht "Schelling
      zuerst", der diese Umwandlung in der
      "Philosophie der Kunst" vornahm (so Eber-
      hard Huge: Poesie und Reflexion in der
      Ästhetik des frühen Friedrich Schlegel.

Stuttgart 1971, S. 55). Für die Begrifflichkeit heutiger Forschung hat Karl
Viëtor im Rückgang auf Goethes Aufsatz
"Naturformen der Dichtung" diesen Unterschied von "Naturform der Dichtung" (Epik,
Lyrik, Dramatik) mit ihren Gattungen
(= Dichtarten, also Komödie, Lied, Novelle etc.) und demgegenüber den "gestal-
terischen Grundhaltungen" (episch, satirisch etc., wobei die Betonung auf 'gestal-
terisch' liegt) verbindlich gemacht (K.V.:
Probleme der literarischen Gattungsgeschichte
In: DVjs 9, 1931, S. 425-447).

33   Zitiert nach Karl Konrad Polheim (Hrsg.):
Der Poesiebegriff der deutschen Romantik.
Paderborn 1972, S. 112, aus F. Schlegels
bisher unedierter Kölner Vorlesung "Über
deutsche Sprache und Literatur" von 18o7.
Damit scheint Schlegel das Problem einer
Geschichtsphilosophie, die als unendliche
Progression am Ausbleiben des Zieles irre
wird, ästhetisch gelöst zu haben,
o h n e daß die Anthropologie (= Naturphilosophie des Menschen) alternativ die
Geschichtsphilosophie ablöst. So lautet
allerdings die These von Odo Marquardt:
Zur Geschichte des philosophischen Begriffs
"Anthropologie" seit dem Ende des acht-
zehnten Jahrhunderts. In: O.M., Schwierig-
keiten mit der Geschichtsphilosophie.
Aufsätze, Frankfurt/M. 1973, S. 122-144,
213-248. Die Alternativ-These Marquardts
scheint auch nicht die Möglichkeit der
Parallelität bzw. Identität von Natur
und Geschichte etwa bei Schelling oder
Brentano zu berücksichtigen; vgl. Dieter
Jähnig: Schelling. Die Kunst in der
Philosophie. 2 Bde. Pfullingen 1966/69,
Bd. I, S. 14o ff., 214 ff. - oder zu
Brentano: Meixner, Denkstein, S. 437 f.

34 Der "delectus classicorum"-Gedanke (LN 663;
    KA XVIII, S. 99, Nr. 846) bietet den Schlüs-
    sel für Schlegels Dichtartentheorie. Über
    chronologische Aspekte informiert Karl Kon-
    rad Polheim: Die Arabeske. Ansichten und
    Ideen aus Friedrich Schlegels Poetik. Pader-
    born 1966, S. 3o6 ff.

35 Szondi (Dichtarten, S. 193 ff.; Poetik II,
    S. 14o ff.) treibt das Historizitätsproblem
    in der Rekonstruktion Schlegelscher Lösungs-
    ansätze noch um einige Grade weiter (LN
    322 und 843) und gelangt zu einer "Töne"-
    Poetik, die in die Romantheorie mündet.

36 A.W. Schlegel, KSB II, S. 81; auch LN 983;
    Schiller, NA XX, S. 469; Tieck, KS I, S.
    149; A.H. Müller, Schriften I, S. 41,
    Schelling, System, S. 289. Dies sind
    einige historische Zeugen für die Position,
    die Horst Steinmetz neuerlich gegen andere
    vertritt, die eine ursprüngliche Autor-
    intention voraussetzen (H.S., Rezeption,
    S. 67 ff.). Die Vieldeutigkeit der poeti-
    schen Sprache als das Unwahrscheinliche
    verbindet sich mit der Gestaltung als
    dem Wahrscheinlichen zum Kriterium des
    ästhetischen Gegenstandes; vgl. Hans
    Blumenberg: Sprachsituation und immanente
    Poetik. In: Immanente Ästhetik - Ästheti-
    sche Reflexion. Lyrik als Paradigma der
    Moderne. Hrsg. v. Wolfgang Iser. München
    1966, S. 145-155, 453 ff. (Poetik und
    Hermeneutik II).

37 A.W. Schlegel, KSB III, S. 42, 81 ff.

38 Goethe: Über die Parodie bei den Alten.
    In: Goethes Sämtliche Werke. Jubiläums-
    Ausgabe. Hrsg. v. E. von der Hellen (u.a.).
    Stuttgart-Berlin o.J. (19o2-12), 37. Bd.,
    S. 292.

39   Vgl. Theodor Verweyen: Eine Theorie der
      Parodie. Am Beispiel Peter Rühmkorfs.
      München 1973 und die dort angeführte
      Literatur, vor allem, trotz Verweyens
      Kritik der Werkimmanenz, das Buch von
      Erwin Rotermund. Angekündigt in der
      Wissenschaftlichen Buchgesellschaft
      - Theodor Verweyen/Gunter Witting:
      Einführung in die Theorie der Parodie und
      in die parodistische Praxis in der neu-
      eren deutschen Literatur. Darmstadt o.J.

4o   A.W. Schlegel, KSB III, S. 187.

41   Albrecht Schöne: Säkularisation als sprach-
      bildende Kraft. Studien zur Dichtung
      deutscher Pfarrersöhne. 2. Aufl. Göttin-
      gen 1968, S. 27o ff. Die romantische
      Parodie als Verfahren rückt von der Imi-
      tatio aber gerade ab.

42   Kant, Werke II, S. 285 ff. (KdrV B 316 ff.).

43   Ebd. (KdrV B 319).

44   Novalis, Schriften II, S. 599, Nr. 341
      (bzw. Nr. 22).

45   Brentano, Werke III, S. 54o ff. Im
      "Gockel"-Märchen wird sie auch zum leben-
      digen Wesen.

46   Vgl. Siegfried Gohr: Der Kult des Künst-
      lers und der Kunst im 19. Jahrhundert.
      Zum Bildtyp des Hommage. Köln/Wien 1975.
      Die unterschiedlichen Arten einer Selbst-
      reflexion der bildenden Kunst stellen für
      Gohr d a s Signum damaliger Kunst über-
      haupt dar. Auf die Bezüge zur Frühromantik
      sei vor allem hingewiesen.

47   A.W. Schlegel, KSB II, S. 82; ebenso
      Brentano, Werke II, S. 497; K.W.F. Solger,
      Gespräche, S. 113.

48   A.W. Schlegel, KSB II, S. 81 f.; auch

Schelling, Kunst, S. 275 f. Dieser Bestimmung liegt der griechische Wortsinn
von 'poiesis' als Ursächlichkeit zugrunde
(Plato, Symposion, 2o5 b 8). Der aristotelische Unterschied von poietischen und
praktischen Entwürfen, Fiktionen und
Utopien, dürfte auf den romantischen
Poesie- und Parodiebegriff ein bezeichnen-
des Licht werfen, wenn er seine Gültigkeit,
was gezeigt werden soll, verlöre.

49 Werner Keller: Goethes dichterische Bildlichkeit. Eine Grundlegung. München 1972,
S. 61, 1o1, 285.

5o Zur Gattung Parodie in der Romantik sind
am informativsten Oskar Walzel: Deutsche
Romantik. II. Die Dichtung. 5. Aufl.
Leipzig 1926, S. 26-53; Karl Philipp
Moritz: Satire und Parodie der Frühroman-
tik. Diss. Münster 1944 (Masch.-schr.);
Eugen Klin: August Ferdinand Bernhardi
als Kritiker und Literaturtheoretiker.
Bonn 1966, S. 81-1o7.

51 Zu diesem Absichtswandel und den weit-
reichenden Folgen vgl. Gerhard Kluge:
Idealisieren - Poetisieren. Anmerkungen
zu poetologischen Begriffen und zur Lyrik
des jungen Tieck. In: JDSG 13 (1969),
S. 3o8-36o.

52 Novalis, Schriften II, S. 435, Nr. 55;
auch Tieck, Erinnerungen Bd. II, S. 24o;
F. Schlegel: "Grade die Individualität
ist das Ursprüngliche und Ewige im Menschen; an der Personalität ist so viel
nicht gelegen." (KA II, S. 262, 6o.I;
KA XVIII, S. 134, Nr. 146); zu den Begriffen siehe Nivelle, Dichtungstheorie,
S. 53 f. Allerdings ist es fraglich, ob
- so Nivelle - "Person" und "Personalität"
bei Schlegel immer "Einzelheit" meint.

Die Stellen KA XVIII, S. 249, Nr. 67o;
S. 257, Nr. 76o; S. 32o, Nr. 1534, legen
eher den Schillerschen Sinn "vernunfthaftes
Bei-sich-selbst-Sein" nahe und würden damit
in obiger Konfrontation die Abwehr klassi-
scher Idealisierungsabsicht anzeigen.

53   Schiller, NA XX, S. 382.

54   Novalis, Schriften II, S. 545, Nr. 1o5;
A.W. Schlegel, KSB IV, S. 12; Jean Paul,
Werke V, S. 63 f.

55   Das seit Goethe, Hegel, Haym bis neuerdings
Dieter Arendt geläufige Urteil über die
stoff- und wirklichkeitslose romantische
Dichtung hält sich hartnäckig. Eine Rehabi-
litation der angeblich nihilistischen, weil
substanzlos-subjektivistischen Romantik
leitet Marie Joachimi ein. (Die Weltanschauung der deutschen Romantik. Jena/
Leipzig 19o5, bes. S. 234 ff.). Sie wird
fortgesetzt von Manfred Frank (Das Problem
'Zeit' in der deutschen Romantik. Zeitbe-
wußtsein und Bewußtsein von Zeitlichkeit
in der frühromantischen Philosophie und
in Tiecks Dichtung. München 1972) und
speziell für Schlegel von Franz Norbert
Mennemeier (Friedrich Schlegels Poesiebegriff dargestellt anhand der literatur-
kritischen Schriften. Die romantische
Konzeption einer objektiven Poesie. München 1971 - dazu die Rezension Ernst
Behlers. In: ZfdPh 93, 1974, S. 6o7-613).

56   Novalis, Schriften III, S. 65o, Nr. 553;
auch S. 683, Nr. 656.

57   A.H. Müller, Schriften II, S. 5o; auch
I, S. 118. "Individualität und Universalität sind die Agenten der Poesie, der
ursprüngliche Dualismus derselben."
(LN 1656).

222

58   Ferner LN lo9o; KA II, S. 336, 346.

59   Hierzu Karl Konrad Polheim: Zur romantischen Einheit der Künste. In: Bildende
Kunst und Literatur. Beiträge zum Problem
ihrer Wechselbeziehungen im 19. Jahrhundert. Hrsg. v. Wolfdietrich Rasch.
Frankfurt/M. 197o, S. 157-178.

6o   Richtungsweisend ist der Aufsatz von
Sigmund von Lempicki: Bücherwelt und
wirkliche Welt. Ein Beitrag zur Wesens-
erfassung der Romantik. In: DVjs 3
(1925), S. 339-386.

61   Paul Böckmann: Formgeschichte der deutschen
Dichtung. 4. Aufl. Darmstadt 1973, S. 14;
ders.: Formensprache. Studien zur Literar-
ästhetik und Dichtungsinterpretation.
Darmstadt 1966, S. 493-511.

62   Peter Szondi: Zur Erkenntnisproblematik
in der Literaturwissenschaft. In: Die
neue Rundschau 73 (1962), S. 146-165.
Zitat: S. 156.

63   Szondi, Erkenntnisproblematik, S. 159.
Karl Otto Conrady wendet sich "gegen die
Mystifikation des Dichters und der Dichtung" (K.O.C.: Literatur und Germanistik
als Herausforderung. Skizzen und Stellungnahme. Frankfurt/M. 1974, S. 97-124) und
erörtert dichtungstheoretische Äußerungen
Paul Böckmanns als eine "Spielart", die
sich "dadurch auszeichnet, daß sie Leer-
formeln bemüht, um Bedeutung zu behaupten"
(a.a.O., S. 119). Gerechterweise bedarf
es einer Hinzufügung. Wenn man eine Formel
wie "Wahrheit des Menschseins" - mit
Recht - der Hypostasierung, Generalisie-
rung und Leere bezichtigt, so trifft die
Attacke nicht den Inhalt, den diese Wendung k o n k r e t gar nicht hat, son-

dern den Charakter jeder Formel. Ist
Conradys Pendant "emanzipatorisches
Erkenntnisinteresse" weniger "leer" und
"offen für jegliche Füllung" (a.a.O.,
S. 12o), solange über das Vorverständnis
kein Konsens besteht, bevor die "Spielart" wissenschaftstheoretischer Fundierung
in dem breiten Feld zwischen Gesellschafts-
und Sprachphilosophie nicht geklärt ist
und sich die Formalität der Formel nicht
am Text konkretisiert hat? Und scheint
nicht auch in diesem Jargon, den Conrady
selbstkritisch eingesteht und der uns
heute näherliegt, die geschichtliche Tradition - auf den zweiten Blick - durch?
Und wo hat ausgerechnet Paul Böckmann
"zeitlose Bedeutungen" hypostasiert und
"solche Fragen nach Konkretisation des
Wahrheitskriteriums" abgewiesen (a.a.O.,
S. 121), wenn einzig der produktions- und
rezeptionshistorische Kontext die Viel-
deutigkeit eines Textes einschränkt und
präzisiert? Die Bezugserweiterung durch
das Gesellschaftliche zum sozial-kultu-
rellen Geschichtskontext rechtfertigt
keinen Mystifikationsvorwurf. Außerdem
hat sich der Böckmann-Gadamer-Methoden-
ansatz in der Hermeneutik-Diskussion
(Konstanzer Schule, Szondi, Weinrich)
weiterentwickelt; eine Stellungnahme, die
sich der ideologiekritischen Variante
anschließt, wie es Conrady tut, müßte
sich heute eher durch sie herausgefordert
sehen. Es scheint, als bleibe von Conradys
Appell nur die allenthalben betriebene
Sprachregelung übrig, die scheinbar
anstößiges Wortgut ersetzt; dazu Elias
Canetti: Der Beruf des Dichters. In:
Akzente 23 (1976), S. 97-1o7.

65   Dieter Wellershoff: Transzendenz und
      scheinhafter Mehrwert. Zur Kategorie
      des Poetischen. In: D.W., Literatur und
      Lustprinzip. Essays. Köln 1973, S. 38-54.

II.   Der Parodiebegriff in Friedrich Schlegels
      Poetik

1   Nivelle, Dichtungstheorie, S. 111 ff.
      Lesenswert auch M.H. Abrams: The Mirror
      and the Lamp. Romantic Theory and its
      critical tradition. New York 1953
      (Poesie = spirit of life etc.). Im übrigen
      sei bei Erläuterungen zu Begriffen Frie-
      drich Schlegels nachdrücklich auf die
      Einleitungen und Kommentare der Kritischen
      Ausgabe verwiesen.

2   Absicht und Instinkt sind eine Adaption
      der traditionellen Ars-Natura (Ingenium)-
      Lehre (vgl. Horaz, Ars poetica, Verse 4o7
      ff.) innerhalb der Philosophie des Deut-
      schen Idealismus. Dazu Solger, Erwin, S.
      211 ff., 554; Schelling, System, S. 287
      (vgl. Jähnig, Schelling II, S. 138-172,
      34o). Volker Deubel (Deubel, Schlegel-
      Forschung, S. 128 Anmerk.) kritisiert die
      Formel Nivelles: das Unbewußte bewußt
      machen; sie bekunde Irrationalismus, Un-
      angemessenheit und sei wie ein japanischer
      Beitrag "nicht auf dem Stand der For-
      schung". Allerdings scheint Vorsicht
      angebracht, denn natürlich m u ß
      damit kein "besonderer psychischer Zustand"
      (ebd.) gemeint sein, sondern die "Ge-
      brauchsstrukturen", für die sich Deubel
      doch generell so überzeugend einsetzt,
      von 'unbewußt' in der Romantik sind

1.) in philosophischer Anwendung synonym
mit: naturhaft, objektiv, vorstellbar,
notwendig, gestaltlos (siehe Schelling),
2.) in poetologischer Anwendung synonym
mit: imaginativ, fiktiv, poiesis der Zukunft ("Das Mächtigste im Dichter (...)
ist gerade das Unbewußte." vgl. Jean
Paul, Werke V, S. 60; der Witz ist "ein
Blitz aus der unbewußten Welt (...),
eine Verbindung und Mischung des Bewußten
und Unbewußten." vgl. KA XII, S. 393).
Der Begriff k a n n aber auch im Sinne
romantischer Psychologie einen psychischen
Zustand benennen, der dann diese Literaturtheorie neu aktualisiert, so daß heute
etwa die Rede von der romantischen Sehnsucht
"völlig neu bestimmt werden" müßte (Helmut
Schanze (Hrsg.): Die andere Romantik. Eine
Dokumentation. Frankfurt/M. 1967, S. 16).
Vgl. auch Odo Marquard: Zur Bedeutung der
Theorie des Unbewussten für eine Theorie
der nicht mehr schönen Künste. In: Die
nicht mehr schönen Künste. Grenzphänomene
des Ästhetischen. Hrsg. v. Hans Robert
Jauß. München 1968, S. 375-392 u. 651-668,
bes. S. 383 f. und Johannes Orth: Der
psychologische Begriff des Unbewußten in
der Schelling'schen Schule. Diss. Heidelberg 1914. Die Hauptbegriffe frühromantischer Literaturtheorie sind alle wissen-
schaftsspezifisch auslegbar, da ihr Gegenstand - der Mensch und seine Entfremdungsformen - alle Wissenschaften beansprucht.
Ansätze der Romantik-Forschung in dieser
Richtung liegen vor bei Marquard, Geschichtsphilosophie (Ästhetik und Medizin)
und Peter Kapitzka: 'Physik' der Poesie.
Zu einem naturwissenschaftlichen Begriffs-
modell im ästhetischen Programm der Frühromantik. In: Lit.-wiss. Jahrbuch im Auf-
trag der Görres-Gesellschaft N.F. 12
(1971), S. 97-112.

3   Novalis, Schriften I, S. 286; auch KA II,
    S. 29o.

4   Tieck, KS I, S. 188; auch Novalis, Schrif-
    ten III, S. 65o, Nr. 553; A.W. Schlegel,
    KSB III, S. 19; Memon. Eine Zeitschrift,
    Hrsg. v. A. Klingemann. Bd. I. Leipzig
    1800, passim.

5   Eine Meinungsverschiedenheit darüber, was
    Sprache und Form dann leisten können und
    sollen, entsteht am Beispiel der frühen
    Lyrik Tiecks zwischen Gerhard Kluge (Lud-
    wig Tieck: Gedichte. 3 Bde. Faksimiledruck
    nach der Ausgabe von 1821-23. Hrsg. mit
    Nachwort v. G.K. Heidelberg 1967; ders.,
    Idealisieren, S. 315 ff., 344, 348 ff.,
    357 ff.) und Manfred Frank (Zeit, S. 386,
    4oo ff.). Man wird sich die Frage stellen
    müssen, ob Kluges kritischer Maßstab einer
    künstlerischen Formkunst - er beruft sich
    u.a. auf Körner, könnte ebensogut Schelling
    nennen (vgl. Jähnig, Schelling II, S. 158) -
    der romantischen "Mehrheit der Imperative"
    (KA XVIII, S. 53, Nr. 343) und dem Paradox
    einer "Form der Formlosigkeit" (KA XIX,
    S. 1o3, Nr. 2oo) bzw. "absichtliche Form-
    losigkeit" (KA III, S. 84) gerecht wird.
    Die Romantiker waren Alles-oder-Nichts-
    Fanatiker. Es soll das Gedicht klassisch
    sein - klassisch heißt, Leben von der Form
    her begreifen - und nicht-klassisch, eine
    größtmögliche Fülle verschiedenartiger
    Stoffe und Eindrücke als "Tendenz" darstel-
    len, es soll objektiv, vollendet, substan-
    tiell und gleichzeitig subjektiv, offen
    und progressiv sein: Es "sollen die Ex-
    treme vereinigt werden" (KA III, S. 75).

6   Zur jetzt eintretenden Begriffsverengung
    des Wortes "Gemüt" (animus - anima) vgl.
    H. Emmel / P. Lasslop in: Historisches
    Wörterbuch der Philosophie. Hrsg. v.

Joachim Ritter. Bd. III, Darmstadt 1974,
Sp. 258 ff.

7   Fortschrittliche Interpreten perhorreszie-
ren heute das Wort "Leben" und sprechen
von menschlicher (oder mitunter synonym
von gesellschaftlicher) Praxis. Benutzt
man es dennoch, so vielleicht unter folgenden Rücksichten. Als literaturwissen-
schaftliche Fragehinsicht dieses Jahrhunderts hat es die ältere Forschung, vor
allem Oskar Walzel, Paul Kluckhohn, Paul
Böckmann, eingeführt. Irrationalismus
stellt sich dort ein, wo Leben zum "Grund-
begriff" erklärt wird, also z.B. bei und
seit Dilthey. Andererseits verweist H.G.
Gadamer auf den Sinn von Leben als To-
talitätsbegriff, nicht Erleben, sondern
Lebenszusammenhang, Funktion, Teil romantischer Hermeneutik (Gadamer, Wahrheit,
S. 162 ff., 175, 21o; auch Marquardt, Geschichtsphilosophie, S. 124 ff.). Im
Deutschen Idealismus ist die Struktur von
Leben und Geist dieselbe (vgl. KA XIII,
S. 277 oder Hegels gleichzeitige Analyse
in der "Phänomenologie des Geistes", Kap.
"Kraft und Verstand"); zu Schlegels Sub-
stanzbegriff, einer Interpretation von
'Leben', vgl. Frank, Zeit, S. 85 ff.,
94.

8   Unter anderem Paul Böckmann: Das Form-
prinzip des Witzes in der Frühzeit der
deutschen Aufklärung. In: JFDH 1932/33,
S. 52-13o; (als Kap. V auch in Böckmann,
Formgeschichte, S. 471-552); ders.: Die
romantische Poesie Brentanos und ihre
Grundlagen bei Friedrich Schlegel und
Tieck. Ein Beitrag zur Entwicklung der
Formensprache der deutschen Romantik.
In: JFDH 1934/35, S. 56-176; Alfred
Baeumler: Das Irrationalitätsproblem in

der Ästhetik und Logik des 18. Jahrhun-
derts bis zur Kritik der Urteilskraft.
Darmstadt 1967 (Reprografischer Nachdruck
der 1. Aufl. 1923), S. 146 ff.; Gerhard
Kluge: Spiel und Witz im romantischen
Lustspiel. Zur Struktur der Komödien-
dichtung der deutschen Romantik. Diss.
Köln 1963; ders.: Das Lustspiel der
deutschen Romantik. In: Das deutsche
Lustspiel, Teil I. Hrsg. v. Hans Steffen.
Göttingen 1968, S. 181-2o3; Wolfgang
Schmidt-Hidding (u.a.): Humor und Witz.
In: Europäische Schlüsselwörter. Bd. I,
München 1963; Polheim, Arabeske, S. 61,
83, 167; Frank, Zeit, S. 32 ff.

9   Vgl. KA XI, S. 147; "romantisch" hat die
     Bedeutung: historische Epoche (Literatur
     der christlichen Zeiten), Stilbegriff,
     Dichtungstyp; vgl. Behler in KA XI,
     S. 3o1 f., 319 f., 328 f.

1o   Dazu KA XII, S. 392 f., 4o3 f.

11   LN 1o29; KA II, S. 148,9.LF; KA III,
     S. 85; anthropologisch fundiert in KA
     XII, S. 84.

12   Nach Hans-Jörg Neuschäfer: Der Sinn der
     Parodie im Don Quijote. Heidelberg 1963.

13   Jauß, Literaturgeschichte, S. 176.

14   So drückt es A.W. Schlegel in seiner
     Cervantes-Tieck-Rezension aus (SW XI,
     S. 4o8-426), die samt der Folgequerelen
     mit dem Konkurrenzübersetzer D.W. Soltau
     wiederabgedruckt ist von Oscar Fambach:
     Das große Jahrzehnt (1796-18o5) in der
     Kritik seiner Zeit. Berlin 1958 (Bd. IV
     der Reihe: Ein Jahrhundert deutscher
     Literaturkritik 175o-185o), S. 297-337,
     Zitat: S. 297. Bambocciade bezeichnet das
     auf den niederländischen Maler Pieter van
     Laar (ca. 1613-73) zurückgehende Genre

burlesker, teils auch grotesker Darstellungen von Volksszenen oder Tieren, das
neben dem spezifischen Gegenstandsbereich
und der Vorliebe für das Absonderliche
(ital. bamboccio = Krüppel, Knirps, was
sich auf P. Paars Mißgestalt beziehen
kann und auf das bildlich Dargestellte)
eine beobachtende Detailfreudigkeit kennzeichnet. Literarisch ist die Bambocciade
angewendet von A.F. Bernhardi: Bamboccia-
den. 3 Bde. Berlin 1797-1800. Allerdings
macht ebenfalls A.W. Schlegel in einer
Rezension (SW XI, S. 146-150) auf die Un-
genauigkeit des Gattungstitels aufmerksam.
Das Komische in Laars Bildern entspricht
danach einem "Überfluß an Leben" und der
Freude am Gegenstand, während Bernhardi
den "Mangel an Leben" allerorten geißelt;
nach A.W. Schlegel ist die Bambocciade
nicht satirisch wie bei Bernhardi.

15   A.W. Schlegel, Fambach, S. 299.

16   Schelling, Kunst, S. 323.

17   A.W. Schlegel, Fambach, S. 297.

18   A.W. Schlegel, Fambach, S. 326.

19   Ders., S. 297.

20   Ebd.

21   Andrea im "Gespräch über die Poesie",
     KA II, S. 299.

22   Erläuternd Jean Paul, Werke V, S. 93 f.
     (§ 23 der "Vorschule der Ästhetik":
     "Quelle der romantischen Poesie").

23   Miguel de Cervantes Saavedra: Der sinn-
     reiche Junker Don Quijote von der Mancha.
     Übers. v. Ludwig Braunfels. München 1966,
     S. 1090.

24   Tieck, KS I, S. 207. Tieck spricht über
     den "Don Quijote", und man müßte den Satz

noch variieren: g e r a d e im Bewußtsein ihrer Disharmonie. Zum Komischen als
der "Einschmelzung" des Ausgegrenzten,
scheinbar Nichtigen vgl. Joachim Ritter:
Über das Lachen. In: Blätter für Deutsche
Philosophie 14 (1940/41), S. 1-21, bes.
S. 10-15, 18 f.

25 LN 1110, 1023; KA II, S. 281 ff., 318 f.

26 Auch JS I, S. 316; A.W. Schlegel, Fambach,
S. 298 ff. Die Forschung hat Komposition
und Sprache hinsichtlich der Allegorie,
Arabeske, neuen Mythologie und der Bestimmungen des epischen Stils untersucht, siehe
vor allem Brüggemann, Immerwahr, Belgardt,
Polheim, Mennemeier.

27 Wolfgang Preisendanz: Humor als dichterische
Einbildungskraft. Studien zur Erzählkunst
des poetischen Realismus. München 1963;
Schmidt-Hidding, Schlüsselwörter; Polheim,
Arabeske.

28 Cervantes, Don Quijote, S. 1103.

29 Mennemeier, Poesiebegriff, belegt diese
These vielfach.

30 Jost Schillemeit (Systematische Prinzipien
in Friedrich Schlegels Literaturtheorie
- mit textkritischen Anmerkungen -. In:
JFDH 1972, S. 137-176) geht den drei Bil-
dungsweisen nach und erläutert insbesondere
die Bedeutung von "abstract". Die Text-
kritik an der Auflösung der Sigle 'R'
verschiebt das Problem vom Textkritischen
ins Semantische (dazu unabhängig Szondi,
Poetik II, S. 143 f.), denn das Romantische,
aus dem möglichen Gegensatz zum Transzendentalen gedacht, hat reale statt ideale
Tendenz, d.h. 'romantisch' und 'real'
k ö n n e n identisch sein, wie im folgenden nachgewiesen wird. Schillemeit
sieht beides alternativ und plädiert bei

der Auflösung der Sigle 'R' für 'Roman-
tisch' statt 'Real', was Behler in KA XIX,
S. 4o2 als Kommentar zu KA XVIII, S. 87,
Nr. 692 schon eingeräumt hat. Er behauptet
auch zu Unrecht (Schillemeit, S. 162), die
Kritische Ausgabe löse die Sigle 'R' immer
durch 'Realität' auf, vgl. dagegen KA XVIII,
S. 265, Nr. 853.

31 Siehe Weber, Transzendentalpoesie; ders.:
    Über eine Theorie der Literaturkritik.
    Die falsche und die berechtigte Aktualität
    der Frühromantik, München 1971, S. 59.

32 Szondi, Poetik II, S. 251 unter Berufung
    auf Carl Schmitt: Politische Romantik.
    München/Leipzig 1919 und Jürgen Habermas:
    Das Absolute und die Geschichte. Von der
    Zwiespältigkeit in Schellings Denken.
    Diss. Bonn 1954.

33 Die Formel des poetischen Ideals hat Hans
    Eichner entdeckt und zuerst interpretiert;
    H.E.: Friedrich Schlegel's Theory of
    Romantic Poetry. In: PMLA 71 (1956),
    S. 1o18-1o41.

34 Zur Nachahmung vgl. die einschlägigen
    Arbeiten von Wolfgang Preisendanz (Lit.-
    verz.) und Hans Blumenberg: "Nachahmung
    der Natur". Zur Vorgeschichte der Idee
    des schöpferischen Menschen. In: Studium
    Generale 1o (1958), S. 266-283.

35 Teilaspekte behandelt Walter Bausch:
    Theorien des epischen Erzählens in der
    deutschen Frühromantik. Bonn 1964,
    S. 59., 1o3 f.

36 Auch LN 7o1, 1o83; KA XIX, S. 1oo, Nr. 165.

37 KA XI, S. 62 ff.; zur Kennzeichnung des
    epischen Stils JS I, S. 222 ff., 29o ff.

38   KA XII, S. 165 f., 365 f.; KA XI, S. 98
      ff., 114 ff., 159 ff.; LN 1939. "Anschau-
      ung zum Begriff erhoben" ist Charakteristik,
      die Aufgabe des Kritikers (Windischmann,
      IV. Teil, S. 43o).

39   Zum Verhältnis beider im allgemeinen siehe
      Nivelle, Dichtungstheorie, S. 121 ff.

4o   Sie steht bei Fichte zum Teil und bei
      Schelling bis 18o1, verschieden gedeutet,
      als Prinzip am Anfang. Im sich denkenden
      Denken schaut sich der Denkende bei seiner
      intellektuellen Tätigkeit zu und i s t
      dadurch als ein solcher. Denker (Subjekt,
      intellectus, Vorstellung) und Gedachtes
      (Objekt, res, Sein) sind indifferent.
      Diese Übereinstimmung nennt die Tradi-
      tion Wahrheit bzw. Wissen.

41   "Idealismus" ist bei Schlegel hier der
      Name für die Methode bzw. Disziplin, der
      das Bewußtsein der Indifferenz gelingt.

42   "Das Bewußtsein des Unendlichen ist die
      Indifferenz alles Denkens und Seyns."
      (KA XVIII, S. 415, Nr. 1123). Die Wahr-
      heitsformel kehrt wieder, ausgelegt als
      Spinozismus, insofern das realisierte
      Ideale als absolutes Objekt alles Sub-
      jektive in sich aufhebt.

43   Speculum = Spiegel ist das Medium der
      Selbstanschauung, und mit "speculatio"
      = "Schau" übersetzt Boethius griech.
      theoria. Ergänzend John Neubauer: In-
      tellektuelle, intellektuale und ästhe-
      tische Anschauung. Zur Entstehung der
      romantischen Kunstauffassung. In: DVjs
      46 (1972), S. 294-319.

44   Über Divination und die Beziehung zum
      Traum in der vorromantischen Psycholo-
      gie vgl. Salomon Maimon (Mitarbeiter am

"Magazin zur Erfahrensseelenkunde"):
Ueber den Traum und das Divinationsver-
mögen. In: S.M.: Gesammelte Werke. Reprografischer Nachdruck. Hrsg. v. Valerio
Verra. Bd. III, Hildesheim 197o, S. 374-
392. Historische Zusammenhänge psycholo-
gisch-theologischer Spekulation - die
Ästhetik weitgehend ausklammernd - skizziert Adalbert Elschenbroich: Romantische
Sehnsucht und Kosmogonie. Eine Studie zu
Gotthilf Heinrich Schuberts 'Geschichte
der Seele' und deren Stellung in der
deutschen Spätromantik. Tübingen 1971.

45   Reflexion, der Grundakt des Selbstbe-
     wußtseins, ist ein Sich-von-sich-unter-
     scheiden als Sich-auf-sich-beziehen. Sie
     setzt einen Identitätsgrund vor aller
     Reflexion voraus und eine differente
     Dreiheit des Setzens, Entgegensetzens
     und Verbindens. Im Vollzug dessen be-
     steht Reflexion. Hölderlin nennt diese
     Bewegung im "Hyperion" einmal "das Eine
     in sich selber unterschiedne" (GSA III,
     S. 85 u. 87) und verknüpft es als Wesen
     der Schönheit im Rückgriff auf Heraklit
     mit dem Menschen, der Schönheit in sich
     fühlt, "wenn in ihm die Kräfte seines
     Wesens (...) in einander spielten"
     (GSA III, S. 85). Die Schönheit ist neu-
     zeitlich in der Subjektivität unterge-
     bracht, und diese ist Reflexion (vgl.
     die gesetzmäßige Verfassung des Ich in
     den ersten drei Grundsätzen der "Wissen-
     schaftslehre" 1794/95). Daher kann
     Schlegel verkürzt sagen: "Reflexion
     Vermögen der Schönheit" (LN 2o42).

46   Mit dieser Utopie sprengt das System
     endgültig und notwendig die rationale
     Konstruktion. Zu 'Magie' vgl. auch
     Polheim, Arabeske, S. 67 ff.; Menne-
     meier, Poesiebegriff, S. 327.

47 Schelling gelingt es zweimal. Er bringt
    "beyde Begriffe" als zwei Seiten einer
    künstlerischen Tätigkeit, eben das poieti-
    sche und technische Können, zusammen
    (System, S. 287 f.; Kunst, S. 1o5). Auf
    der Basis der Identität - in der "Philo-
    sophie der Kunst" - gründet die Ästhetik
    im Absoluten (Gott); das "System" bezieht
    sie auf das menschlich-endliche Bewußtsein.

48 Eberhard Huges Erläuterungen zu diesem
    Komplex (Huge, Reflexion, S. 1o6, 123 f.)
    müssen korrigiert werden. Schelling war es
    gerade, der die "Schwierigkeiten (...)
    für seine Vorstellung des 'Absoluten'"
    (S. 123) mehrfach lösen konnte. Schlegel
    "bekennt" sich andererseits letztlich
    n i c h t zu Schellings Position von
    18oo. Der Organongedanke ist bei beiden
    genau umgekehrt (die Parallelität ver-
    tritt auch Mennemeier, Poesiebegriff,
    S. 24o Anmerk., S. 317). Einem nicht-
    funktionalen Fragen bleibt der Zusammen-
    hang von Philosophie und Poesie verschlos-
    sen. Mit der bloßen Feststellung:
    "Schlegel hat jedoch an seinem Jenaer
    Gedanken einer Vollendung des Geistes
    in einer vollkommenen Philosophie nicht
    festgehalten." (S. 1o6) ist wenig gesagt.
    Allein für sich kann die Philosophie nicht
    "vollkommen" sein, weil sie Poesie-(Magie)-
    Konstitutiv ist. Und wenn man nach system-
    gefährdenden Schwierigkeiten sucht,
    scheint mir das Fehlen eines Einheits-
    grundes eher in Frage zu kommen als Huges
    Gründe, nämlich die intellektuelle An-
    schauung (sie verbürgt doch das Ich
    als Prinzip, nur bleibt es nicht bei die-
    sem) und Schlegels Sinn von "Erdichtung",
    der nicht schlichtweg Unmögliches bein-
    haltet, sondern eine durch die Form gege-
    bene Möglichkeit, Neues zu schaffen, den
    Kreislauf des Denkens und seiner Voraus-

setzungen (Fichtes 'Zirkel des Bewußtseins', vgl. Fichte, Werke, S. 281) zu
sprengen: "Das Dichten (...) erschafft
gewissermaßen seinen Stoff selbst"
(KA XII, S. 371).

49   Aus Schlegels unedierter Kölner Vorlesung von 1807, zitiert nach Polheim
(Hrsg.), Poesiebegriff, S. 110.

50   Ebd., S. 113; auch LN 537; KA XI, S. 8 ff.;
KA III, S. 48; KA XIII, S. 54 ff.; KA
II, S. 216, 304.AF; KA XVIII, S. 365, Nr.
533; S. 418, Nr. 1175; S. 569, Nr. 84;
KA XIX, S. 76, Nr. 346.

51   Vgl. KA II, S. 311 ff.; S. 260 f., 46.I.;
S. 265, 96.I; KA XI, S. 14. Die "Verkün-
digung" der neuen Mythologie ist ein
"durchaus religiöses" Vorhaben (Brief
Schlegels an Novalis vom 2.12.1798:
Friedrich Schlegel und Novalis. Bio-
graphie einer Romantikerfreundschaft in
ihren Briefen. Hrsg. v. Max Preitz.
Darmstadt 1957, S. 138). Zur Literatur:
Polheim, Arabeske, S. 125 ff.; Nivelle,
Dichtungstheorie, S. 132 ff.; Mennemeier,
Poesiebegriff, S. 328 ff. (mit Bezug auf
"Darstellung"); Belgardt, Poesie, S. 141
ff.; Herbert Anton: Romantische Deutung
griechischer Mythologie. In: Die deutsche
Romantik. Poetik, Formen und Motive.
Hrsg. v. Hans Steffen. Göttingen 1967,
S. 277-288. Wie die neue Mythologie den
Primat der Poesie gegenüber der Philo-
sophie ihrerseits herstellt und begründet,
zeigt Marianne Schuller: Romanschlüsse in der
Romantik. Zum frühromantischen Problem
von Universalität und Fragment. München
1974, S. 39 ff. Insgesamt wenig erhellend
Bernhard Rank: Romantische Poesie als
religiöse Kunst. Studien zu ihrer Theorie
bei Friedrich Schlegel und Novalis. Diss.
Tübingen 1971.

52   Überblicke geben Deubel, Schlegel-For-
      schung, S. 112-121 und Helmut Prang: Die
      romantische Ironie. Darmstadt 1972 (Er-
      träge der Forschung XII).

53   Walter Benjamin: Der Begriff der Kunst-
      kritik in der deutschen Romantik. In:
      W.B.: Schriften. 2 Bde. Hrsg. v. Th.W.
      und G. Adorno. Frankfurt/M. 1955, Bd. II,
      S. 42o-528, Zitat: S. 491.

54   Vgl. LN 542, 835, 5o7, 555, 758; KA II,
      S. 2o8, 253.AF.

55   Absolutieren bedeutet - Fichte analog -
      schlechthin Vereinseitigen zum Zweck der
      einschränkenden Synthesis, vgl. KA XVIII,
      S. 38, Nr. 21o; S. 11o, Nr. 976; S. 258,
      Nr. 772; Zweck im Kunstbereich sind der
      allegorische Verweis und die Leben-Buch-
      Analogie.

56   Ebenso in LN 1689 mit den Bestimmungen
      'sentimental' und 'fantastisch'.

57   Ingrid Strohschneider-Kohrs: Zur Poetik
      der deutschen Romantik II.: Die romanti-
      sche Ironie. In: Die deutsche Romantik.
      Poetik, Formen und Motive. Hrsg. v.
      Hans Steffen. Göttingen 1967, S. 75-97,
      bes. S. 79 ff.

58   Zur Verstehensdialektik von Geist und
      Buchstabe unter Absehung des Stoff-Form-
      Bezuges vgl. Nüsse, Sprachtheorie,
      S. 88-97.

59   Thomas Mann: Meerfahrt mit "Don Quijote".
      In: Th. M.: Gesammelte Werke in zwölf Bän-
      den. Frankfurt/M. 196o ff., Bd. IX,
      S. 427-477; Zitat: S. 444.

6o   Benjamin, Kunstkritik, S. 491 f. Diese
      Interpretation - von I. Strohschneider-
      Kohrs beanstandet (I.S.: Die romantische

Ironie in Theorie und Gestaltung. Tübin-
gen 196o, S. 432) - kommt platonisieren-
den Gedankengängen Solgers und seinem
Ironiebegriff nahe; vgl. Hans Egon Hass:
Die Ironie als literarisches Phänomen.
Diss. Bonn 195o (Masch.-Schr.), S. 251 ff.

61   Kluge, Spiel, S. 5o-55.

62   An diesem Punkt scheiden sich die Geister.
      Peter Szondi (Friedrich Schlegel und die
      romantische Ironie. Mit einer Beilage über
      Tiecks Komödien. In: P.S.: Satz und Gegen-
      satz. Sechs Essays. Frankfurt/M. 1964, S.
      5-24) insistiert gegen Strohschneider-
      Kohrs (Str.-K., Ironie) auf dem Mißverhält-
      nis zwischen gewollter Konstruktivität
      und tatsächlicher Destruktion. F.N. Menne-
      meier gewinnt der Ironie durch Zuordnung
      zum Fragment wiederum positive Seiten ab
      (Franz Norbert Mennemeier: Fragment und
      Ironie beim jungen Friedrich Schlegel.
      Versuch der Konstruktion einer nicht ge-
      schriebenen Theorie. In: Poetica. Zeit-
      schrift für Sprach- und Literaturwissen-
      schaft 2 (1968), S. 348-37o).

63   Hierzu besonders Bernhard Heimrich: Fiktion
      und Fiktionsironie in Theorie und Dich-
      tung der deutschen Romantik. Tübingen
      1968, bes. S. 59 ff.

64   Kluge, Spiel, S. 53.

65   Vgl. die mystifizierende - auch eine Art
      der Ironie - Skizze Schlegels "Über die
      Unverständlichkeit" (KA II, S. 368 ff.);
      etwas klarer die Forschung, vor allem
      Ernst Behler: Die Theorie der romantischen
      Ironie im Lichte der handschriftlichen
      Fragmente Friedrich Schlegels. In: ZfdPh
      88 (1969), S. 9o-114 (Sonderheft); ders.:
      Klassische Ironie - Romantische Ironie -

Tragische Ironie. Zum Ursprung dieser Begriffe. Darmstadt 1972; zum Philosophiekontext speziell Walter Biemel: L'ironie romantique et la philosophie de l'idéalisme allemand. In: Revue Philosophique de Louvain 61 (1963), S. 627-643.

66 "(...) sie hat in der romantischen Poesie eine zwiefach deiktische Funktion zu erfüllen, da sie - indem sie auf Unendliches weist - dem Bedingten seine Schranken nennt den Erscheinungen ihr Maß und ihre Relationen zeigt." (Strohschneider-Kohrs, Poeti II, S. 85 f.); "So tritt neben den romantischen, ins Universale ausgeweiteten Begriff der Poesie: also der Weltpoesie - der Begriff der Ironie, mit dem das künstlerische Bewußtsein als eine limitierende und deiktische Funktion gemeint ist." (ebd., S. 93).

67 Schelling, Kunst, S. 319.

68 Beda Allemann: Ironie und Dichtung. 2. erw. Aufl. Pfullingen 1969. Die problematischen Implikationen von Allemanns unterstelltem Dichtungsbegriff (S. 83 f.) werden dadurch aufgehoben.

69 "Der von Schlegel dem Begriff der Ironie vorzugsweise zugeordnete Gegenbegriff ist der des Enthusiasmus. Diese Polarisierung wäre nach dem vielen, was über Schlegels romantische Ironie schon geschrieben worden ist, endlich einmal auf ihre tiefere Bedeutung für diesen romantischen Ironie-Begriff hin zu untersuchen." (Allemann im Nachwort zur 2. Aufl., a.a.O., S. 238). Die neueren Arbeiten Ernst Behlers haben das mittlerweile auch getan, und es zeigt sich, daß r o m a n t i s c h e Ironie im Grunde keine am Text verifizierbare Darstellungsform ist. Einen ironischen Leser, den Volker Deubel zu eruieren

empfiehlt (Deubel, Schlegel-Forschung,
S. 113 ff.), gibt es nur als Theoriekon-
strukt, und dort dürfte er mit dem wirkungsästhetisch eingeführten, intendierten Leser identisch sein.

7o   Metaphysik I, 1, 98oa, 21.

71   Metaphysik I, 1, 982b, 14; Plato, Theai-
      tetos, 155c f.

72   Metaphysik I, 1, 982b, 15 ff.

73   Konfrontiert mit dem "Absoluten" und ver-
      bunden mit Skepsis, bedeutet "Realität"
      an dieser Stelle (KA XII, S. 18): reali-
      tas, möglicher Sachgehalt, die Begriffs-
      bedeutung des 17./18. Jahrhunderts.

74   Die Differenz ist wichtig für die spätere
      Ironie. Die Etymologie tut das Ihrige zur
      Auslegung hinzu: Skepsis = dubitatio =
      Zweifel = Schwanken zwischen zweien.

75   KA XII, S. 7o; KA XIII, S. 32. "Begeiste-
      rung" ersetzt ab 18o5 den Begriff "Enthu-
      siasmus", weil sie den Aspekt des Pneumati-
      schen ausdrückt, und das Pendant "Skepsis"
      wird getilgt (KA XIX, S. 5, Nr. 26;
      S. 46, Nr. 47).

76   Nicht zum Prinzip einer Lehre, dem
      Skeptizismus, erhoben; dazu KA XIII, S.
      347-354; KA XII, S. 95 f.

77   Eine damals geläufige Unterscheidung;
      vgl. Hinweis und Literatur bei Wilhelm
      Traugott Krug: Handbuch der Philosophie
      und der philosophischen Literatur. Photo-
      mech. Nachdruck der 3. verbess. u. ver-
      mehrten Aufl. Leipzig 1828. Eingel. v.
      Lutz Geldsetzer. Düsseldorf 1969, Bd. II,
      S. 75 ff. Die Gegenpositionen werden bei
      Kant, Fr. Schlegel und Solger deutlich.
      Kant: "Schwärmerei, welche ein Wahn ist,

über alle Grenze der Sinnlichkeit hinaus
etwas sehen, d.i. nach Grundsätzen träumen
(mit Vernunft rasen) zu wollen" (KdU § 29,
Werke V, S. 366); Schlegel: "Durch den
Satz 'Alles Bewußtsein ist nur Eines' wird
abgeschnitten die Schwärmerei von Kant -
als ob es Dinge an sich außer allem Bewußtsein gäbe (KA XVIII, S. 449, Nr. 197);
Solger, Vorlesungen, S. 199: Schwärmerei
auf dem Gebiet der Kunst bringe kein Werk
zustande, weil sie die Vermittlungstechni-
ken und Verweisungsfunktionen mißachte.

78   Die "höher(e) Skepsis des Sokrates" ist
      "in ihrem ernsten Suchen" eine "durchaus
      dialektische Form und Methode" (KA XII,
      S. 2o2).

79   Schlegel hält die Unterscheidung der Worte
      insgesamt nicht streng durch, wohl aber
      nachweislich die der Sache.

8o   Strohschneider-Kohrs, Poetik II, S. 84 ff.

81   Behler, Geschichte, S. 198 ff.; ferner
      Ernst Behler: Die Kunst der Reflexion.
      Das frühromantische Denken im Hinblick auf
      Nietzsche. In: Untersuchungen der Litera-
      tur als Geschichte. Festschrift für Benno
      von Wiese. Berlin 1973, S. 219-248.

82   Behler, Geschichte, S. 2o7.

83   KA III, S. 7.

84   Auch LN 1949; KA XVIII, S. 78, Nr. 593.

85   "Die Tendenz ist die Indifferenz zwischen
      Skepsis und Enthusiasmus.-" (KA XVIII,
      S. 415, Nr. 1122).

86   Auch KA XVIII, S. 232, Nr. 465. Zum Chemi-
      schen vgl. Allemann, Ironie, S. 61 ff. und
      Peter Kapitzka: Die frühromantische Theorie
      der Mischung. Über den Zusammenhang von
      romantischer Dichtungstheorie und zeitge-

nössischer Chemie. München 1968. "Mythisch"
heißt hier: die Zusammenschau von Disparatem ermöglicher Enthusiasmus; dazu Nivelle,
Dichtungstheorie, S. 132 ff.

87 Positiv und Negativ sind Primärprädikate,
    ansonsten Hinsichten ein- und desselben.
    Ironie ist negativ als Analytik, positiv
    als Voraussetzung und Indikation; Enthusiasmus ist negativ als potentielle
    Schwärmerei, Irrationalismus, positiv dagegen, weil Prinzip (Ursprung) der Poesie.

88 Zum Zusammenfallen von Ironie und Ethusiasmus, der künstlerischen Tätigkeit, bei
    K.W.F. Solger, vgl. Solger, Vorlesungen,
    S. 125, 198 ff., 241 ff.; ders., Erwin,
    Nachwort von Wolfhart Henckmann, S. 49o f.,
    526 f., 537 ff. Eine Vereinnahmung Solgers für frühromantische Dichtungstheorie muß beachten, daß Kunst jetzt Propädeutik der Philosophie ist (Vorlesungen,
    S. 1o). Ihre einmalig exponierte Sonderstellung bei Schelling und den Frühromantikern gehört der Vergangenheit an. Sie
    bewährt sich bei Hegel dann in den Grenzen der Wissenschaftlichkeit.

89 Plato, Ion 533 e ff.; Apologie 22 c;
    Menon 99 d; Phaidros 245 a, 249 b; Symposion 196 e. Zu den Stufen der platonischen
    Kritik vgl. Ritter, Wörterbuch Bd. II,
    Sp. 525 ff.; ferner Otto Pöggeler:
    Dichtungstheorie und Toposforschung. In:
    Jahrbuch für Ästhetik und allgemeine
    Kunstwissenschaft 5 (196o), S. 89-2o1,
    bes. S. 112 ff.

9o JS I, S. 165; LN 18o7; KA III, S. 75 ff.;
    KA XVIII, S. 1o8, Nr. 944.

91 KA II, S. 254, 444.AF. Literatur: Abrams,
    Mirror, S. 48 ff., 88 ff.; Preisendanz,

Abkehr; Kluge, Idealisieren; Eva Fiesel:
Die Sprachphilosophie der deutschen
Romantik. Tübingen 1927, S. 29 ff., 51 ff.,
lol f., 138 f.; Helmut Schanze: Romantik
und Aufklärung. Untersuchungen zu Friedrich
Schlegel und Novalis. Nürnberg 1966,
S. lo6 ff.; Hermann Pertrich: Drei Kapitel
vom romantischen Stil. Osnabrück 1964,
S. 132 ff. (Neudruck der Ausgabe von 1878);
Elmar Hertrich: Joseph Berglinger. Eine
Studie zu Wackenroders Musikerdichtung.
Berlin 1969; John F. Fetzer: Romantic
Orpheus. Profiles of Clemens Brentano.
Berkely (u.a.) 1974 (Kapitel: The Musica-
lization of Life, The Musicalization of
Literature).

92   "Aller Trieb zu produzieren steht mit der
Vollendung des Produkts stille, alle
Widersprüche sind aufgehoben, alle Rätsel
gelöst." (Schelling, System, S. 284) -
ein weiteres Indiz dafür, daß Schelling
nur bedingt und im "System" jedenfalls
nicht romantischer Ästhetiker ist; dazu
auch Jähnig, Schelling II, S. 5o, 173 ff.

93   "Die Poesie wird als Stimmungsgehalt des
Lebens selbst und weniger als Werk des
Künstlers verstanden." (Böckmann, Poesie,
S. 86, vgl. auch S. 123).

94   Außer Schellings Genielehre mit den ge-
zeigten Einschränkungen ist Fichtes vorbewußte produktive Einbildungskraft pro-
minente Quelle für diese Künstlertheorie.
Mit Genie und Inspiration in der Romantik
beschäftigen sich u.a. Joachimi, Weltanschauung, S. 163-2o4; Abrams, Mirror,
S. 187 ff.; Polheim, Arabeske, S. 177,
222 ff.; Nivelle, Dichtungstheorie, S.
185 ff.; Orth, Unbewußtes, S. lo7 ff.;
Herbert Mainusch: Romantische Ästhetik.

Untersuchungen zur englischen Kunstlehre des späten 18. und frühen 19. Jahrhunderts. Bad Homburg v.d.H. 1969, S. 259 ff.

95   Zum Beispiel Novalis, Schriften III, S. 685 f., Nr. 671; erläuternd Karl Heinz Volkmann-Schluck: Novalis' magischer Idealismus. In: Die Deutsche Romantik. Poetik, Formen und Motive. Hrsg. v. Hans Steffen. Göttingen 1967, S. 45-53, bes. S. 49; Preisendanz, Abkehr, S. 61.

96   Die Irrationalismusdebatte übersieht den Tatbestand bisweilen; vgl. Hans Heckel: Die Gestalt des Künstlers in der Romantik. In: Literaturwissenschaftliches Jahrbuch der Görres-Gesellschaft 2 (1927), S. 5o-83, bes. S. 56 ff.; Max L. Baeumer: Die zeitgeschichtliche Funktion des dionysischen Topos in der romantischen Dichtung. In: Gestaltungsgeschichte und Gesellschafts-geschichte. Fritz Martini zum 6o. Geburts-tag. Hrsg. v. Helmut Kreuzer. Stuttgart 1969, S. 265-283.

97   Vgl. auch Hölderlin, Über die Verfahrens-weise des poetischen Geistes (GSA IV, 1, S. 241-265).

98   Schelling, System, S. 287.

99   Schelling, System, S. 288.

1oo Plastischer formuliert es Schleiermacher: "Vergleichung der poetischen und prakti-schen Naturen. Jene sind mehr historisch, diese mehr prophetisch. Tendenz beider in den andern Standpunkt hinüber zu spielen. Die poetischen, welche das Bilden als bloße Praxis betreiben wollen, verhunzen die Kunst. Die praktischen, welche die Praxis als Kunst betreiben wollen, ver-hunzen die Welt und sich selber." (Zi-tiert nach Polheim, Hrsg., Poesiebegriff, S. 159.).

244

lo1   Mennemeier, Poesiebegriff, S. 253 ff.

lo2   Dazu Wolfgang Janke: Fichte. Sein und
Reflexion - Grundlagen der kritischen
Vernunft. Berlin 197o, S. 1-66, 145 ff.

lo3   Den derzeitigen Forschungsstand repräsentieren die Arbeiten Dieter Arendts
(siehe Lit.-verz.). Er läßt allerdings
in seinem umfangreichen Buch "Der
'poetische Nihilismus' in der Romantik"
die für die Ironie zuständigen Bildbe-
reiche, die eine Spaltung oder Ver-
dopplung der Identität anzeigen, aus,
also z.B. Spiegel, Echo, Affe, Doppel-
gänger. Über den Zusammenhang von Reflexion und Nihilismus um 18oo vgl.
Janke, Fichte, S. 26 ff.

lo4   LN 8o6, damit auch innerhalb des Ironischen, nämlich Ironie im weiteren Sinne
(als Synonym zu 'Poesie'), vgl. Strohschneider-Kohrs, Ironie, S. 47 ff.

lo5   Szondi, Ironie, a.a.O.

lo6   " F a n t a s i e ist eine Auflösung
von Construction und Reflexion.-"
(LN 1273).

lo7   "Alle Empirie ist divinatorisch, die
Empirie ist positive Divination, Skepsis
negative.-" (KA XVIII, S. 155, Nr. 384);
"Die Fantasie ist das Divinatorische
im Menschen." (KA XVIII, S. 159, Nr. 429);
"die Fantasie ist also eigentlich das
Vermögen der Anschauung" (KA XVIII, S.
289, Nr. 1113); "Divinazion ist vielleicht
das Prinzip aller Empirie - auch Inspira-
zion - Alles Verstehn und Erfinden geschieht so.-" (KA XVIII, S. 3o6, Nr.
1352).

lo8   Polheim, Arabeske, S. lo5.

lo9   A. Nivelle (Dichtungstheorie, S. 152 ff.)
        entwickelt Schlegels Romantheorie anhand
        beiden Zentren, wonach der Roman Ausdruck
        der Persönlichkeit des Ich, seiner Indivi-
        dualität sein soll und des Zusammenhangs
        von Ich und Du, Natur etc. Je nach Gelin-
        gen zeichnen sich damit im Wort bereits
        enthaltene reale Möglichkeiten ab zwischen
        den Extremen der radikalen Vereinzelung
        (beginnende Vereinsamung des Künstlers)
        und der Geselligkeit, der autarken Ganz-
        heit (Unteilbarkeit), dem, was Schlegel
        veranlaßt, Georg Forster einen "gesell-
        schaftlichen Schriftsteller" zu nennen
        (KA II, S. 91). "Diese für das ganze Ge-
        schlecht wie für einzelne, unbedingt not-
        wendige Wiedervereinigung aller der Grund-
        kräfte des Menschen, welche in Urquell,
        Endziel und Wesen eins und unteilbar,
        doch verschieden erscheinen, und getrennt
        wirken und sich bilden müssen, kann und
        darf auch nicht etwa aufgeschoben werden
        (...)." (ebd.). Vgl. Bausch, Theorien,
        S. 55 ff.; Polheim, Arabeske, S. 174 ff.,
        198 ff.; Helmut Schanze: Friedrich Schle-
        gels Theorie des Romans. In: Deutsche
        Romantheorien. Beiträge zu einer histori-
        schen Poetik des Romans in Deutschland.
        Hrsg. v. Reinhold Grimm. Frankfurt/M. 1968,
        S. 61-8o, bes. S. 68 ff.

11o   Den universalistischen Aspekt behandelt
        Wilhelm Emrich: Romantik und modernes
        Bewußtsein. In: W.E.: Geist und Widergeist.
        Wahrheit und Lüge der Literatur. Studien.
        Frankfurt/M. 1965, S. 236-257.

111   Hierzu Clemens Menze: Der Bildungsbegriff
        des jungen Friedrich Schlegel. Ratingen
        1964.

112   Beispielsweise die Empfindungseinheit in

der Stimmung (Tieck) oder die Gedanken-
einheit im transzendentalen Akt (Novalis)
oder in der Allegorisierung (Brentano);
Kluge, Idealisieren, a.a.O., passim.

113   A.H. Müller, Schriften II, S. 9o.

114   A.H. Müller, Schriften II, S. 91.

115   "was der Roman nicht seyn darf, im höchsten Sinn genommen: keine Musterkarte
von Tugenden und Lastern, kein psycholo-
gisches Präparat eines einzelnen menschlichen Gemüths, das wie in einem Kabinet
aufbewahrt würde." (Schelling, Kunst,
S. 322). Dazu Bausch, Theorien, S. 55 ff.;
Polheim, Arabeske, S. 188 ff.; Mennemeier,
Poesiebegriff, S. 232 ff., 24o ff.

116   Vgl. Schlegels Abhandlungen über "Les-
sings Gedanken und Meinungen" anläßlich
seiner Auswahledition 18o4 und die "Anzeige von Goethes Werken. 18o8" (nach der
Cottaschen Ausgabe von 18o6) in den
"Heidelbergischen Jahrbüchern"; KA III,
bes. S. 56, 77 f., 82, 125, 141 f.

117   Weber, Transzendentalpoesie, S. 216
(Schlegel-Zitat auf S. 214).

118   A.W. Schlegel, KSB II, S. 81 f.; auch
S. 24o f., 282. Zur Vorgeschichte Ernst
Behler: The Origins of the Romantic
Literary Theory. In: Colloquia Germanica.
Internationale Zeitschrift für germani-
sche Sprach- und Literaturwissenschaft
2 (1968), S. 1o9-126.

119   Clemens Brentano: Briefwechsel zwischen
Cl.Br. und Sophie Mereau. Hrsg. v. Heinz
Amelung. 2 Bde. Leipzig 19o8, Zitat:
Bd. I, S. 148. Vgl. die drei "Erforder-
nisse eines Kunstwerks", die Philipp
Otto Runge nennt: Ahnung von Gott,

Empfindung seiner selbst im Zusammenhang
mit dem Ganzen und als Konklusion Religion und Kunst (Hinterlassene Schriften.
Hrsg. v. dessen ältestem Bruder. Faks.-
Druck. Göttingen 1965, Teil I, S. 13 f.).
Der religiöse Sinn und der Kunstsinn haben ihren gemeinsamen Ursprung in der
Grundfrage, wie die Einheit der Vernunft
und der Wirklichkeit herzustellen seien.
Die Antwort lautet: moralisch-praktisch
(Fichte) und ästhetisch-praktisch (Schelling, Schlegel). Eine Charakteristik frühromantischen Kunstwillens und der angewendeten Verfahren muß diesen Zusammenhang
reflektieren. Sie stößt dann auf den Glauben als Garanten sowohl für die sittliche
Praxis (vgl. Fichte, Die Bestimmung des
Menschen, 1800) wie für die ästhetische.
Glaube als praktisches Für-wahr-Halten begründet jedes Hervorbringen und jede wil-
lentlich-entschlossene freie Vernunfthand-
lung, die beide als solche u n m i t -
t e l b a r gewiß sind - im Unterschied
zum wissenden trennenden Bewußtsein - und
insofern die Einheit erreichen. Der frühromantische Ästhetikbegriff favorisiert
daher den Handlungs- und Hervorbringungs-
aspekt sowie die verändernde Einwirkung
eines Kunstwerks auf die Erfahrungswirk-
lichkeit.

120 A.W. Schlegel, Vorlesungen, S. 16.

121 Hans Blumenberg: Wirklichkeitsbegriff und
Möglichkeit des Romans. In: Nachahmung und
Illusion. Hrsg. v. Hans Robert Jauß.
2. Aufl. München 1969, S. 9-27, 219-227.

122 Jean Paul, Werke V, S. 43.

123 Raymond Immerwahr: Reality as an object of
Romantic Experience. In: Colloquia Germanica. Internationale Zeitschrift für

germanische Sprach- und Literaturwissenschaft 3 (1969), S. 133-161, Zitat: S. 161.

124   Novalis, Schriften II, S. 419, Nr. 2o;
"denn ich nenne Seele, wodurch Alles zu
einem Ganzen wird, das individuelle Princip" (Novalis, Schriften II, S. 551, Nr.
118); "wir werden die Welt verstehn, wenn
wir uns selbst verstehn, weil wir und sie
integrante Hälften sind." (Novalis, Schriften
II, S. 548, Nr. 115).

125   Zur Begrifflichkeit vgl. Jürgen Mittel-
straß: Neuzeit und Aufklärung. Studien zur
Entstehung der neuzeitlichen Wissenschaft
und Philosophie. Berlin/New York 197o,
S. 349 ff. Der romantische Poesiebegriff
reaktiviert den griechischen Wortsinn und
stellt mit der Werk-Leben-Analogie eine
Beziehung zur praxisorientierten Utopie
her.

126   Novalis, Schriften II, S. 599, Nr. 341
(bzw. 22).

127   Lempicki, Bücherwelt, passim. Zum Topischen
vgl. Ernst Robert Curtius: Europäische
Literatur und lateinisches Mittelalter.
6. Aufl. Bern/München 1967, S. 3o6-352
("Das Buch als Symbol"), bes. S. 328 f.

128   A.H. Müller, Schriften II, S. 43. Die
Hochschätzung der Kunst als "Indifferenz
(...) von Wissen und Handeln" (Schelling,
Kunst, S. 24) seitens des Kunstschaffenden
und des mit- und nachschaffenden Rezipien-
ten erreicht in Schellings Kunstphilo-
sophie ihren Höhepunkt. Denn Schelling
zeigt, w a r u m das ästhetische Bewußtsein Vereinigungspunkt von Theorie
und Praxis ist, ohne daß die Kunst in
Ansehung ihres Spiel- und Scheincha-
rakters wie bisher abschätzig anderen
menschlichen Tätigkeiten gegenüber be-

urteilt wird: weil d i e s e Form des
erscheinenden Selbstbewußtseins reichste
Offenbarung des Absoluten (Gottes) ist.
Die Musterhaftigkeit der Kunst wird allerdings brüchig, sobald man den Ver-
nunft- und Identitätsstandpunkt verläßt.
Bei Schlegel ist das ästhetische Handeln
als ein Darstellen mit dem willentlich-
rechtlich-zeitlichen Handeln der Praxis im
"Begriffe der Ichheit" integriert, denn
das Ich ist spätestens seit Fichte Tätig-
sein (KA XII, S. 37o f.). "Das Handeln
ist eine Tätigkeit nach außen. (...) Im
Darstellen hingegen geht das Handeln nur
auf das Ich, der Zweck der Handlung und
sie selbst geht durchaus nur auf ein
Geistiges - auf die Ichheit" (KA XII, S.
37o). Die Schönheit, "eine der ursprünglichen Handlungsweisen des menschlichen
Geistes", ist "nicht bloß eine notwendige
Fiktion, sondern auch ein Faktum, nämlich
ein ewiges transzendentales." (KA II,
S. 2o9, 256.AF); auch hier der Synthesis-
gedanke: "Dichten ist vielleicht die
Synthesis von Handeln, Denken ja auch von
Sehnen und Streben - die eigentliche
Grundthätigkeit des Ich." (KA XIX, S. 94,
Nr. 12o). Zu Handeln und empirischem Ge-
schehen vgl. Szondi, Poetik II, S. 274 ff.

129   Darauf hebt Solger, Vorlesungen, S. 11o
ff. besonders ab. Einen interessanten
Hinweis gibt Theodor Eberts Untersuchung
des griechischen Sprachgebrauchs,
wonach der Praxisbegriff so zu erweitern
wäre, daß Handeln und Herstellen unterschiedliche Aspekte d e r s e l b e n
Tätigkeit meinen können; vgl. Th. Ebert:
Praxis und Poiesis. Zu einer handlungs-
theoretischen Unterscheidung des Aristoteles. In: Zeitschrift für philosophische

Forschung 3o (1976), S. 12-3o. Für die
deutsche Literatur der Frühromantik
scheint diese Aspektierung e i n e r
Tätigkeit in der Tat zu gelten.

13o   "Sollte nicht alles Handeln des Geistes
        ein Bilden sein?-" (KA XVIII, S. 3o2,
        Nr. 1297).

131   Zitiert nach Anselm Strauss: Spiegel und
        Masken. Die Suche nach Identität. Frank-
        furt/M. 1968, S. 4o.

132   Paul Klee: Schöpferische Konfession. Ber-
        lin 192o. In: P.K.: Das bildnerische Den-
        ken. Schriften zur Form- und Gestaltungs-
        lehre. Hrsg. und bearbeitet v. Jürg
        Spiller. Basel/Stuttgart 1956, S. 76.

133   Der Kunst kommt schließlich symbolische
        statt teleologische Funktion zu, die Auto-
        nomie siegt über die Mittel-Struktur und
        der ästhetische Staat ist als Idylle in
        der Wirklichkeit nicht anzutreffen; vgl.
        Monika Tielkes: Schillers transzendentale
        Ästhetik. Untersuchungen zu den Briefen
        "Über die ästhetische Erziehung". Diss.
        Köln 1973, S. 191 ff.

134   Gerhard Kluge in seiner Rezension von:
        Heinz Hillmann, Bildlichkeit der deutschen
        Romantik. Frankfurt/M. 1971. In: ZfdPh 92
        (1973), S. 286-294, hier S. 291.

TEXTANALYSEN

I.   Friedrich Schlegel: Lucinde

1   Zur Entstehungsgeschichte vgl. Josef
        Körner: Neues vom Dichter der Lucinde.
        In: Preußische Jahrbücher Bd. 183 (1921),
        S. 3o9-33o; Bd. 184 (1922), S. 37-56.

2   Hans Eichner in KA V, S. LV.

3   Vgl. die Kritiken und Briefexzerpte bei
        Lucinde, Fambach, S. 5o4-527.

4   K.K. Polheim: Friedrich Schlegels 'Lucinde'.
        In: ZfdPh 88 (1969), S. 61-9o (Sonderheft:
        Friedrich Schlegel und die Romantik). Vor-
        arbeit bezüglich des "formal sehr über-
        dachten Komponiertseins" (S. 178) leistete
        Wolfgang Paulsen: Friedrich Schlegels
        'Lucinde' als Roman. In: The Germanic
        Review 21 (1946), S. 173-19o. Der bisher
        letzte Versuch über die "Selbstreflexion
        der Form" stammt von Marianne Schuller,
        die die Liebe als Prinzip der Romanform
        nachweist; Schuller, Romanschlüsse,
        S. 5o-68.

5   Die Textzitierung erfolgt der Einfachheit
        wegen ohne Fußnoten.

6   Schlegels stupende Belesenheit läßt es
        glaubwürdig erscheinen, daß er sich auf
        allen Gebieten als Fortsetzer und Revi-
        sionist (vgl. LN 67o) verstand. "Mit den
        größten Philosophen geht mirs, wie dem
        Plato mit den Spartanern. Er liebte und
        achtete sie unendlich, aber er klagt immer,
        daß sie überall auf halbem Wege stehn ge-
        blieben wären." (KA II, S. 172, 48.AF).
        Kant ergeht es ebenso (vgl. KA XVIII,
        S. 59, Nr. 398).

7   "Denn auch dein Geist steht bestimmt und
     vollendet vor mir; es sind nicht mehr Züge
     die erscheinen und zerfließen: sondern wie
     eine von den Gestalten, die ewig dauern"
     (KA V, S. 1o). Der orgiastische Augen-
     blick liebender Vereinigung, "die schönste
     Situation (...) von der ausgelassensten
     Sinnlichkeit bis zur geistigsten Geistig-
     keit" (KA V, S. 1o f.), antizipiert das
     zeitenthobene Ganzheitsgefühl, das sich
     im Tod beständigen will.

8   "Aller Tod ist natürlich; jeder stirbt
     aus Reife und zur rechten Zeit. - Eine
     teleologische Ansicht des Lebens gehört
     zur Aesthetischen Religion. Liebe ist
     schon Aesthetische Religion an sich.
     Constitution des ächten Lebens." (LN
     151o).

9   "Denn gerade darin lag ja das Elend der
     bürgerlichen Gesellschaft, daß nichts
     so unsittlich war, daß es nicht hinter
     zugezogenen Vorhängen hätte geschehen
     können, während man von den Frauen die
     Prätention der Unschuld und Schamhaftig-
     keit forderte." (Eichner in KA V,
     S. XXXIX).

1o   KA II, S. 154, 63.LF; auch LN 36; KA
     XVIII, S. 34o, Nr. 2o9.

11   LN 1511.

12   Die Ausgangssituation der vereinzelten,
     verschlossenen Individualität, vgl. KA V,
     S. 7, 24, 26, 29, 36, 39, 54.

13   LN 1481; auch KA II, S. 116.

14   D e r Schlüsselbegriff des Romans, vgl.
     KA V, S. 8, 9, 1o, 12, 21, 3o, 48, 55,
     56, 57, 58, 59, 6o, 76, 77, 82.

15   KA XVIII, S. 373, Nr. 64o. Der zweite
     Satz nimmt Bezug auf Kant: Schönheit gilt
     nur für Menschen (KdU § 5, vgl. Kant,
     Werke V, S. 287) und formuliert das
     Prinzip des ästhetischen Humanismus pro-
     duktionsästhetisch. Zur Geschichte des
     Begriffs "Darstellen" und seiner Funktion
     bei Schiller vgl. Fritz Heuer: Darstel-
     lung der Freiheit. Schillers transzenden-
     tale Frage nach der Kunst. Köln/Wien 197o.

16   KA XVIII, S. 373, Nr. 632.

17   KA XVIII, S. 344, Nr. 274.

18   KA XVIII, S. 364, Nr. 517.

19   Vgl. LN, S. 268, Anmerkung Eichners zu
     LN 1316.

2o   "Nirgends und nie ist die Einbildungskraft
     beim Wachen so spielend, so ungebunden, wie
     im Traum, da man doch nie so ganz von
     allem Zwecke, von allem Gesetze der Ver-
     nunft und des Verstandes abstrahieren
     kann" (KA XII, S. 395).

21   Insofern befindet sich Schlegel in Über-
     einstimmung mit der frühromantischen
     Traumprogrammatik. Vgl. Nivelle, Dich-
     tungstheorie, S. 19o ff.; Polheim, Arabeske,
     S. 342 ff.

22   So Paulsen, Lucinde, S. 18o f.

23   LN 1511.

24   LN 1o3o.

25   Vgl. Brief Schlegels an Schleiermacher
     vom Juni 18oo: "Bey einer so complicirten
     Idee wie die der Lucinde kann sich leicht
     ein Fehler in die Construction einschlei-
     chen, und schon ein falsch gewähltes Wort
     kann einen solchen Fehler constituiren.

Scherz kann mir garnicht zu viel in der
Lucinde seyn, aber auch des Naiven nicht
zu viel und nicht zu naiv. Aber Ironie
gehört nicht hieher, und die welche im
Meister und Sternbald ist, möchte ich
hier nicht haben." (Lucinde, Fambach,
S. 518).

26 Polheim, Lucinde, S. 88 f.

27 LN 544, 719 (Kommentar zu LN 1088). Eichner
übersetzt den Begriff mit "autobiography
of the inmost self" und verweist auf
einen Werkplan Schlegels 'Ich. Ein epi-
sches Portrait', der wahrscheinlich zu den
'Lehrjahren der Männlichkeit' geführt
habe (S. 246 als Kommentar zu LN 544).
Schon Körner brachte die 'Lehrjahre' mit
dem Romanuntertitel 'Bekenntnisse' in Verbindung und schlug vor, den Roman nach
Schlegels Theorie zu lesen: "Bekenntnisse als Inhalt, 'Arabeske' als Form"
(Josef Körner: Die Urform der 'Lucinde'.
In: Das literarische Echo. Halbmonats-
zeitschrift für Literaturfreunde. Jg. 16,
1913/14, Spalte 949-954, Zitat: Sp. 951).

28 Novalis, Schriften II, S. 544, Nr. 97.
Ferner: "Das Leben soll kein uns gegebener,
sondern ein von uns gemachter Roman seyn."
(Novalis, Schriften II, S. 563, Nr. 188;
auch S. 570, Nr. 212; S. 437, Nr. 66).

29 KA XVIII, S. 344, Nr. 274.

30 Franz Horn: Umrisse zur Geschichte und
Kritik der schönen Literatur Deutschlands,
während der Jahre 1790-1818. 2. verm. Aufl.
Berlin 1821, S. 212. Die 'Lucinde', "ein
wirkliches Unglück", kommt beim Verfasser
allerdings schlecht weg, weil er seine
theoretischen Einsichten auf den Skandal-
fall nicht anwendet und statt dessen

männlich urteilt: "die Lucinde, ein Roman, dem keine Lobpreisung aufhelfen kann,
da er bei aller scheinbaren Gesundheit
doch innerlich sehr krank ist. Schon der
einzige Umstand, daß er den Frauen gänz-
lich misfallen mußte, entscheidet gegen
ihn, denn ewig wird wohl wahr bleiben, daß
nur diese in letzter Instanz entscheiden
können, was sich zieme und was nicht."
(S. 99).

31   "O mein Freund, wenn ich nur noch ein fei-
neres gebildeteres Element der Mitteilung
wüßte, um das was ich möchte, in zarter
Hülle leise aus der Ferne zu sagen! Das
Gespräch ist mir zu laut und zu nah und
auch zu einzeln. Diese einzelnen Worte
geben immer wieder nur eine Seite, ein
Stück von dem Zusammenhange, von dem
Ganzen, das ich in seiner vollen Harmonie andeuten möchte." (KA V, S. 76 f.).

32   Vgl. KA XVIII, S. 364, Nr. 517.

33   LN 1511.

34   KA XVIII, S. 233, Nr. 476. "Werke, deren
Ideal für den Künstler nicht ebensoviel
lebendige Realität, und gleichsam Per-
sönlichkeit hat, wie die Geliebte oder
der Freund, blieben besser ungeschrie-
ben. Wenigstens Kunstwerke werden es
gewiß nicht." (KA II, S. 183, 117.AF).

35   "Glaube mir, es ist mir bloß um die Objektivität meiner Liebe zu tun. Diese
Objektivität und jede Anlage zu ihr
bestätigt und bildet ja eben die Magie
der Schrift" (KA V, S. 24).

"so ward ihm auch sein Leben zum Kunstwerk,
ohne daß er eigentlich wahrnahm, wie es
geschah. Es ward Licht in seinem Innern,
er sah und übersah alle Massen seines

Lebens und den Gliederbau des Ganzen klar
und richtig, weil er in der Mitte stand.
Er fühlte, daß er diese Einheit nie verlieren könne, das Rätsel seines Daseins war
gelöst, er hatte das Wort gefunden, und
alles schien ihm dazu vorherbestimmt und
von den frühsten Zeiten darauf angelegt-
daß er es in der Liebe finden sollte,
zu der er sich aus jugendlichem Unverstand
ganz ungeschickt geglaubt hatte." (KA V,
S. 57).

37   Vgl. Ritter, Landschaft, S. 144. Im "Brief
über den Roman" liegt ebenfalls der griechische Wortsinn vor, vgl. Polheim,
Lucinde, S. 75.

38   KA XIX, S. 94, Nr. 12o.

39   "alles unser Empfinden, Fühlen, Wahrneh-
men ist ein Dichten.-" (KA XVIII, S. 146,
Nr. 279).

4o   "Was man noch nicht gedichtet, weiß man
noch nicht recht; da erst tritt das
innerste Wissen aus dem Unbewußtsein uns
selbst vor Augen" (KA XVIII, S. 498, Nr.
271; auch KA XVIII, S. 139, Nr. 214).

41   KA XVIII, S. 146, Nr. 279.

42   KA XVIII, S. 139, Nr. 211.

43   KA XI, S. 11.

44   KA XVIII, S. 3o6, Nr. 1342.

45   Schlegel über die 'Lucinde' im Brief an
Caroline vom März/April 1799: "daß das
Ganze eins der künstlichsten Kunstwerk-
chen ist, die man hat" (Caroline. Briefe
aus der Frühromantik. 2 Bde. Nach Georg
Waitz vermehrt hrsg. v. Erich Schmidt.
Leipzig 1913, Bd. I, S. 527).

46   Zum damals geläufigen positiven Sinn von

'Willkür', synonym zu 'Freiheit', vgl.
Polheim, Arabeske, S. 114 f. Polheim
zitiert aus Adelungs Wörterbuch zu 'will-
kürlich': "1. Vermögend nach Vorstellungen zu handeln und darin begründet"
(a.a.O., S. 114, Anm. 1o3). Zu 'unwillkürlich' als 'bewußt-objektiv' vgl. Schelling, System, S. 282.

47 Schelling, System, S. 286 f. Man kann den
folgenden Abschnitt über bewußte Kunst und
unbewußte Poesie noch hinzunehmen.

48 Vgl. Hegel: Phänomenologie des Geistes.
Hrsg. v. Johannes Hoffmeister. 6. Aufl.
Hamburg 1952, S. 528 f. Die Trinitäts-
lehre ist ein theologisches Beispiel.

49 KA XVIII, S. 373, Nr. 64o.

5o KA II, S. 245, 419.AF; "Ernst im Gegen-
satz von poetischem Spiel und Schein ist
Anfang der ethischen Bildung." (KA XVIII,
S. 87, Nr. 695).

51 LN 1557.

52 Vgl. Eichner in der Einleitung zu KA V,
S. XLV.

53 KA XVIII, S. 233, Nr. 476.

II.   Clemens Brentano: Godwi

1 Clemens Brentano: Briefe. 2 Bde. Hrsg. v.
Friedrich Seebaß. Nürnberg 1951, Zitat:
Bd. I, S. 163.

2 Amelung, Briefe. Bd. I, S. 67.

3 Böckmann, Poesie, S. 129.

4   Wolfgang Frühwald: Stationen der Brentano-
        Forschung 1924-1972. In: DVjs 47 (1973),
        S. 182-269 (Sonderheft: Forschungsrefe-
        rate), S. 261.

5   Dezidiert Meixner, Denkstein, S. 441, 465
        f.; ferner Böckmann, Poesie, S. 134;
        Josef Kunz: Clemens Brentanos "Godwi".
        Ein Beitrag zur Erkenntnis des Lebensge-
        fühls der Frühromantik. Diss. Frankfurt/M.
        1947, S. 22o ff.; Helga Encke: Bildsym-
        bolik im "Godwi" von Clemens Brentano.
        Eine Strukturanalyse. Diss. Köln 1957,
        S. loo ff.; Claude David: Clemens Brentano.
        In: Die deutsche Romantik. Poetik, Formen
        und Motive. Hrsg. v. Hans Steffen. Göttin-
        gen 1967, S. 159-179, hier S. 16o; Werner
        Hoffmann: Clemens Brentano. Leben und Werk.
        Bern/München 1966, S. 131; Benno von Wiese:
        Brentanos "Godwi". Analyse eines 'roman-
        tischen' Romans. In: B.v.W.: Von Lessing
        bis Grabbe. Studien zur deutschen Klassik
        und Romantik. Düsseldorf 1968, S. 191-247,
        bes. S. 196, 243 f.; Schuller, Romanschlüs-
        se, S. 12o, 145 f.

6   Arendt, Poetischer Nihilismus, S. 397 f.,
        454 f. im Anschluß an Strohschneider-Kohrs,
        Ironie, S. 337 ff.; ferner Hans Peter
        Neureuter: Das Spiegelmotiv bei Clemens
        Brentano. Studie zum romantischen Ich-Be-
        wußtsein. Frankfurt/M. 1972, S. 57, 164 ff.;
        Bernhard Gajek: Homo poeta. Zur Kontinuität
        der Problematik bei Clemens Brentano.
        Frankfurt/M. 1971, S. 279.

7   So auch Alfred Kerr (Godwi. Ein Kapitel
        deutscher Romantik. Berlin 1898, S. 6o-85),
        der bei "der ganzen Sphäre der ironischen
        Mittelchen" (S. 79) deren Funktionsunter-
        schiede nicht berücksichtigt, die sich aus
        geschichtlicher und gattungstypologischer
        Fixierung ergeben.

8   David, Brentano, S. 16o: "Es ist zweifel-
    los nicht das Beste, was Brentano ge-
    schrieben hat. (...) Niemand aber kann
    sich für diese fast parodistischen Ver-
    wicklungen interessieren. Am wenigsten
    der Erzähler selbst. (...) Auch für
    die Personen kann man kein Interesse
    gewinnen." S. 161: "Auch das, was sie
    sagen, ist kaum von Belang. (...) unbe-
    stimmte Allegorien und langweilige Ab-
    schweifungen (...) sprunghafte Arabesken,
    denen man nur mit Mühe folgen kann, die
    jeder Schlußfolgerung aus dem Wege gehen
    und immer nur ihre eigene Zwecklosigkeit
    und Willkür zu erproben und auszukosten
    suchen."

9   A.W. Schlegel, Fambach, S. 297.

1o Julie in dem Erzählfragment "Der Sänger",
    das Brentano kurz nach dem Erscheinen
    von "Godwi", Teil I, in Sophie Mereaus
    "Kalathiskos" 18o1 anonym veröffent-
    lichte. Die im folgenden im Text stehen-
    den Seitenzahlen beziehen sich auf Band
    II der Werkausgabe von Friedhelm Kemp
    (u.a.), Darmstadt 1963, Zitat: S. 488.

11 "Es giebt nur z w e i ursprüngliche Be-
    geisterungen, die der Liebe und der Na-
    tur.-" (LN 1955). "Enthusiasmus ist in
    mir, ihr kennt und liebt seine schöne
    Quelle." (gemeint ist Sophie Mereau; vgl.
    1. Widmung, a.a.O., S. 11). "Es ist un-
    streitig ein reiner Enthusiasmus in mir,
    denn jeder heller froher Anklang von
    außen öffnet alle Schleusen meiner Seele,
    das Leben dringt dann von allen Seiten
    wohltuend in raschen Strömen auf mich
    ein, und meine Äußerung ergießt sich ihm
    in gleicher Freude. Ich fühle dann keinen
    Druck, keine Gewalt, weder eine Erniedri-

gung, noch eine Überlegenheit. Ach! in
solchen Momenten habe ich nur eine Reflexion, sie ist Segen, den ich über mein
Dasein ausspreche, und ich fühle dann
Egmonts Gebet durch alle meine Adern strö-
men, ich lebe dann die Worte: (...)"
(2. Widmung, a.a.O., S. 215).

12   Weil jede romantische Darstellung immer
poetisierende Auslegung einer transito-
rischen Wirklichkeit beinhaltet, stehen
alle Formen letztlich unter der Funktions-
bestimmtheit des Allegorischen. "Die
Wirklichkeit der für den Romantiker gegenwärtigen Welt ist nur zu poetisieren,
wenn es gelingt, sie im Kunstwerk, das
selbst eine Form der Allegorie ist, auf
einen universalen, sei's christlich-heils-
geschichtlichen, sei's naturpoetischen
Sinnzusammenhang zu entwerfen." (Meixner,
Figuralismus, S. 237). Im "Godwi" ist es
der Sinnzusammenhang der hermeneutisch-
poetischen Analogie von literarischem
Werk und Leben – die Kunst der Komödian-
ten, "die um einige Groschen (das ist
der Teufel!) die außerordentlichsten
Kunstaufgaben lösen sollen, das zerstreu-
te Leben, in sein Symbol erhoben, in
unsre Sinne zu stellen" (Brentano, Werke
II, S. 1158).

13   C. Brentano: Briefe über das neue Theater
(1818): In: Werke II, S. 1158 (hervorgehoben v. Verf.).

14   Dazu Ulrich Wienbruch: Das Universelle
Experiment. Eine Untersuchung zum Ver-
ständnis der Liebe bei Friedrich Schlegel.
Diss. Köln 1964.

15   Zu letzterer vgl. Arendt, Poetischer
Nihilismus, S. 34 ff.

16 Vgl. Benjamin, Kunstkritik und die ein-
    schlägigen Arbeiten Ernst Behlers.

17 Vgl. Fichte 1806 in "Die Anweisung zum
    seligen Leben": "Nicht die Reflexion, wel-
    che vermöge ihres Wesens sich in sich sel-
    ber spaltet und so mit sich selbst sich
    entzweit, nein, die Liebe ist die Quelle
    aller Gewißheit und aller Wahrheit und
    aller Realität." - dazu Wolfgang Janke:
    Das empirische Bild des Ich - Zu Fichtes
    Bestimmung des Menschen. In: Philosophi-
    sche Perspektiven I (1969), S. 229-246.

18 Vgl. Brief an Dorothea Schlegel, Anfang
    18o1: "Die Kunst? Die Kunst sie ist nur
    künstlich. Aber sie ist nie mehr als
    ein Grabmal der Liebe gewesen. Sie ist
    ein scharfes Augenglas, wir sehen als
    mit den Farben des Regenbogens umspielt,
    nie ersetzt sie das reine Sehen der
    Liebe. Alles ist zerlegt im einzelnen
    zusammengestellt, die Liebe ist das Le-
    ben, die Kunst ist allgemeiner Rahmen
    aller Sinne, das Sehen, Fühlen und Hören
    etc. jedes in sich selbst lebendig al-
    lein hingestellt, mit den traurigen Spu-
    ren des Vermissens des ganzen Zusammen-
    hangs." (Clemens Brentano, Dichter über
    ihre Dichtungen. Hrsg. v. Werner
    Vordtriede (u.a.). München 197o, S. 251;
    auch Brief von Mitte März 18o2 an Bettina,
    a.a.O., S. 253).

19 Zu letzterem auch W. Vordtriede im Nach-
    wort zu obiger Briefstellen-Ausgabe, S.
    283. Die Extrempole markieren Sätze wie:
    "die Kunst aber ist ein ungelebtes Leben
    und ist daher im Leben unmöglich" (S. 253)
    und "ich sehne mich nach einem reinen Mar-
    mor, in dem ich meine Liebe zur Kunst und
    meine Ansicht vom Leben, in einem herr-
    lichen ewigen Werke zur Freude des Lebens

und des Menschen aus dem leeren Gebrause der armen Welt flüchten könnte, um zu lieben und zu dichten" (S. 255). Die ambivalente Einschätzung der Kunst ist keine Alterserkenntnis Brentanos – so Schuller, Romanschlüsse, S. 146 ff. – und nichts Außergewöhnliches. Das Ästhetische konstituiert sich von jeher aus der Gegenwendung zu Vorwürfen, es sei unnütz, tot, leer, ein Feind der vita activa, des sittlichen Handelns, der echten Verbindlichkeit. F. Schlegel spricht 1808 von "Formenspielerei", "ästhetische(r) Träumerei" (KA III, S. 156), weil das Ästhetische keine n o t w e n - d i g e menschliche Verhaltensweise mehr darstellt.

20   Vgl. die Briefstelle: "Werden wir uns wiedererkennen (...)", S. 113.

21   "Das Dasein dieser schönen Wesen ist ganz bewußtlos, sie können sich nie selbst betrachten, weil kein Anfang in ihnen ist, der nach ihnen anfängt und nur in der Zerstörung reflektiert werden kann." (S. 485). Den differenziert-wertenden Gebrauch des Begriffs 'Reflexion' bei Brentano untersucht materialreich Neureuter, Spiegelmotiv, S. 53-64, 1o3 ff., 159-178, 197.

22   Clemens Brentano und Minna Reichenbach. Ungedruckte Briefe des Dichters. Hrsg. v. Walter Limburger. Leipzig 1921, S. 52 f.

23   Gerhard Schaub führt sie auf das Kindheitsideal zurück, vgl. G.S.: Le Génie Enfant. Die Kategorie des Kindlichen bei Clemens Brentano. Berlin/New York 1973, S. 124 ff.

24   Wem das gelingt, "der wird und muß ein Dichter werden" (S. 1oo).

25   Fritz Lübbes Kapitel "Die gemeinschafts-
      fremde Haltung in Brentanos 'Godwi'" (in:
      F.L.: Die Wendung vom Individualismus zur
      sozialen Gemeinschaft im romantischen Ro-
      man (von Brentano zu Eichendorff und
      Arnim). Ein Beitrag zur Vorgeschichte
      des Realismus. Berlin 1931, S. 22-46)
      bleibt dem vordergründigen Klischee vom
      hypersubjektivistischen, unsozialen Früh-
      romantiker verhaftet. Ein genaueres Hin-
      sehen wird zeigen, daß die unter 'Gesel-
      ligkeit' subsumierten Sozialitätsformen
      den Charakter der Nicht-Öffentlichkeit
      haben und der Regelphobie.

26   Das reflexionslose, unschuldig-kindliche
      Selbstbewußtsein (vgl. Otilie im "Godwi")
      umschreibt Brentano "ganz ähnlich wie No-
      valis, mit Bildern des Blühens. Denn die
      Analogie mit der Blüte deutet den Geist
      als naturimmanent, als Steigerung, Subli-
      mation der Natur." (Neureuter, Spiegelmotiv
      S. 59 mit weiteren Belegen); auch Schaub,
      Génie, S. 112 f.

27   "(...) mit dir kehrt Leben in mein Herz
      und aus meinen Fingerspitzen glüht es in
      mein Werk hinüber." (Limburger, Briefe,
      S. 51).

28   Die lebenslange Muttersuche Brentanos,
      Biographie und dichterische Chiffre,
      verbindet sich in psychoanalytischer
      Sicht (vgl. Schaub, Génie, S. 73 ff.)
      sowohl mit der Aufforderungsdialogik
      wie mit der Lust an Reise und ständigem
      Ortswechsel.

29   "Lasset uns darum unser Leben in ein
      Kunstwerk verwandeln, und wir dürfen
      kühnlich behaupten, daß wir dann schon
      irdisch unsterblich sind." Wilhelm Hein-
      rich Wackenroder: Werke und Briefe.

Heidelberg 1967, S. 195.

3o "In seiner Haltung der Sprache gegenüber",
schreibt Oscar Seidlin, "ist Brentano,
wenn die Analogie zu religiös-philosophi-
schem Denken erlaubt ist, ein strenger
scholastischer 'Realist' im Sinne Anselms
von Canterbury und des heiligen Thomas:
die nomina sind nicht nur Namen, die eine
dahinter liegende essentia 'bezeichnen',
sondern sie sind die 'Realien' selber."
(Oscar Seidlin: Brentanos Spätfassung
seines Märchens vom Fanferlieschen Schöne-
füsschen. In: O.S., Klassische und moderne Klassiker. Goethe-Brentano-Eichen-
dorff-G.Hauptmann-Th.Mann. Göttingen
1972, S. 38-6o, Zitat: S. 53). Auch die
Sprachauffassung ist also Funktion des
künstlerischen Telos.

31 Brentanos Poetik ist eine Poetik der Metamorphose. Die Märchen sind voll von ihnen,
von den verzauberten Prinzessinen, den
verwandelten Tieren und Pflanzen, dem
Kleiderwechsel, der einem erlaubt, alles
zu sein. Dasselbe macht in immer neuen
Gestalten eine Entwicklung durch, die Mittel und Zweck zugleich ist. An dieser Vorstellung organischen Wachstums lassen
sich Teleologie, universelle Verwandtschaften und einheitlicher Ursprung
(Wurzel, Mutterschoß) für die Kunst exemplifizieren. Wie bei einer Pflanze "immer das zweite Glied derselben aus dem
ersten sich empor metamorphosierend
dieses in höherer Entfaltung bedeute (...),
so auch muß das Symbol ideal gewachsen
sein und blühen, nicht aber real zusam-
mengeknüpft." ("Erklärung der Sinnbilder",
vgl. Werke II, S. lo51 f.). Die Meta-
phorologie des Natürlichen, Kindlichen und
der Wachstumssphäre will den Lebens-

p r o z e ß auslegen und sieht sich daher immer der Gefahr gegenüber, ins starre, tote Bild umzuschlagen. "Alle seine
Bilder", gemeint sind die von Franzesko
Firmenti im "Godwi", "haben einen eignen
Charakter, und zwar den, daß sie eigentlich nicht s i n d , sondern ewig
w e r d e n , und dies entsteht durch eine
Manier, in dem er das Licht der Pflanzen,
des Himmels und des Fleisches in verschiedene Haltungen setzt, obschon nur
eine Beleuchtung stattfindet." (S. 351).
Wie wird die Kunst zum Leben? Leben ist
Metamorphose, organische Höherentwick-
lung, ein ewig sich fortzeugender Vorgang, Geist. Die Dynamisierung des Dargestellten bestimmt in allen Künsten die
technisch-formalen Mittel. Die Themen
entfalten ihren Sinn bis in die ent-
ferntesten Verästelungen hinein, lassen
wechselnde Verwandtschaften sehen zwischen Natur und Geschichte, Spirituellem
und Vegitativem - wie in den Sinn-Bil-
dern des von Brentano verehrten Philipp
Otto Runge, wie in musikalischen Varia-
tionen, die sich der Orpheus-Dichter
(vgl. S. 459) und "Sänger" Brentano
zum Vorbild nahm.

32   Vgl. zuletzt Arendt, Poetischer Nihilis-
     mus, S. 325 ff.

33   Gerhard Kluge: Die Leiden des jungen
     Werthers in der Residenz. Vorschlag zur
     Interpretation einiger Werther-Briefe.
     In: Euphorion 65 (1971), S. 115-131,
     hier S. 121 f.

34   Zu den Bildformen, ihren ontologisch-
     naturwissenschaftlichen Voraussetzungen
     und zu Goethes "Charta poetica" vgl.
     Keller, Bildlichkeit.

35   Die Standardunterscheidung, seitdem der
Bildungsbegriff bei Herder gegenüber
'Ausbildung' seine organologisch-huma-
nistische Erweiterung erfahren hat. Das
bürgerliche Leben unter dem Aspekt der
Enge, Selbstbezogenheit, Zweckhaftigkeit,
der Regel, des Ökonomisch-Vernünftigen
ist die Kontrastfolie für die Bildung zu
"dem Menschen" (S. 188), der um ihrer
und seiner selbst willen die romantischen Wege geht, die ihm Einheiten im
Innern eröffnen. Hier einige typische
Formulierungen anhand der Beispiele
Schönheit, Liebe, Freundschaft, Natur.
"Ich liebe das Schöne um meinet- und
seinetwillen, bin froh und heiter; soll,
muß das nicht jeder gute Mensch ganz
sein?" (S. 38);
"Als Eusebio die Worte sang: Liebe eint,
                       Wenn erscheint
      Ohnvermutet die Freundin dem Freund
fühlte ich, daß sich unsre Hände dichter
verschlangen, und daß mein Dasein in dieser Minute alle Wichtigkeiten meines
Lebens aufwog." (S. 118); "Vollkommenes
Gleichgewicht der Natur in uns und außer
uns, sowohl Streben als Erlangen, soviel
Geben als Umfangen ist die Minute des
Entzückens der Liebe, und die tätigste,
wo nicht vollendetste des Daseins."
(S. 117); "Wir sollen Freunde werden lernen durch Geselligkeit" (S. 243); die
Freundschaft "ist bloße Verstärkung des
Daseins, und Verminderung des Selbstge-
fühls im allgemeinen Medium des Lebens;
aus den Einzelnen macht sie eine Summe"
(S. 362); "Ich saß höher als der höchste
Berg der Gegend (...) in tiefer Einsamkeit, Vor- und Nachwelt um mich aufgelöst in ein unendliches Gefühl des Daseins" (S. 32o f.); "Ich sprach mit dir,

und diese ganze Welt,
Der Wald, der Mond, sie lagen mir am
Busen. Ich fühlte, daß sie mit mir spra-
chen, daß ich,
Mit allem Leben innig tief verbunden"
(S. 141 f.);
"Man könnte nach seiner Wortfügung",
gemeint ist der 'Generalbaß des Zusam-
menlebens', "den Staat oder die Menschen-
fügung allein verbessern (...), und es
wäre das Leben zur Kunst geworden." (S.
241).

36   KA XVIII, S. 355, Nr. 41o.

37   "Die Perspektive ist der Bezug von
      Fluchtpunkt und Augenpunkt." Gottfried
      Boehm hebt in seinen "Studien zur Per-
      spektivität. Philosophie und Kunst in
      der Frühen Neuzeit". (Heidelberg 1969,
      Zitat: S. 58) auf die bildnerische Per-
      spektive als Artikulationsform "künst-
      lerischen Selbstseins" (S. 55) ab, deren
      Theorie die Kunst als Kunst in der Roman-
      tik zwar nicht mehr begründet wie in der
      Renaissance, aber bezeichnende Bezüge
      eröffnet zur "Weltlosigkeit" des Augen-
      punktes (a.a.O., S. 76 ff., 87 ff.) und
      der Darstellung von Lebendigkeit (S.
      136), die beide auch romantische Per-
      spektivität definieren.

38   Brief an E.T.A. Hoffmann im Januar 1816;
      vgl. Hoffmanns Briefwechsel (mit Aus-
      nahme der Briefe an Hippel). Gesammelt
      und erläutert v. Hans von Müller, II. Bd.,
      2. Heft (Berlin 1814-22). Berlin 1912,
      S. 255.

39   Vgl. auch Brentanos Äußerung über das
      Briefeschreiben (Seebaß, Briefe I, S.
      78).

40   Da eine fremde Perspektive im Grunde gar
      nicht vorkommt, hat Gerhard Schaub Recht,
      wenn er aus psychoanalytischer Sicht die
      "narzistische(r) Selbstliebe und Selbstge-
      nügsamkeit" Brentanos in jenen Jahren
      feststellt und mit Aussprüchen Godwis be-
      legt (Schaub, Génie, S. 121 f.). Wollte
      man den I. Romanteil insgesamt psycho-
      analytisch deuten - ohne den biographi-
      schen Blick, der nichts zur Sache tut -,
      wäre dieser Narzismus Grund des Schei-
      terns der Individuation.

41   Methodisch analog geht John Fetzer vor,
      indem er das Thema "Liebe", Godwis Ver-
      hältnisse zu Frauen, mit einem musika-
      lischen Darstellungsprinzip verknüpft;
      J.F.: Clemens Brentanos "Godwi": Varia-
      tions on the Melos-Eros Theme. In: The
      Germanic Review 42 (1967), S. 1o8-123;
      auch John F. Fetzer: Romantic Orpheus.
      Profiles of Clemens Brentano. Berkely
      (u.a.) 1974, S. 114 ff.

42   Die Datierung stimmt mit der tatsäch-
      lichen Chronologie überein, vgl.
      Vordtriede (Hrsg.), Dichter, S. 88 ff.

43   Hermann August Korff: Geist der Goethe-
      zeit. Bd. III (Hochromantik). Leipzig
      194o, S. 2o6.

44   Man hat sich lange täuschen lassen vom
      "Ungetüme(n) einer Komposition, die jedes
      Baugesetz vermissen" lasse: "Das Werk
      als Ganzes bleibt ohne Ordnung - Fülle
      ohne Form." (Wilhelm Grenzmann: Clemens
      Brentanos 'Godwi'. In: Etudes Germaniques
      6, 1951, S. 252-261, Zitate: S. 253 f.).

45   Hier treten Natur als Selbstlebendigkeit
      und "radikale Nichtgeschichte" auf, Na-
      turphilosophie "'als' Philosophie des
      Menschen" (Marquardt, Geschichtsphilosophie,
      S. 129).

46   Meixner, Denkstein, S. 449.

47   Gerhard Kluge: Vom Perspektivismus des
     Erzählens. Eine Studie über Clemens Bren-
     tanos "Geschichte vom braven Kasperl und
     dem schönen Annerl". In: JFDH 1971, S.
     143-197, bes. S. 183.

48   "Itzt sehe ich, daß mir der Stoff des
     Glückes fehlte, der stille einfache Friede,
     in dem sich alle Sehnsucht beantwortet, wie
     die Welle im Teich. Alles dieses hat mir
     die Liebe gegeben. Es ist mir ein reines
     kunstloses Weib begegnet, und sie hat alle
     Hindernisse in mir gehoben, die sie nicht
     kannte, und sie hat alle Krankheiten einer
     Welt in mir geheilt, die sie nicht kannte.
     Ist der Tod nicht eine Genesung, und Liebe
     nicht der Tod?" (S. 118).

49   Gewiß läßt sich über das Sinnbildhafte
     streiten und über die Frage, ob die an-
     schließende Reflexion nicht die Distanz
     durch Ausdeutung wiederherstellt, nur gilt
     auch hier die von Meixner in anderem Zu-
     sammenhang getroffene Feststellung: "Das
     Religiöse ist so sehr ein Innerliches ge-
     worden, daß seine Entäußerung im Sinnlich-
     Wahrnehmbaren theatralisch wirkt."
     (Meixner, Denkstein, S. 445); vom II.
     Romanteil her argumentiert Arendt bezüg-
     lich der Reh-Szene (vgl. Arendt, Poeti-
     scher Nihilismus, S. 4o4 f.).

5o   "Mit dieser Begeisterung aber muß nothwen-
     dig zugleich eine gewisse Aeußerung der
     I r o n i e verbunden sein; denn ohne
     Ironie giebt es überhaupt keine Kunst.
     Soll sich die Idee in die Wirklichkeit
     verwandeln, so muß das Bewußtsein in uns
     wohnen, daß sie dadurch zugleich in die
     Nichtigkeit eingeht. Verlöre sich der
     Künstler ganz in die Gegenwart der Idee

270

in der Wirklichkeit, so würde die Kunst
aufhören, und eine Art Schwärmerei, ein
Aberglaube an die Stelle treten, der die
fixirten Begriffe in den Objecten sinnlich
zu finden glaubt. Der Künstler muß sich
bewußt sein, daß sein Werk Symbol ist
(...)". (Solger, Vorlesungen, S. 199 f.).

51 "Unterwirfst du dich irgendeiner noch so
schön von dir ausgesprochenen Idee, bleibst
du kleben an irgendeinem bestimmten Dienst
des Heiligen auf Erden (...) so mangelt
dir die Ironie, die göttliche Freiheit des
Geistes." (A.H. Müller, Schriften I, S.
234 f.).

52 LN 828.

53 "Ich vollendete es zu Anfang des Jahres
99, hatte mich damals der Kunst noch nicht
geweiht, und war unschuldig in ihrem
Dienste. Ich werde sie an diesem Buche
rächen, oder untergehen." (S. 15) - eine,
wie der II. Teil zeigt, in dieser Alternative genau richtige Prophezeiung der
1. Vorrede.

54 So Arendt, Poetischer Nihilismus, S. 388:
"Der Dichter also erkennt als Adept der
Schlegelschen Ironie als Hauptmangel seines Romans den Umstand, daß er sich
selbst in ihn hereinverflochten hat, und
es ist durchaus als der bewußte Versuch
einer ironischen Distanzierung aufzufas-
sen, wenn er angibt, daß er sich als Subjekt 'gleichsam selbst vernichte', um
'Objektivität' zu gewinnen".

55 Schelling präzisiert den vorrangigen
Subjektivitätsausdruck in den Bildern
Correggios: "in ihm ist das eigentlich
romantische Princip der Malerei ausge-
sprochen, in ihm herrscht für seine Kunst
durchaus das Ideale" (Schelling, Kunst,

S. 178); "Will also der Dichter mit
seinem Stoff wahrhaft identisch werden
und sich ihm selbst ungetheilt hingeben,
so ist kein Mittel dazu, als daß das Individuum, wie überhaupt in der modernen
Welt, so auch hier ins Mittel trete und
den Ertrag Eines Lebens und Geistes in
Erfindungen niederlege (...) So entsteht
der R o m a n " (a.a.O., S. 317).

56   LN 18oo.

57   Joachim Heinrich Campe: Wörterbuch zur
Erklärung und Verdeutschung der unserer
Sprache aufgedrungenen fremden Ausdrücke.
Ein Ergänzungsband zu Adelungs und Campes
Wörterbüchern. Neue Ausgabe. Braunschweig
1813, S. 584.

58   Ebd.

59   Ebenso F. Schlegel: " F o r m und S t y l
ist absichtlich; nicht so G e i s t ,
T o n und T e n d e n z ." (LN 445).
Diese zeitgenössische Bedeutung läßt
Franz Norbert Mennemeier außer Acht, wenn
er nach heutigem Sprachgebrauch von "Philo-
sophie der Absichtslosigkeit" spricht
(F.N.M.: Rückblick auf Brentanos 'Godwi'.
Ein Roman 'ohne Tendenz'. In: Wirkendes
Wort 16 (1966), S. 24-33, hier S. 27).

6o   Vgl. Anmerkung Kap. I, S. 12. Ein schönes
Beispiel bietet auch die Intelligenz, ein
Wort für "Ich", sofern sie die "freie Tendenz zur Selbstanschauung" ist (Schelling,
System, S. 284). Intelligenz besteht in
dem Akt, sich selbst zum Objekt zu machen
und sich mit sich einheitlich zusammenzu-
schließen, ein Geschehen also, das 1.)
aus der Differenz heraus Einheit zu-
standebringt, 2.) dies n i c h t willent-
licher Absicht anheimstellt, sondern dem

glücklichen Zufall, 3.) "frei" ist, weil
es aus der Intelligenz selbst entspringt,
diese selbst i s t .

61   LN 843 (Begriffe gesperrt gedruckt).

62   LN 563, wo schematisch dargestellt der
      "Geist" sich in "Tendenz, Ton, Manier",
      der "Buchstaben" in "Form, Stoff, Styl"
      fächert. Die Zuordnung der Kriterien zu
      modern-romantischer und klassischer
      Epoche (vgl. LN 843) ist geschichtsphilo-
      sophische Auslegung, die dasselbe in sei-
      ner geschichtlich unterschiedlichen Funk-
      tion zu begreifen sucht. Die kopernika-
      nische Wende der Literatur öffnet die gat-
      tungsnormierte Form zur werkspezifisch-
      progressiven "Tendenz". "In recht modernen
      Schriften ist alles nur Geist und Tendenz.
      Geist ist a b s o l u t e I n d i v i -
      d u a l i t ä t .-" (LN 439); " G e i s t
      ist die bestimmte Einheit und Ganzheit
      einer unbestimmten Mehrheit von unbeding-
      ten Eigenheiten." (LN 441); " F o r m
      ist eine Totalität absoluter Schranken.-"
      (ebd.). Dazu auch Szondi, Poetik II,
      S. 144 f.

63   KA XIX, S. 1o3, Nr. 2oo.

64   Schlegel erläutert "Zeitalter der Tenden-
      zen" mit Zeitalter der "vorläufigen Ver-
      such(e)" (KA II, S. 367).

65   Vgl. Wayne C. Booth: Die Rhetorik der Er-
      zählkunst. 2 Bde. Übersetzt v. Alexander
      Polzin. Heidelberg 1974, Bd. I, S. 172 ff.,
      214 ff. (mit Beispielen vorwiegend aus dem
      angelsächsischen Bereich); ders.: Der
      dramatisierte Erzähler im humoristischen
      Roman vor "Tristram Shandy". Übersetzt
      v. Traudel Stanzel. Darmstadt 197o.

66   Vgl. die Diskussionsbeiträge in: Harald

Weinrich (Hrsg.), Positionen der Negativität, München 1975 (Poetik und Hermeneutik VI), S. 235 ff., 519 ff.; ferner
Johannes Anderegg: Fiktion und Kommunikation. Ein Beitrag zur Theorie der Prosa.
Göttingen 1973.

67   Käte Hamburger: Die Logik der Dichtung.
      2. stark veränderte Aufl. Stuttgart 1968,
      S. 247.

68   Im Kontext romantischer Thematik behan-
      deln sie Heimrich, Fiktion, S. 37 ff. und
      Heine, Transzendentalpoesie, S. 166 ff.
      Während Heine sie im wesentlichen akzep-
      tiert, ersetzt Heimrich den sprachlogi-
      schen Fiktionsbegriff durch einen histo-
      risch-ästhetischen und hebt ihn als 'auf-
      richtigen' ästhetischen Schein ab vom
      romantisch-künstlerischen Schein als dem
      Selbstwiderspruch des Fiktiven, der
      "Fiktionsironie".

69   Hamburger, Logik, S. 15 (Hervorhebung v.
      Verf.).

7o   "Aber der humoristische Grundton kommt da-
      durch zustande, daß durch die romantheo-
      retischen Erörterungen immer von neuem
      das Bewußtsein wachgehalten wird, daß ein
      Roman keine Wirklichkeit ist, sondern
      Illusion, Schein, Fiktion, ein Leben nicht
      als Leben sondern - wie später Novalis
      sagte - als Buch." (Hamburger, Logik, S.
      131).

71   Hamburger, Logik, S. 126 f. Hierzu auch
      Michael von Poser: Der abschweifende Er-
      zähler. Rhetorische Tradition und deutscher
      Roman im 18. Jahrhundert. Bad Homburg v.d.H.
      1969. Ähnlich parallelisiert auch Christa
      Hunscha (Ch. H.: Stilzwang und Wirklichkeit.
      Zu Brentanos "Godwi". In: Romananfänge.
      Versuch zu einer Poetik des Romans. Hrsg.

v. Norbert Miller. Berlin 1965, S. 135-
148). Maria ist als Erzähler nicht mit
dem Chronisten im "Hesperus" Jean Pauls
zu vergleichen, weil bei Brentano die
Selbstdarstellung und Figurwerdung des
Erzählers gerade das ausmacht, was
Hunscha dem Roman abspricht: Realität
für eine kontinuierliche Romanfiktion.

72 Die Betonung, daß sich Brentano "im zweiten Teil seines Werkes über sich selbst
lustig macht" (Hans Heinrich Borchert: Der
Roman der Goethezeit. Urach/Stuttgart
1949, S. 447), kann mißverständlich sein.

73 "Die Reduktions-Formeln im 'Godwi' aber
sind in fiktionaler Einsinnigkeit konzipiert; sie sind nicht als Relativierung
des fiktionalen Wirklichkeitscharakters
angelegt, sondern ganz im Gegenteil als
dessen Fundierung: der historische Charakter des Geschehens wird in diesen Re-
flexionen nicht aufgehoben, sondern gerade bekräftigt." (Heimrich, Fiktion,
S. 81). Außer Bernhard Gajek nehmen -
soweit ich sehe - alle Interpreten eine
Relativierung an. Gajek, Kontinuität,
S. 279: "auf 'Anerkennung' durch den
Leser und 'Verkündigung' ist alles angelegt. Die 'Glaubwürdigkeit' soll
durch die Distanz zwischen Autor und
Gegenstand erhöht werden, in sie soll
der Leser eintreten."

74 Strohschneider-Kohrs, Ironie, S. 338.

75 Ders., S. 340 f.

76 Vgl. Hoffmanns Briefwechsel, S. 255.

77 Es ist mit Sicherheit mehr als "nur noch
eine Pointe" (Neureuter, Spiegelmotiv,
S. 57), denn die Revision des Erzählverfahrens kommt überraschend und wird nicht

etwa im I. Teil vorbereitet.

78 Meixner, Denkstein, S. 465 f.

79 Meixner zitiert Benjamins Diktum, der
    romantische Roman sei ein 'Kontinuum der
    Formen', vgl. Meixner, Denkstein, S. 453,
    465 f.; auch Wiese, Godwi, S. 196, 243 f.

8o M a r i a bedarf zuvorderst der Aufklä-
    rung und Korrektur seines "falschen poeti-
    schen Bewußtseins" (vgl. z.B. "Ich hatte
    mir ihn ganz anders vorgestellt." sagt
    Maria beim Anblick des wirklichen Godwi,
    S. 237). Die umgekehrte Lesart versetzt
    die Prioritäten - so Klaus Wille (Die
    Signatur der Melancholie im Werk Clemens
    Brentanos. Bern 197o, S. 55): "Die
    Erzähltechnik des 2. Teils kann daraus
    abgeleitet werden, daß der Erzähler seine
    Figuren aufklären geht, nachdem er ihnen
    im 1. Teil ein falsches poetisches Be-
    wußtsein angedichtet hatte." Die Figuren
    klären den Erzähler auf.

81 Auch Heimrich, S. 56 ff.

82 Vgl. die Textstellen S. 227, 238, 246 f.,
    3o2, 32o f., 389, 415 ff.

83 Wolfgang Iser: Die Appellstruktur der
    Texte - Unbestimmtheit als Wirkungsbe-
    dingung literarischer Prosa. Konstanz 197o;
    wiederabgedruckt mit anderen einschlägi-
    gen Beiträgen Isers und einer Replik auf
    seine Kritiker in: Rainer Warning (Hrsg.):
    Rezeptionsästhetik. Theorie und Praxis.
    München 1975, S. 228-252 u. 325-342.

84 "Hier liegt die fundamentale Problematik
    aller Romantik. Man kann sie in die Frage
    kleiden: ist es möglich, durch Denken
    des Denkens wieder naiv zu werden? (...)
    Immer enthüllt sich die raffinierte

Schlichtheit als Mimikry. (...) die romantische Formel der Poetik könnte sein: Rückkehr in den Ursprung." (Arthur Henkel: Was
ist eigentlich romantisch? In: Festschrift
für Richard Alewyn. Hrsg. v. Herbert Singer
und Benno von Wiese. Köln/Graz 1967, S.
292-3o8, Zitate: S. 3o1 f.).

85   Zu letzterem Meixner, Denkstein und Kluge,
Perspektivismus.

86   Für Maria liegt die Bedeutung des II. Bandes darin, daß er entfremdete Arbeit darstellt und Leben verhindert. Dies erklärt
den verzweifelt ironischen Schluß, der in
der Forschung mit "Entzauberung", "Selbst-
verspottung", "Demonstration des 'Gemachten'"
"Unendlichkeitssehnsucht" recht unterschiedlich ausgelegt wird (vgl. Lübbe,
Individualismus, S. 25 f.; Encke, Bildsymbolik, S. 1o1; Wiese, Godwi, S. 197 f.;
Mennemeier, Rückblick. S. 32; Hunscha,
Stilzwang, S. 147; Schuller, Romanschlüsse,
S. 145 f.). Der Abschied von den Personen,
die als Zugvögel, mit Segenswünschen be-
dacht, gegen Italien fliegen (S. 32o f.,
386 f.), benutzt Elemente romantischer
Bildlichkeit wie den aussichtsreichen Baum-
sitz auf dem Gipfel eines Rheinberges,
Italien, Zugvögel. Für die Reisenden
u n d die Zurückbleibenden ist das Ende
der Suche in Sicht, das Stadium des Zur-
Ruhe-Kommens. Italien, das Land der erfüllten Sehnsucht, und der hohe Aus-
sichtspunkt über der Rheinlandschaft ver-
heißen Zielerreichung. Die verwickelten
Personenbeziehungen sind aufgedeckt, einer
findet zum anderen, das Maß an Überblick,
Einblick, Erfahrung und "Erweiterung meiner
selbst" (S. 32o) scheint voll zu sein. Die
Personen können aus der Geschichte (aus

dem 'Band') entlassen bzw. von ihr befreit werden. Eine fatale Wende erhält
der Bildkomplex dadurch, daß die positive Lösung jetzt Marias Krankheit als
Preis fordert. Die Arbeit am II. Band,
die ihn rehabilitieren sollte, vernichtet ihn: "ich werde in meinem kleinen
Kahne wohl zu grunde gehen!" (S. 227).

87 Gesellschaftskritische Entfremdungs-
theorien finden in dieser "Entäußerung
der Arbeit" den passenden Einstieg in
den Roman, müßten sich dann aber mit den
Thesen vom mechanistischen und organischen Staat auseinandersetzen (zu diesem
Gegensatz vgl. Kant - KdU § 65 - Werke
V, S. 486 f.), die eine Revolution der
ökonomischen Verhältnisse unterlaufen
zugunsten einer egozentrischen Selbst-
Gesetzgebung, die ihrerseits Staat und
Ständeordnung gegen das "Dasein" aus-
spielt - "Menschen mit voller Lebens-
fähigkeit, und so auch ich, stehen immer im Kampfe mit dem geregelten Leben.
Sie sind bloß für das Dasein, und nicht
für den Staat gebildet." (S. 1oo).

88 "Lieber Leser, wenn du wüßtest, wie
traurig das ist, singen, fröhliche Lieder
singen, und kaum die Lippe, viel weniger
das Herz rühren zu können." (S. 395).
Wirkung meint hier die Wirkung auf sich
selbst und auf andere (vgl. "Die lustigen
Musikanten", S. 396 ff.).

89 Z.B. "Wie Joseph auf sie wirkte, wissen
wir aus ihrem Briefe im ersten Bande dieses Romans, Seite 81.-" (S. 381).

9o Z.B. "Auf ihrem Wege begegnete ihr fol-
gendes, was wieder einen Knoten in Ihrem
Bande löset." (S. 383).

91   Z.B. "was Sie, mein lieber Maria, zu den
stillen Lichtern gemacht haben, ist nichts
anderes als eine kleine Handlaterne" (S.
385, auch 3o8).

92   LN 1955.

93   Damit wird deutlich, daß die Individual-
ethik im romantischen Naturbegriff gründet, weshalb wirkliche Liebe und enthusiastische Naturbegegnung, beide auch
als Chiffren eines Göttlichen, zusammen-
gehören. Freie Liebe ist eine naturrecht-
liche Verbindung und die spiritualisier-
te Form der Geschlechtsliebe. Das Leben
nimmt in ihr keinen zwanghaften "Charakter" (S. 44o) an und richtet sich nicht
nach pragmatischen Übereinkünften zwischen
Menschen, sondern die Verbindlichkeit
resultiert daraus, daß die Partner "in
die Vereinzlung und Ähnlichkeit" (S. 97)
treten. Daher stellt Brentano freie Liebe
und Kunstwerk auf eine Stufe und entwirft eine Kunst a l s Liebe. Umgekehrt
ist eine Umarmung eine Dichtung ("Wenn
er mich umarmt, und ich mich in ihm um-
fasse, so ist die Gestalt in mir und ihm,
und ich habe gedichtet." S. 99). Der spirituelle Sinn - Brentano spricht von "Geist",
"Gottheit" (S. 97) -, den Liebe und Kunstwerk ausdrücken, heißt Befreiung.

Die esoterischen Gedankengänge haben einen
handfesten Kern. "Der Sinn seiner Dichtungen spricht sich deutlich genug aus - daß
in unserm Zeitalter die Liebe gefangen
ist, die Bedingungen des Lebens höher ge-
achtet sind wie das Leben selbst" (S. 453
f.). Die Bedingungen des Lebens sind ab-
zuwerfen, um es zu sich selbst zu befrei-
en. Der Dichter als "Organ der Schönheit"
(S. 494) - denn "Das Schöne (...) kommt

aus der Natur" (S. 494) - trägt diesen
Versuch über die Befreiung aus. "Das
Ästhetische als mögliche Form einer frei-
en Gesellschaft" (Herbert Marcuse: Versuch über die Befreiung. Frankfurt/M.
1969, S. 46) reizt immer wieder zu neuen
utopischen Zielen, deren Tendenz, bei gewiß unterschiedlichen Mitteln, überein-
stimmt. "Die Form der Freiheit", so
schreibt Marcuse, "ist nicht bloß Selbst-
bestimmung und Selbstverwirklichung, sondern mehr noch die Bestimmung und Verwirklichung von Zielen, die das Leben auf der
Erde erhöhen, schützen und befrieden. Und
diese Autonomie würde sich nicht nur in
der Produktionsweise und den Produktions-
verhältnissen ausdrücken, sondern auch in
den individuellen Beziehungen zwischen
den Menschen, in ihrer Sprache und in
ihrem Schweigen, in ihren Gebärden und
Blicken, in ihrer Sensitivität, in ihrer
Liebe und in ihrem Haß. Das Schöne wäre
eine wesentliche Qualität ihrer Freiheit"
(a.a.O., S. 72 f.). Brentanos "Bindungs-
losigkeit" kehrt in Marcuses Utopiedefi-
nition wieder: "das, was durch die Macht
der etablierten Gesellschaften daran gehindert wird, zustande zu kommen" (a.a.O.,
S. 16). Alle Möglichkeiten von solchem,
das gehindert wird, deckt in der Romantik
der Naturbegriff ab.

94   "Gefangen sind wir (...), und die Frei-
     heit besteht in der Wahl zwischen zweien,
     wo uns das eine schon so ermüdet, daß
     wir das andere gern ergreifen" (S. 434).
     Melancholie, Ennui, der Zirkel von selbst-
     inszenierter Illusion und Ernüchterung
     kündigen sich bereits als literarische
     Themenkonstanten der Folgezeit an.

95   Die Fülle der Beispiele müßte im einzel-
     nen differenziert werden: "Die Töne sind

das Leben und die Gestalt der Nacht
(...)", (S. 252); "'Jede Sprache (...)
gleicht einem eigentümlichen Instrumente"
(S. 261); "ihr (der Künstler, B.A.) Leben ist nichts als das fortgehende Bilden eines Kunstwerks alles Schönen, wozu
sie gleichsam die Zeichen, die Buchstaben
sind; sie berühren sich wie Akkorde
(...)", (S. 240 f.); "ziehen Sie von diesem Bilde bis zum steinernen Bilde eine
Linie, so haben Sie das Unglück meiner
Mutter ermessen.'" (S. 322); "Jede Beleuch
tung des Himmels und jede berührendere Zu-
sammenstellung von Landschaft erhält für
mich ein phantastischeres Leben, indem sie
sich mit diesen Männern und Frauen Shakespeares verwebt, und nicht mehr allein wie
ein hingebotener Genuß daliegt, sondern in
eine Art von Handlung, von dramatischem
Leben tritt." (S. 348 f.).

96 Das widerlegt Christa Hunschas stilkriti-
sche Auslegung, die nur den Erzähler Maria
berücksichtigt: "Dieses Prinzip der Erörterung macht die Schwäche des Romans aus:
es steht wie eine Glasscheibe zwischen
dem Schreiber und der Realität, es hält
ihn in sich und seiner besonderen psychischen Konstellation befangen." (Ch. H.:
Die Realitätskonzeption in den Märchen
Clemens Brentanos. Diss. Berlin 1969,
S. 94). Vor Hunscha hatte schon Ingrid
Becker aufgrund des "gestalt"-theore-
tischen Methodenansatzes Günter Müllers
dafür plädiert, "die Maria-Handlung
selbst zum Zentrum des Werkes zu machen
und den Dichter Maria zum eigentlichen
Helden des ganzen Romans zu erklären."
(I.B.: Morphologische Interpretation von
Brentanos Godwi. Diss. Bonn o.J. - 1948 -,
S. 57); daraus folgt: "Godwis Schicksal
ist für sich genommen völlig gleichgül-

tig geworden." (S. 58). Die Suche nach dem "eigentlichen Helden" setzt Prioritäten und führt Wertungen ein, die das ausbalancierte Erzählgefüge gerade vermeiden will.

97 Vgl. die Menschheit-Baum-Allegorie in "Der Sänger" (S. 496 ff.). Das wiederholt zitierte Erzählfragment ist unentbehrlich, will man Godwis Dichtertum verstehen. Im Dichter kommt das Leben zum Bewußtsein seiner selbst.

98 Limburger, Briefe, S. 48; auch Seebaß, Briefe I, S. 38.

99 Der "Godwi" wurde 1906 erst wieder neu aufgelegt. Zwei Besprechungen zur Entstehungszeit in der "Neuen Allgemeinen deutschen Bibliothek" und gelegentliche Briefnennungen (nach Otto Mallon: Brentano-Bibliographie. Berlin 1926, S. 6) nehmen sich mehr als bescheiden aus, verglichen mit der breiten Popularität, die einzelne Gedichte Brentanos und seine späteren religiösen Schriften erlangten.

100 "Auf dem höchsten Punkte des Schlosses steht ein Belvedere, und ein gutes Perspektiv, für die, welche das ganze Buch nicht verstehen, einzelne Stellen erklären wollen, und gerne wüßten, ob auch dieses oder jenes Städtchen mit hier notiert wäre." (S. 433).

101 Ohne "realisierbares Ziel" (Mennemeier, Rückblick, S. 24); Godwi treibe die Forderungen des Athenäum "bis an die Grenzen des Absurden" (Wiese, Godwi, S. 247); "'Godwi', der Schauplatz der pausenlosen Erörterung des komplizierten Lebens, endet in einem Verzweiflungsausbruch des einsam und allein zurückbleibenden Dichters. Sein Versuch, die Welt in ästhetischer Reflexion in den Griff zu bekommen, scheitert." (Hunscha, Realitätskonzeption,

S. 99); Godwis "Dasein ist eine permanente Schein-Schöpfung aus dem Nichts, ist
'poetische Existenz' im Nichts" (Arendt,
Poetischer Nihilismus, S. 437); "'Wüst'
ist das Ende des Romans, weil es nichts
als die Demontage seiner selbst ist. Hier
ist die Form des frühromantischen Romans
an ihren Nullpunkt gekommen und als solcher dargestellt." (Schuller, Romanschlüsse, S. 153); der Roman habe keinen "erfüllten Schluß", er erscheine als
"'Schöpfung des Todes'" (ders., S. 155 f.);
vgl. auch die Zitate aus R. Haller, A.
Kerr und P. Kluckhohn bei Becker, Godwi,
S. 57, Anmerkung.

1o2   Mit Marias Tod "sinkt alles ins Bodenlose"
(Kunz, Godwi, S. 237); er sei "Signum
der Nichtvollendung" (Schuller, Romanschlüsse, S. 151); "offenes Ende" (Mennemeier, Rückblick, S. 25); "Der Schluß
des 'Godwi', der Tod des vielberedten
Autors in ironisiertem Irrsinn, die Unge-
löstheit des Rätsels dieser Dichterexistenz und das lyrische Gestammel der
einen Abschluß vortäuschenden Gedichte
(...)" (Gajek, Kontinuität, S. 279);
"der Dichter erfährt in seiner Kunst dasselbe, was seine Gestalten im Leben er-
fuhren: Eine Bewegung ohne Ziel, ein
Streben ohne Sinn." (Arendt, Poetischer
Nihilismus, S. 441). Ich verstehe das
Ende als keineswegs "offen", die Bewegung hat Ziele und auch einen Sinn; die
"Rätsel(s) dieser Dichterexistenz" lösen sich auf, sobald man die Formensprache
dieses Romans genauer betrachtet. Die
"Fragmentarische Fortsetzung des Romans"
enthält Godwis Rheinreise und die Vio-
lette-Station, also Inhalte, die der I.
Band nicht enthielt. Maria hat damit also
nichts zu tun, er braucht sich nicht

zu rechtfertigen. Trotzdem schreibt er
auf, "so gut es meine Krankheit erlaubt"
(S. 389), da Schreiben für ihn zur notwendigen Pflichterfüllung geworden ist.
Er muß die Arbeit dann einstellen - die
Signifikanz des Scheiterns unterstellt -,
aber Godwi führt dieses Fragment zuende!
Der Tod Marias und der Abschluß des Romans, nämlich Godwis Lebensgeschichte,
fallen zusammen (vgl. den Parallelismus
"Bald starb sie" - "Maria ist heute morgen gestorben", S. 444). Die Handlungs-
ebenen sind vereint. Was Maria das Leben
gekostet hat, gelingt Godwi.

1o3   Man hat den Doppelsinn des Dichterbegriffs
      bislang nicht berücksichtigt und in Maria
      den Dichter schlechthin gesehen aufgrund
      der Zeichenhaftigkeit seiner Attribute
      (zerbrochene Laute), der Krankheit (Zungen-
      entzündung) und des Prenonyms.

1o4   KA XIX, S. 1o3, Nr. 2oo.

1o5   KA III, S. 84.

1ó6   Böckmann, Poesie, S. 86.

1o7   KA XI, S. 11.

1o8   Erstes Zitat: A.H. Müller, Schriften II,
      S. 91; zweites: KA II, S. 131.

1o9   Utopie. Begriff und Phänomen des Utopischen.
      Hrsg. und eingeleitet v. Arnhelm Neusüss.
      Neuwied 1968, S. 33.

11o   Alles Unbewußte soll ins Bewußtsein. So be-
      stimmt Armand Nivelle das Ziel romanti-
      scher Kunst (Nivelle, Dichtungstheorie,
      S. 185 ff.). Die frühromantische Dichtung
      ist ein Musterbeispiel für Freuds Analyse
      der Zusammenhänge von Dichtung-Phantasie-
      Tagtraum-Bedürfnis (Sigmund Freud: Der
      Dichter und das Phantasieren. In: Ge-

sammelte Werke. Bd. VII, Frankfurt/M.
1941, S. 215-223). "Unbefriedigte Wünsche
sind die Triebkräfte der Phantasien und
jede Phantasie ist eine Wunscherfüllung,
eine Korrektur der unbefriedigenden Wirklichkeit." (a.a.O., S. 216).

111 "Die poetische Existenz liegt außerhalb
der Geschichte." (Arendt, Poetischer Nihilismus, S. 44o). Das thematisiert Brentano ja gerade. Wenn es heißt, "die bunte
Einsamkeit des Lebens bei der Gräfin
machte mich immer zu einem weltfremden Menschen, wenn ich durch die ruhige große
Natur ging, die gar keine Gattungen von
Prinzipien hat, und deren Lust und Leid
sich in einen schönen Wechsel von Jahres-
zeiten flechten" (S. 43o), kann man Brentano nicht mangelndes Problembewußtsein
oder sogar Flucht vorwerfen. Die natur-
haft-poetische Existenz muß innerhalb der
Geschichte liegen. Das macht den Sinn
der Violette-Allegorie aus.

112 Vgl. das Begriffsverständnis von "konser-
vativer Utopie" bei Neusüss, Utopie,
S. 43 f.

113 Begriffe wie "Gesellschaft", "Ökonomie"
etc. sind durchgehend privatisiert und
am Maßstab der Analogie entwickelt; vgl.
Manfred Riedel: Artikel 'Gesellschaft,
Gemeinschaft'. In: Geschichtliche
Grundbegriffe. Historisches Lexikon zur
politisch-sozialen Sprache in Deutschland.
Hrsg. v. Otto Brunner (u.a.) Bd. 2, Stuttgart 1975, S. 8o1-862, hier S. 827 ff.

114 Jean Paul, Werke V, S. 43.

115 Von der Identität gehen denn auch Dieter
Arendts Nihilismus-Studien aus. A. unterscheidet unexplizit drei Symptome, nämlich
poetischen Nihilismus als Alternativ-

haltung des Bewußtseins (1), creatio ex
nihilo (2) und schwebende Weltlosigkeit
(3).
Zu 1.) Idealismus ist Nihilismus. Mit
dieser Formel wird der hermeneutischen
Geisteswissenschaft der Prozeß gemacht,
aber die Romantik verliert dabei, denn
wie für Brentano, Jacobi und Jean Paul
ist auch für A. der angeblich extrem
einseitige Subjektivismus Grundursache
allen Übels (vgl. Arendt, Poetischer
Nihilismus, S. XVIII, 6, 44, 7o, 73, 89
etc.). Außerdem müßte neben der "subjektiven" Bewußtseinsphilosophie die Tradition des naturmagischen und mystischen
Denkens veranschlagt werden; "daß der
Idealismus auf Nichts hinauslaufe, heißt:
Er ist Theosophie". (KA XVIII, S. 359,
Nr. 468; ferner KA XII, S. 133).
Zu 2.) Arendts These "Das Bild in der
romantischen Dichtung (...) ist (...)
Schöpfung des Subjekts aus dem Nichts"
(S. 7o f.) setzt Geist und Nichts gleich,
denn kurz vorher steht "aus dem 'Innern',
aus dem 'Geist'" (S. 68). Dabei weist eine
Erkenntnis wie die, das Bild sei "grundsätzlich transparent für eine ontologische
Qualität" (S. 71), im Grunde den Weg.
Das romantische Bild und generell die
dichterischen Mittel sind nicht Spiegel
des Nihilismus aufgrund ihrer Herkunft
aus dem Innern oder der Unverantwortlich-
keit gegenüber einer gegenständlichen Realität, sondern sie sind es dort, wo sie
ihre Grenze erreichen, wo die Möglichkeit
ins Gegenteil umschlägt und die Überan-
strengung der Bildbezüge zu Klischees führen oder das poetisierende "als ob" Re-
alitätsersatz anbietet. Die jetzt eintre-
tende Absorbierung des Objekts durch das
Subjekt (vgl. S. 73) disqualifiziert nicht

die kreative Phantasie oder das Bild
schlechthin (so Arendt, S. 47, 7o etc.),
sie signalisiert vielmehr die gestörte
allegorische Vermittlung.
Zu 3.) Die weltlose Romantik "schwebt"
zwischen der unrealisierbaren Idee der
Wirklichkeit und der entrealisierten
Wirklichkeit selbst "gleichsam zwischen
einem doppelten Nichts" (S. 548). Der
ontische Dualismus Ich - objektive Wirk-,
lichkeit verdeckt bei A. den entscheidenden ontologischen, den die Romantiker
thematisierten. A. geht auf genuin romantische Voraussetzungen gar nicht ein.
Seine Methode vereinseitigt den Nihilis-
musbegriff.
Otto Pöggeler zeigt, daß jeder jeden damals des "Nihilismus" bezichtigte und
sich hinter dieser gängigen Marke nicht
zuletzt der "bayrische(n) katholische(n)
Aufklärung" handfeste und sehr unterschiedliche Interessen verbargen (O.P.:
Hegel und die Anfänge der Nihilismus-
diskussion. In: Man and World. An inter-
national Philosophical Review. Vol. III,
197o, S. 163-199, Zitat: S. 167). Pöggeler
weist auch auf den "positiven Sinn" des
Nihilismus für die Philosophie hin (vgl.
auch O. Pöggeler: "Nihilist" und "Nihilismus". In: Archiv für Begriffsgeschichte
1975, S. 197-21o). Für die Dichtung wäre
zu fragen, ob die Romantik nicht das dichterische Medium Sprache und das dichterische
Organ Phantasie zum erstenmal entschieden
problematisiert und im Nihilismus der Poesie ins Wort bringt, so daß sich fortan
alle ästhetischen Theorien p r o d u k -
t i v mit ihm auseinandersetzen können.
Nihilismus muß auch ein p o s i t i v -
kategorialer Terminus werden. Dieses Verständnis dürfte sich in Brentanos "Godwi"

bereits anbahnen, wenn die Ironielosigkeit und damit das Scheitern des I. Teils
eine Änderung des Erzählverfahrens bewir-
ken sollte und andererseits der II. Teil
die Protagonisten in eine Dialektik
verwickelt, die aus der Korrelation heraus Lösungen andeutet.

III. Joseph von Eichendorff: Viel Lärmen
      um Nichts

1   Richard Alewyn: Eine Landschaft Eichen-
     dorffs. In: Eichendorff heute. Stimmen
     der Forschung mit einer Bibliographie.
     Hrsg. v. Paul Stöcklein. 2. Aufl. Darm-
     stadt 1966, S. 19-43, Zitat: S. 22. Zum
     bloß reproduzierten Vorurteil verfestigt
     bei Volkmar Stein: Die Dichtergestalten
     in Eichendorffs 'Ahnung und Gegenwart'.
     Diss. Basel 1964, S. 134. Das meiste Ver-
     ständnis für den Doppelcharakter der Er-
     zählung zeigt eine der frühesten Arbei-
     ten - Reinhold Wesemeier: Joseph von
     Eichendorffs satirische Novellen. Diss.
     Marburg 1915, S. 2-21, bes. S. 19. Auf-
     fällig ist, daß die Rezensionen unmittel-
     bar nach Erscheinen der Erzählung (vgl.
     HKA XVIII,1, S. 222 ff.) durchweg lo-
     bende Worte finden (u.a. "voll Leben und
     Geist, auf eine originelle Weise", "ha-
     ben uns mit der innigsten Freude erfüllt
     und lange hat uns die Muse keinen so fein
     gewürzten Genuß geboten", "Sehr ergetzlich",
     "läßt einen höchst wohlthuenden Eindruck
     zurück"; nur W. Menzel im 'Literatur-Blatt'
     bekommt angesichts der erzählerischen

Kompliziertheit "einen wahren Heißhunger
nach der ordinärsten Prosa", a.a.O., S.
224) und treffsichere Beobachtungen enthalten (u.a. "abenteuerlich phantastische
Bilder und Scenen", "sichere Gestaltung",
"poetisch gestaltete Wirklichkeit"). Der
Umschwung setzt bereits zehn Jahre später
ein (Th. Ruoff 1842: "geradezu unbedeutend",
HKA XVIII,1, S. 576; G. Pfizer 1843: "in
der Art des 'Gestiefelten Kater',oder des
'Prinzen Zerbino'", a.a.O., S. 6lo; ebenso
H. Kurz 1859, HKA XVIII,2, S. 1273 und W.
Hahn 186o, a.a.O., S. 1286). Mehr fällt
den Kritikern und Literaturgeschichts-
schreibern nicht ein. Das Romantisch-Poetische hat nach sechzig Jahren die Re-
sonanz verloren; man erinnert sich nur
an literarische Muster.
Die wenigen und knappen Forschungsbeiträge
dieses Jahrhunderts setzen ausnahmslos
- sieht man von Wesemeier einmal ab -
diese Tradition der Verkürzung und Wertde-
gradierung fort. Sie werden an gegebener
Stelle zu berücksichtigen sein; vorab
sei stellvertretend K.-D. Krabiel zitiert:
"Die 1832 erschienene satirische Novelle
(Viel Lärmen um Nichts) ist als Auseinandersetzung mit dem zeitgenössischen
Literaturbetrieb zu verstehen" (Klaus-
Dieter Krabiel: Tradition und Bewegung.
Zum sprachlichen Verfahren Eichendorffs.
Stuttgart 1973, S. 66). Mein Versuch will
solche Klassifizierung als vorschnell er-
weisen.

2   Vgl. HKA XVIII,1, S. 74 dd.

3   Helmut Koopmann: Eichendorff. Das Schloß
     Dürande und die Revolution. In: ZfdPh 89
     (197o), S. 18o-2o7, Zitat: S. 184.

4   Oskar Seidlin: Versuche über Eichendorff.
     Göttingen 1965, S. 35.

5   HKA XVIII,1, S. 3o2-412.

6   HKA XVIII,1, S. 392.

7   Die Erzählung "Viel Lärmen um Nichts"
      wird nach der Werkausgabe von W. Rasch
      zitiert; J.v.E.: Werke. München 1966,
      S. 1187-125o, Zitat: S. 12o1 (Seiten-
      zahl fortan im Text).

8   HKA III, S. 2o8. Als Sinnträger (Bezeich-
      nendes) können bekanntlich in Frage kom-
      men die Architektur eines Schloßes, einer
      Gartenanlage, Gegenstände, Orte, Farben,
      Personentypen, Tätigkeiten etc.

9   Man vergleiche etwa 'Spiegel' (Werke, S.
      119o; HKA III, S. 169 ff., 18o, 275),
      'Langeweile' (Werke, S. 12o3; HKA III,
      S. 172), 'Schwüle' und 'Gewitter' (Werke,
      S. 122o; HKA III, S. 1o8), 'grün-golden'
      (Werke, S. 1223, 1225; Werke, S. 1154,
      1174 in der Erzählung 'Das Marmorbild'.

1o   HKA III, S. 39.

11   In "Landknecht und Schreiber" will Eichen-
      dorff bildlich "die ganze menschliche
      Societät, je nach ihrem innerlichen Metier,
      füglich (...) abtheilen" (HKA VIII,1,
      S. 97) - für die Schreiber ein unrühmli-
      ches Los, wenn auch auf jeden Fall witzig.
      Es wäre lohnend, Eichendorffs politische
      Stellung, etwa im Anschluß an Hannah
      Arendt, vor dem Hintergrund der Aufwertung
      der Vita activa zu sehen. Inwieweit sie
      seinen Dichtungsbegriff und auch die Ana-
      lyse dieser Erzählung prägt, wird sich
      zeigen.

12   HKA VIII,1, S. 93.

13   HKA VIII,1, S. 24 und Anmerkung, S. 194.

14   HKA VIII,1, S. 44; VIII,2, S. 42, 232 ff.

15   HKA VIII,1, S. 4o, 66; VIII,2, S. 48; X,
      S. 58 ff.

16   Zur geschichtsphilosophischen Dialektik
      von Alt und Neu vgl. Zusammenfassung und
      Literaturhinweise bei Gerhard Kluge
      (Hrsg.): A.v. Arnim, Das Loch / J.v.
      Eichendorff, Das Incognito. Texte und
      Materialien zur Interpretation. Berlin
      1968, S. 119 ff.

17   Vgl. als Beispiele HKA III, S. 116, 182.

18   HKA III, S. 33o.

19   Ein positiv besetzter Begriff, der Inhalt
      und Richtigkeit (im Sinne von Gerichtet-
      heit) der Kunst- und Lebensauffassung
      ausdrückt; vgl. HKA VIII,1, S. 34, 4o ff.,
      76, 118; VIII,2, S. 19; IX, S. 265.

2o   HKA III, S. 135.

21   HKA VIII,2, S. 279; die Passage lautet:
      "Auch in Spanien war also das Schauspiel
      aus der, alles Leben mütterlich umfassen-
      den, Natur der Kirche hervorgegangen,
      und auch hier hatte, bei dem natürlichen
      Doppelcharakter aller Kunst, sich sehr bald
      dem Mysterium das Weltliche, die Posse,
      beigemischt."

22   HKA IX, S. 168. So lautet die Bestimmung
      der Satire.

23   Seidlin, Versuche, S. 1oo.

24   Ebd.

25   HKA VIII,1, S. 96 f. Oder: "alle Poesie
      ist (...) immer nur der Sprecher der
      innersten Lebensgesinnungen einer Cultur-
      periode" (HKA VIII,1, S. 118).

26   "Das Rauschen des Waldes, der Vogelsang
      rings um ihn her, diese seit seiner Kind-
      heit entbehrte grüne Abgeschiedenheit,
      alles rief in seiner Brust jenes ewige
      Gefühl wieder hervor, das uns wie in den
      Mittelpunkt alles Lebens versenkt (...)

und so entsteht aus Ahnung und Erinnerung eine neue Welt in uns." (HKA III, S. 78). Zu "Zeitgeist" gegen "ewigen Geist aller Zeiten" vgl. u.a. HKA VIII,2, S. 225.

27 Seidlin, Versuche, S. 51 f.

28 Friedrich Schlegel, KA XVIII, S. 53, Nr. 343.

29 A.W. Schlegel, KSB VI, S. 111 f.

3o "Denn wer die Gegenwart aufgibt (...), mit dessen Poesie ist es aus. Er ist wie ein Maler ohne Farben" (HKA III, S. 33o f.).

31 HKA XII, S. 89 (Brief vom 28.3.1848 an Lebrecht Dreves). Daß ihm Literatur zu Zeiten besonderer politischer Aktivitäten auch "läppisch" vorkommt (HKA XII, S. 3o im Brief an J.v. Görres vom 3o.8. 1828), verstärkt nur den Ernst des schriftstellerischen Engagements.

32 Vgl. den Brief vom 12.4.1833 an Theodor von Schön: "Ew.: Exzellenz flüchten, wenn es gar zu arg wird, nach Arnau - d.h. in sich selbst - und ich in meine kleine poetische Domäne, womit mich der liebe Gott meinerseits gleichsam in der Luft belehnt hat." (HKA XII, S. 43).

33 "Der Lärm der Weltgeschichte muß erst einigermaßen wieder vertosen, damit die Klänge echter Poesie, die nicht auf den breiten Flügeln der Politik daherwütet, hörbar und verständlich werden." (HKA XII, S. 89). Eichendorff rät hier im Revolutionsjahr 1848 seinem Adressaten Lebrecht Dreves (Brief v. 28.3.48), er solle seine Gedichte jetzt nicht veröffentlichen.

34 Das hatten die Frühromantiker selber schon geleistet, und es fragt sich auch,

ob jemand 1832 alle "Spitzen" überhaupt noch realisierte. Aus heutiger Sicht beleuchten sie allerdings die historischen Hintergründe der Textentstehung.

35 Vgl. die Recherchen von Wesemeier, Novellen, S. 2-21; auch Anna Dorothea Günther: Zur Parodie bei Eichendorff. Diss. Berlin 1968.

36 HKA IX, S. 265 f.

37 "Ein schöner Garten (...) schien im Abendduft mit der Landschaft (...) zusammenzufließen"; die "Kunststraße (...), die nach dem Palast zu führen schien"; sein "Wesen schien den ganzen bunten Trupp wunderbar zu beleben" (Werke, S. 1187 f.).

38 "indem sie (...) auf einmal eine weite, reiche Tiefe vor sich erblickten." (Werke, S. 1187).

39 "Es war anmutig anzusehen, wie die bunten Reiter beim Gesang der Waldvögel langsam die grüne Anhöhe hinabzogen, bald zwischen den Bäumen verschwindend, bald wieder vom Abendrote hell beleuchtet." (Werke, S. 1187 f.).

4o Er kennt des angeblichen Jägers Vorgeschichte und Romanos Reisegrund.

41 "Der Prinz aber hatte seine eigenen Pläne dabei: er gedachte sich des hübschen, gewandten Jungen in den nächsten Tagen als Pagen und Liebesboten sehr vorteilhaft zu bedienen." (Werke, S. 1188).

42 "Göttliche Ironie des Reiselebens! sagte der Prinz zu seinen Begleitern." (Werke, S. 1187; die Ironie liegt darin, daß sie verbal genannt, aber nicht durchschaut wird); "Die junge Gräfin Aurora nämlich, von deren poetischen Natur und Zauber-

schönheit bei allen Poeten im Lande groß
Geschrei war" (Werke, S. 1188).

43   Pegasus wirft den Pseudopoeten ab.

44   Akustisches (Lärmen, Rumoren, Getümmel,
Jagd, Schießen, Raketen, Ballszenen,
Wortschwall) und Optisches (das Chaos
im Tal des Herrn Publikum, Architektur,
wilde Pferde, Jahrmärkte, Stadt) erscheinen als polyfunktionale Sinnträger.

45   Eichendorff benutzt das Bild der "baby-
lonischen Sprachverwirrung" (HKA VIII,2,
S. 421; III, S. 33o).

46   Bilder der Leblosigkeit sind z.B. auch
die Uhr oder der Kreislauf der v e g e -
t a t i v e n Natur. Seidlin interpretiert sie als Statiksymbole ohne zeitliche
Perspektiven (Versuche, S. 125). Man
könnte auch das Mechanisch-Künstliche
hervorheben. Die Maschine erzeugt einen
Bewegungsablauf aufgrund von Wirkursachen,
wobei jedes Teil um des anderen willen
funktioniert, aber nicht durch die anderen.
Letzteres kennzeichnet organisches Leben
(vgl. Kants Uhr-Beispiel, Werke V,
S. 485). Das Organische impliziert das
Bewußtsein von Abhängigkeit.

47   HKA VIII,2, S. 3o6; auch S. 317, 322 ff.,
336, 35o, 357, 365.

48   Publikum verdient als Bräutigam mit der
Nachthaube die "falsche" Aurora, ist er
doch in seinem Irrtum glücklich (Werke,
S. 1243 f.). Romano dagegen verkörpert
die typische Interimexistenz. Die sinn-
bildliche räumliche Situation, in der er
"unten" die "von der alten Garde" (Leontin, Faber) fortziehen sieht und "oben"
Florentin-Aurora ihr Lied ("grüßt mir
von den fremden Gipfeln/Meine Heimat
tausendmal!") singen hört (Werke, S. 1197),

fixiert ihn zwischen die Zeiten, zwischen
Alt und Neu bzw. Immer-Neu. Die den Dichter, hier Florentin-Aurora, prägende Dialektik fällt bei ihm aus. Dafür ist er zu
selbstzentriert, zu stark der Mode er-
geben, die den jeweiligen Augenblick zum
Nonplusultra erklärt. Dabei hat er Anlagen.
Er verspürt ein "Gefühl von Kameradschaft"
(Werke, S. 1195) mit Leontin/Faber.
Der Bergabstieg führt ihn in seine Jugend
zurück, zu Liebchen und Brunnen, der mythische Vorzeit mit der Helle des Gegenwarts-
bewußtseins verbunden symbolisiert. Die
Verbindung kommt aber gerade nicht zustande.
Romano bleibt der Typ des "Zerrissenen"
(Werke, S. 1200) auf zwei Zeitebenen:
"gerade jetzt! Verdammter Zufall!" (Werke,
S. 1204). Die Vergangenheit vollendet bei
ihrem zweiten Kommen nicht die Gegenwart
im heilsgeschichtlichen Sinn der Erlösung
und Auflösung (vgl. Seidlin, Versuche,
S. 107), sondern vereitelt die Zukunft:
"Gräfin Aurora dagegen begegnete seitdem
dem Prinzen überaus schnippisch" (Werke,
S. 1205). Das Ganze war ein "Ereignis an
Amors falscher Mühle" (ebd.), bei dem nur
die Zuschauer auf ihre Kosten kamen.
Romano liebt an sich Zuschauer, nur hier
war es peinlich; er wußte nichts davon.
Er vertritt die veräußerlichte Romantik,
die d e s h a l b als Parallelismus
im Gegensatz (Gattungsparodie) erscheint.
Von der ehemaligen Spannung zwischen Un-
endlichem-Endlichem, Innen-Außen, Unbe-
wußtem-Bewußtem bleibt ihm nur jeweils
der zweite Pol; er träumt "von keinem
Innerlichen als dem einer dicken Blut-
wurst" (Werke, S. 1218). In dieser "Brot-
perspektive" (Werke, S. 1219), einer
Übertreibung ins spannungslose Extrem,
liegt seine Verwirrung. Daher stattet

Eichendorff ihn mit den Attributen der
Künstlichkeit aus, denn Kunst hat Doppelcharakter (vgl. HKA VIII,2, S. 279).
Brentanos Definition der Romantik als
Perspektiv klingt bei ihm so: "Es
kommt überall nur darauf an, daß man
sich in die rechte poetische Beleuchtung zu stellen weiß.-" (Werke, S. 1204).
Zum manipulierbaren egozentrischen Stim-
mungsferment degeneriert, überdauert
das Romantische bis zu Schnitzlers
Anatol. Weil die Verkürzung als solche an
Romano noch sichtbar wird, ist er keineswegs unsympathisch – eher ein Don
Quijote wider Willen (Werke, S. 1189,
1219). Er erhält sogar latent tragische
Züge als "schöne, wüste Gestalt", ver-
gleichbar den "Trümmer(n) einer zerfal-
lenen, verlornen Jugend." (Werke, S. 1209).
Sein Traum (S. 1209 ff.) hypertrophiert
die Bilder der Künstlichkeit und Gottferne,
gipfelt in einer apokalyptischen Vision,
und das Symbol des Sternenmantels, Erlösung verheißend, bekommt keine Erkenntnisfunktion. Der Traum verlängert
sich zwar in die Wirklichkeit, derselbe
Gesang ertönt (Werke, S. 1211), aber der
Prinz sieht literarische Gestalten – den
Harfner aus 'Wilhelm Meister' – statt
wirklicher Menschen. Die künstliche
Optik bleibt hermetisch, er "in sich
selbst versunken" (Werke, S. 1212). Immerhin: Daß Romano zuguterletzt noch
vor der Ehe flieht, ehrt ihn. Denn wo
geheiratet wird, ist der Philister
nicht weit: "Heiraten und fett werden,
mit der Schlafmütze auf dem Kopfe hin-
aussehen, wie draußen Aurora scheint
(...)" (HKA III, S. 109). Ein Philister
ist Romano aber nicht.

49   Werke, S. 1187 f., 1197, 12oo, 12o4,
      12o7 f., 123o, 1232, 1236, 1238, 1245,
      1249 f.

5o   Der Begriff verlangt eine wichtige Ein-
      schränkung; er gilt nur im weiteren Sinne.
      Dramatisch sind danach der dialogische No-
      vellenbeginn, die streckenweise erzähler-
      losen Dialogpartien, die Konstellation
      von Spiel und Gegenspiel, der Konflikt
      Florentin-Auroras, der aus der Absichts-
      kollision entsteht, "die tollen Freier
      zu foppen" und gleichzeitig Willibald zu
      finden, die futurisch-zielgerichteten
      Aktionen, sofern sie durch Vorausdeutun-
      gen Spannung erzeugen, die Technik szeni-
      scher Vergegenwärtigung. Was der Begriff
      nicht beinhaltet, ist der Zusammenhang
      von Gedanke, Wort und Tat dergestalt, daß
      Entscheidungen unmittelbar in Handlung
      (Taten) umgesetzt werden. Dies verhin-
      dert das Erzählmoment.

51   HKA VIII,2, S. 279.

52   Werke, S. 1218, 1248; vgl. auch S. 1235:
      "Wenigstens kam sie mir (...) auf einmal
      bleich und erschrocken vor".

53   HKA VIII,2, S. 66.

54   Egon Schwarz (Bemerkungen zu Eichendorffs
      Erzähltechnik. In: Journal of English and
      Germanic Philology 56, 1957, S. 542-549)
      verknüpft Sonnenaufgang und entdeckte
      Identität Auroras unter Hinweis auf
      'Dichter und ihre Gesellen' und meint,
      "daß in dieser Aurora gleichsam eine
      mystische Vereinigung zwischen Mensch
      und göttlicher Himmelserscheinung voll-
      zogen ist." (S. 547).

55   Schwarz, Erzähltechnik, S. 542.

56   Christian Strauch (Romantische Ironie und
Satire. Interpretationsbeiträge zu
Eichendorff's "Krieg den Philistern" und
"Viel Lärmen um Nichts". In: Jahrbuch des
Wiener Goethe-Vereins. N.F. 7o, 1966,
S. 13o-145) identifiziert Willibald mit
dem jungen Eichendorff (Harzreise etc.)
und den Ich-Erzähler mit "Eichendorff,
nun etwas alt geworden (...) als leicht
komischer Autor des Ganzen" (S. 143);
er spricht von "einer zarten und bei
aller Deutlichkeit nicht völlig rational
aufzuschlüsselnden Gestaltung romantischer Ironie" (ebd.). Günther Kohlfürst
(Romantische Ironie und Selbstironie
bei Joseph von Eichendorff. Diss. Graz
1969) hält die Erzählung "bis sechs Seiten vor Schluß (...) erzähltechnisch
(für) eine 'normale' Novelle": "Dann
bringt der Dichter unerwartet sich
selbst ins Spiel (...) Das Erzählte besitzt keine reale Existenz (...) Es
ist und bleibt ein Produkt der künstlerischen Phantasie" (S. 195).

57   Schwarz, Erzähltechnik, S. 544 f.

58   HKA VIII,1, S. 97; auch HKA VIII,2,
S. 215 f.

59   HKA VIII,1, S. 98.

6o   HKA VIII,1, S. 1o1.

61   So der Namensvetter in "Ahnung und Gegenwart"; vgl. HKA III, S. 28.

62   Sie sind Dilettanten. Vgl. Wolfgang
Frühwald: Der Philister als Dilettant.
Zu den satirischen Texten Joseph von
Eichendorffs. In: Aurora. Jahrbuch der
Eichendorff-Gesellschaft Bd. 36 (1976),
S. 7-26.

63   "In dem Getümmel flogen seine Manuskripte
      auf dem Rasen umher." (Werke, S. 1213);
      "Herr Faber (...) haschte eifrig die ver-
      lornen Blätter seines Trauerspiels, die
      der Morgenwind wie Schmetterlinge mutwil-
      lig umhertrieb." (Werke, S. 1214 f.);
      "Hier hob plötzlich der Morgenwind ein
      gut Teil meiner Novelle aus der Rock-
      tasche." (Werke, S. 125o). Die hiero-
      glyphische Geist-Natur spielt mit den
      Buchstaben-Produkten des Schreibers zum
      Zeichen seiner Verwirrung.

64   "Ihr habt immer solche absonderliche
      Streiche im Kopf und meint, es sei poe-
      tisch, weils kurios ist." (Werke, S.
      1191).

65   Der Wind kann den Papieren jetzt nichts
      mehr anhaben ("die Morgenluft blättert
      lustig vor mir in den Papieren", Werke,
      S. 125o). Der Text dürfte kaum Anhalts-
      punkte dafür bieten, das Erscheinen des
      Ich-Erzählers k a u s a l - wie Schwarz
      es sieht - mit der Aufklärung der Ge-
      schehnisse in Verbindung zu bringen.
      Der Erzähler wird doch geradezu überrum-
      pelt, weiß von nichts, kommt "überall
      zu spät" (Werke, S. 1245), bekommt "alles,
      wie es sich begeben" (Werke, S. 125o)
      erst erzählt und lernt den Unterschied
      zwischen einer "Novelle" und einer "Ge-
      schichte" der Art Auroras kennen. Außer-
      dem ignoriert Schwarz die Figur des
      Willibald, der, wie sich zeigen wird,
      unbedingt zum Ich-Erzähler hinzugehört.

66   HKA VIII,2, S. 296.

67   Ebd.; auch HKA IX, S. 265, 416.

68   Werke, S. 12o1, 12o9, 1237.

69 Ich nenne stellvertretend Ursula Wendler:
Eichendorff und das musikalische Theater.
Untersuchungen zum Erzählwerk. Bonn 1969.
Rätselhaft ist, wie die dreiste Plagiat-
Dissertation von Norbert Siara (Szenische Bauweise des Erzählers Eichendorff
nach dem Opernvorbild Glucks und Mozarts.
Diss. Frankfurt/M. 1973), die das Druck-
papier nicht wert ist - das fängt schon
beim Titel an -, vom selben Professor an-
genommen werden konnte. Zu allem Überfluß
droht der Verf., seine "Erkenntnisse" auch
noch ein zweitesmal als Buch vorzulegen.

7o HKA XVIII,1, S. 225.

71 Diesen Begriff benutzt Seidlin, Versuche,
S. 34.

72 Vgl. auch die Einwände Ursula Wendlers
gegen "epische Szene" (Petsch); Wendler,
Theater, S. 5 f., 115 ff. Sie spricht von
"erzählten dramatischen Szene(n)", S.
11o).

73 Bei den Novellenfragmenten "Unstern" und
"Die Glücksritter" sowie dem Puppenspiel
"Das Incognito" belegt die Entstehungsgeschichte, "daß Eichendorff offenbar
schwankte, ob er der novellistischen
oder der dramatischen Form den Vorzug
geben sollte" (Kluge, Komedia, S. 1o7).
Kluges Untersuchungen des romantischen
Lustspiels zeigen, wie es unter Berufung
auf Shakespeares novellistische Komö-
dien (vgl. Fr. Schlegel, LN 1148,
1847; Tieck, Schriften, Bd. 4, S. 36o)
"aus der Affinität von Schwanknovelle und
Komödie eigenartige Spielsituationen"
gewinnt (Kluge, Komedia, S. 1o8; ders.,
Spiel, S. 39 ff.).

74 Wendler, Theater, S. 151 ff.

75   Wendler, Theater, S. 22.

76   Sie sagt: "schreibe lieber unsere Geschichte hier auf" (Werke, S. 1250).

77   HKA VIII,1, S. 91.

78   "Eigentliche Memoiren aber sind das für
die Geschichte, was die Novelle für die
Poesie: ein bestimmter (...)" (ebd.). Von
der Vermischung des Allegorischen und
Historischen geht auch Heimrich bei seiner kurzen Erörterung der Erzählung aus
(Heimrich, Fiktion, S. 82-87) und meint,
diese Eigenart verhindere Fiktionsironie.
Ob allerdings die Personen "ein Bewußtsein des Allegorischen" (S. 83) haben,
steht wohl dahin, wie überhaupt für die
Analyse der ästhetischen Organisation dieser Erzählung kaum etwas erreicht wird,
zumal die Vermischung nicht ihre spezifische Eigenart ist. Ansatz und Ergebnis
bestätigen ansonsten meine Überlegungen.

79   LN 910.

80   LN 505.

81   HKA III, S. 78.

82   Ursprung und Heimat, ewige Jugend repräsentiert dieser alte, neue Garten zeitent-
hoben-paradiesischen Zuschnitts ohne das
Künstliche einer gartenhaft-abgeschlosse-
nen Natur; vgl. Walther Rehm: Prinz Rokoko im alten Garten. Eine Eichendorffstudie. In: W.R.; Späte Studien. Bern/
München 1964, S. 122-214.

83   Vom dämonischen Zauber Italiens, Verfüh-
rung und Verlockung zugleich, drückt das
Bild hier nur den heilen, versöhnlichen
Aspekt aus: Italien, das Land der Poesie
und Rom, das "für Eichendorff etwas
Transzendentes, unerreichbar Ersehntes

ist" (Wilhelm Emrich: Das Bild Italiens
in der deutschen Dichtung. In: W.E.,
Geist und Widergeist. Wahrheit und Lüge
der Literatur. Studien. Frankfurt/M. 1965,
S. 258-286, Zitat: S. 278).

84 Wilhelm Emrich: Eichendorff. Skizze einer
Ästhetik der Geschichte. In: W.E., Pro-
test und Verheißung. Studien zur klassischen und modernen Dichtung. Frankfurt/M.
196o, S. 11-24, bes. S. 12.

85 Dazu Krabiel, Tradition, passim.

86 Eine Randnotiz Eichendorffs im Brief des
Bruders vom 2.11.1831 lautet: "Ich schreibe
poetisch, du lebst poetisch, wer dabei
besser fährt, ist leicht zu denken-"
(HKA XIII, S. 269, Anmerk. 46).

87 HKA III, S. 26.

88 HKA VIII,2, S. 322; auch HKA IX, S. 188.

89 So sagt es der "Graue" bei Eichendorff
(Werke, S. 1199). Schröder (Novelle und
Novellentheorie in der frühen Biedermeier-
zeit. Tübingen 197o, S. 74 ff.) nennt u.a.
Titel wie: J.F. Castelli, Erzählungen aus
dem Leben (1824); H.G. Lotz, Bilder aus
dem Leben (182o/24). Hinweise auch bei
Wesemeier, Novellen, S. 6 ff. und Frühwald,
Philister, S. 21, 26 (Anmerk. 78).

9o HKA IX, S. 96.

91 Krabiel, Tradition, S. 19.

92 A.W. Schlegel, KSB II, S. 81.

93 HKA X, S. 415.

94 Wer allerdings annimmt, "Eichendorff habe
eine Parodie seines eigenen Erzählstils
mitbeabsichtigt" (Schwarz, Erzähltechnik,
S. 543) oder "in offensichtlicher Absicht

der Selbstironisierung" Bilder, Szenentechnik und Handlungselemente "in über-
steigerter Deutlichkeit" verwendet (Wendler,
Theater, S. 74), der reduziert die poly-
funktionalen Formeln in ähnlicher Weise
wie die Novellenmacher auf eindeutige
Klischees und verzichtet auf seine Leser-
freiheit, sich vor lauter Normen - und die
Gattung Parodie arbeitet mit Vorstellungs-
normen - auch noch etwas anderes zu denken.

95   Wie man sieht, tut er es schon ab und zu,
     und dann auch recht dezidiert; dagegen
     Krabiel, Tradition, S. 88: "Eichendorff
     hat sich über den Sinn seiner Dichtungen
     selten, über Probleme ihrer Sprache und
     Form nie geäußert."

96   Wendler, Theater, S. 153 f.

97   Zuletzt Krabiel, Tradition, S. 7o ff.

98   Krabiel, Tradition, S. 84 f.

99   "Tableau bedeutet (...) die künstlerisch
     komponierte Personengruppe, die einen ge-
     haltlich wichtigen Handlungsaugenblick
     darstellt und sich damit im Drama aus
     der Fülle schnell wechselnder Situationen
     heraushebt"; charakteristisch ist die
     "Verfestigung des transitorischen Augen-
     blicks zum gehaltlich vertieften Bild"
     (August Langen: Attitüde und Tableau in
     der Goethezeit. In: JDSG 12, 1968, S.
     194-258, Zitat: S. 194).

1oo Für Ursula Wendler ist nur letzteres ent-
     scheidend: "Nicht so sehr die Art des
     Erzählens, sondern vor allem bereits der
     erzählte Vorgang hat bei Eichendorff
     szenische Qualität." (Wendler, Theater,
     S. 111, auch S. 7o).

1o1 HKA VIII,2, S. 296.

lo2   Max Frisch: Tagebuch 1946-1949. Frank-
        furt/M. 195o, S. 251.

lo3   Frisch, Tagebuch, S. 246.

lo4   Gadamer, Wahrheit, S. 147.

lo5   KA II, S. 25o, 429.AF.

lo6   HKA VIII,1, S. 91.

lo7   Werke, S. 1184 ('Das Marmorbild').

lo8   Das Bizarre **kennzeichnet** nach Schlegel
        "das poetische Märchen" (KA II, S. 25o,
        429.AF.), und auch vom "Sommernachtstraum"
        her ergeben sich Bezüge zum "Fantastischen"
        (LN 39o, 484, 577).

Zusammenfassung und Ausblick:
Parodie und Ironie

1   Strohschneider-Kohrs, Ironie, S. 43o. Denn
      nur ein Werk, das sich als Fiktiv-Ge-
      machtes zu erkennen geben will und sei-
      nen Sinn in der Demonstration künstleri-
      scher Eigenwelt hat, läßt den Schluß auf
      die analytisch-zergliedernde, reflexiv-
      transzendentale Ironie als Formprinzip
      zu. Insofern ist Strohschneider-Kohrs'
      Ironiekonzept homogen.

2   Vgl. Preisendanz, Humor oder Kluge, Spiel.

3   Die prinzipielle Kritik am zweiten dich-
      tungspraktischen Teil des Buches von
      Strohschneider-Kohrs muß allerdings be-
      rücksichtigen, daß die Verf. im Falle
      des "Godwi" auch g e g e n die Anwen-
      dung des Ironiebegriffs plädiert, wenn
      auch aus anderen Gründen als den hier
      erörterten.

LITERATURVERZEICHNIS

Abkürzungen

DVjs = Deutsche Vierteljahresschrift für
Literaturwissenschaft und Geistesgeschichte

JDSG = Jahrbuch der deutschen Schiller-
gesellschaft

JFDH = Jahrbuch des Freien Deutschen
Hochstifts

PMLA = Publication of the Modern Language
Association of America

ZfdPh = Zeitschrift für deutsche Philologie

1. Quellen

ARISTOTELES: Metaphysik. Übersetzt v. Hermann
Bonitz. - Hamburg 1966 (Rowohlts Klassiker
der Literatur und der Wissenschaft 2o5-o8).

BRENTANO, Clemens: Werke. 4 Bde. Hrsg. v.
Friedhelm Kemp. - Darmstadt 1965-68.
zit.: Brentano, Werke

DERS.: Briefe. 2 Bde. Hrsg. v. Friedrich Seebaß.
Nürnberg 1951 (1. Bd.: 1793 - 18o9;
2. Bd.: 181o - 1842).
zit.: Seebaß, Briefe

BRIEFWECHSEL zwischen Clemens Brentano und
    Sophie Mereau. 2 Bde. Hrsg. v. Heinz
    Amelung. - Leipzig 19o8.
    zit.: Amelung, Briefe

Clemens BRENTANO und Minna Reichenbach. Unge-
    druckte Briefe des Dichters. Hrsg. v. Walter
    Limburger. - Leipzig 1921.
    zit.: Limburger, Briefe

CAROLINE. Briefe aus der Frühromantik. 2 Bde.
    Nach Georg Waitz vermehrt hrsg. v. Erich
    Schmidt. - Leipzig 1913.
    zit.: Caroline, Briefe

CERVANTES Saavedra, Miguel de: Der sinnreiche
    Junker Don Quijote von der Mancha. Voll-
    ständige Ausgabe in der Übertragung
    v. Ludwig Braunfels, durchgesehen v.
    A. Spemann. Nachwort v. Fritz Martini. -
    München 1966.
    zit.: Cervantes, Don Quijote

Sämtliche Werke des Freiherrn von EICHENDORFF.
    Historisch-Kritische Ausgabe. Hrsg. v.
    Wilhelm Kosch u. August Sauer. Fortge-
    führt v. Hermann Kunisch. - Regensburg
    19o8 ff.
    zit.: HKA

EICHENDORFF, Joseph von: Werke. Hrsg. v. Wolf-
    dietrich Rasch. - München 1966.
    zit.: Eichendorff, Werke

FICHTE, Johann Gottlieb: Werke. Bd. I ff. Hrsg.
    v. Immanuel Hermann Fichte. - Berlin 1971
    (Photomech. Nachdruck).
    zit.: Fichte, Werke

FRISCH, Max: Tagebuch 1946 - 1949. - Frankfurt/M.
    195o.
    zit.: Frisch, Tagebuch

HALLER, Albrecht von: Gedichte. Krit. durchge-
      sehene Ausgabe v. Harry Maync. -
      Leipzig 1923.

HEGEL, Georg Wilhelm Friedrich: Phänomenologie
      des Geistes. Hrsg. v. Johannes Hoffmeister.
      6. Aufl. - Hamburg 1952 (Phil.Bibl. Meiner,
      Bd. 114).

J.G. HERDER's Pädagogische Schriften und Äußerun-
      gen. Mit Einleitung u. Anmerkungen hrsg. v.
      Horst Keferstein. - Langensalza 19o2
      (Bibliothek pädagogischer Klassiker Bd. 4o).

HÖLDERLIN, Friedrich: Sämtliche Werke. /Große/
      Stuttgarter Ausgabe. Hrsg. v. Friedrich
      Beißner. - Stuttgart 1943 ff.
      zit.: GSA

HOFFMANNS Briefwechsel (mit Ausnahme der Briefe
      an Hippel). Gesammelt und erläutert v.
      Hans von Müller. II. Bd. 2. Heft (Berlin
      1814 - 22). - Berlin 1912.
      zit.: Hoffmanns Briefwechsel

JEAN Paul: Werke in 6 Bde. Hrsg. v. Norbert
      Miller. Nachwort von Walter Höllerer. -
      München 196o ff.
      zit.: Jean Paul, Werke

KANT, Immanuel: Werke in 6 Bde. Hrsg. v.
      Wilhelm Weischedel. - Darmstadt 1956 ff.
      zit.: Kant, Werke

KLINGEMANN, August (Hrsg.): Memnon. Eine Zeit-
      schrift. - Leipzig 18oo.

GOETHE, Johann Wolfgang: Sämtliche Werke.
      Jubiläums-Ausgabe. Hrsg. v. E. von der
      Hellen (u.a.). - Berlin/Stuttgart o.J.
      (19o2 - 12).

GOETHES Werke. Hamburger Ausgabe in 14 Bde.
      Hrsg. v. Erich Trunz (u.a.). - Hamburg
      1948 - 196o.
      zit.: Goethe, HA

MAIMON, Salomon: Gesammelte Werke. Reprogr.
      Nachdruck. 7 Bde. Hrsg. v. Valerio Verra.
      - Hildesheim 1965 - 1976.

MANN, Thomas: Gesammelte Werke in 12 Bde. -
      Frankfurt/M. 196o - 1968.

MÜLLER, Adam H.: Kritische, ästhetische und
      philosophische Schriften. 2 Bde. - Krit.
      Ausgabe hrsg. v. W. Schroeder u. W.
      Siebert. - Neuwied 1967.
      zit.: A.H. Müller, Schriften

NOVALIS: Schriften. Die Werke Friedrich von
      Hardenbergs. Hrsg. v. Paul Kluckhohn u.
      Richard Samuel. 2., nach den Handschriften
      ergänzte, erweiterte u. verbesserte Aufl.
      in 4 Bde. u. einem Begleitband. - Darm-
      stadt 196o ff.
      zit.: Novalis, Schriften

PASCAL, Blaise: Oeuvres complètes. Ed. par J.
      Chevalier. - Paris 1954.

PLATON: Sämtliche Werke. 6 Bde. Nach der Über-
      setzung von Friedrich Schleiermacher mit
      der Stephanus-Numerierung. Hrsg. v. Walter
      F. Otto (u.a.). - Hamburg 1957 - 1959
      (Rowohlts Klassiker der Literatur und
      der Wissenschaft).

RUNGE, Philipp Otto: Hinterlassene Schriften.
      Hrsg. v. dessen ältestem Bruder. Faks.-Dr.
      nach der Ausgabe von 184o-41. Teil 1.2 -
      Göttingen 1965 (Deutsche Neudrucke. Reihe:
      Texte des 19. Jhs.).

SCHELLING, Friedrich Wilhelm Joseph: System des
    transzendentalen Idealismus. Mit einer
    Einleitung v. Walter Schulz. - Hamburg 1957
    (Phil.Bibl. Meiner Bd. 254).
    zit.: Schelling, System

Ders.: Philosophie der Kunst. Unveränderter
    photomech. Nachdruck der aus dem handschr.
    Nachlaß hrsg. Ausgabe von 1859. -
    Darmstadt 1966.
    zit.: Schelling, Kunst

SCHILLER, Friedrich von: Werke. Nationalausgabe.
    Bd. I ff. - Weimar 1943 ff.
    zit.: Schiller, NA

SCHLEGEL, August Wilhelm: Sämtliche Werke. Hrsg.
    v. Eduard Böcking. - Leipzig 1846/47.
    zit.: A.W. Schlegel, SW

Ders.: Kritische Schriften und Briefe. 7 Bde.
    Hrsg. v. Edgar Lohner. - Stuttgart 1962 ff.
    zit.: A.W. Schlegel, KSB

Ders.: Vorlesungen über Philosophische Kunst-
    lehre mit erläuternden Bemerkungen von
    K.Chr.Fr. Krause. Hrsg. v. A. Wünsche. -
    Leipzig 1911.
    zit.: A.W. Schlegel, Vorlesungen

Friedrich Schlegel's Philosophische Vorlesungen
    aus den Jahren 1804 - 1806. Nebst Fragmen-
    ten vorzüglich philosophisch-theologischen
    Inhalts (1796-1818). 2 Bde. Hrsg. v. C.H.J.
    Windischmann. - Bonn 1846 (Supplementbände,
    Teil 1 - 4, zu Fr. v. Schlegels sämtlichen
    Werken, 2. Ausgabe).
    zit.: Windischmann

SCHLEGEL, Friedrich: Seine prosaischen Jugend-
    schriften 1794 - 18o2. 2 Bde. Hrsg. v.
    Jakob Minor. - Wien 1882.
    zit.: JS

Ders.: Neue philosophische Schriften. Erstmals
    in Druck gelegt, erläutert u. mit einer
    Einleitung in Fr. Schlegels philosophi-
    schen Entwicklungsgang versehen von Josef
    Körner. - Frankfurt/M. 1935.
    zit.: NPhS

Ders.: Literary Notebooks 1797 - 18o!. Ed. with
    introduction and commentary by Hans
    Eichner. - London 1957.
    zit.: LN

Ders.: Kritische Ausgabe. Hrsg. v. Ernst Behler
    unter Mitwirkung von Jean-Jacques Anstett
    u. Hans Eichner. - München/Paderborn/Wien
    1958 ff. (zitiert nach Band - Seitenzahl,
    ggf. Nummer; AF = Athenäums-Fragmente,
    LF = Lyceums-Fragmente, I = Ideen).
    zit.: KA

Ders.: Briefe an seinen Bruder August Wilhelm.
    Hrsg. v. Oskar F. Walzel. - Berlin 189o.
    zit.: Walzel, Briefe

Friedrich SCHLEGEL und Novalis. Biographie
    einer Romantikerfreundschaft in ihren
    Briefen. Auf Grund neuer Briefe Schlegels
    hrsg. v. Max Preitz. - Darmstadt 1957.

SOLGER, Karl Wilhelm Ferdinand: Vorlesungen
    über Ästhetik. Hrsg. v. Karl Wilhelm
    Ludwig Heyse. Fotomech. Nachdruck der 1.
    Aufl. Leipzig 1829. - Darmstadt 1962.
    zit.: Solger, Vorlesungen

SOLGER, Karl Wilhelm Ferdinand: Erwin. Vier Ge-
    spräche über das Schöne und die Kunst.
    Nachdruck der Ausgabe Berlin 19o7, zus.
    mit Solgers Rezension von A.W. Schlegels
    "Vorlesungen über dramatische Kunst und
    Literatur". Mit Nachwort und Anmerkungen
    hrsg. v. Wolfhart Henckmann. - München
    1971. (Theorie u. Geschichte der Literatur
    und der schönen Künste, Bd. 15).
    zit.: Solger, Erwin

Ders.: Philosophische Gespräche. Erste Sammlung.
    Mit einem Nachwort zum Neudruck von Wolf-
    hart Henckmann. - Darmstadt 1972.
    zit.: Solger, Gespräche

TIECK, Ludwig: Kritische Schriften. 2 Bde.
    Hrsg. v. Rudolf Köpke. - Leipzig 1848 -
    1852.
    zit.: Tieck, KS

Ders.: Erinnerungen aus dem Leben des Dichters
    nach dessen mündlichen und schriftlichen
    Mittheilungen von Rudolf Köpke. 2 Bde. -
    Leipzig 1855.

WACKENRODER, Wilhelm Heinrich: Werke und Briefe.
    - Heidelberg 1967.

WINCKELMANN, Johann Joachim: Kleine Schriften
    - Vorreden - Entwürfe. Hrsg. v. Walther
    Rahm u. eingeleitet von Hellmut Sichter-
    mann. - Berlin 1968.

2.   Darstellungen

ABRAMS, M.H.: The Mirror and the Lamp:
    Romantic Theory and its critical tradition.
    - New York 1953.
    zit.: Abrams, Mirror

ALEWYN, Richard: Eine Landschaft Eichendorffs.
    In: Eichendorff heute. Stimmen der Forschung
    mit einer Bibl. Hrsg. v. Paul Stöcklein.
    2. Aufl. - Darmstadt 1966, S. 19 - 43.

ALLEMANN, Beda: Ironie und Dichtung. 2. erw. Aufl.
    - Pfullingen 1969.
    zit.: Allemann, Ironie

ANDEREGG, Johannes: Fiktion und Kommunikation.
    Ein Beitrag zur Theorie der Prosa.
    - Göttingen 1973 (Sammlung Vandenhoeck).

ANTON, Herbert: Romantische Deutung griechischer
    Mythologie. In: Die deutsche Romantik.
    Poetik, Formen und Motive. Hrsg. v. Hans
    Steffen. - Göttingen 1967, S. 277 - 288
    (Kleine Vandenhoeck-Reihe 25o S).

ARENDT, Dieter: Der Nihilismus - Ursprung und Ge-
    schichte im Spiegel der Forschungs-Literatur
    seit 1945. Ein Forschungs-Bericht. - In:
    DVjs 43 (1969), S. 346 - 369 u. 544 - 566.
    zit.: Arendt, Forschungs-Bericht

Ders.: (Hrsg. u. eingel.) Nihilismus. Die Anfän-
    ge von Jacobi bis Nietzsche. - Köln 197o.
    zit.: Arendt, Anfänge

Ders.: Der "poetische Nihilismus" in der Romantik.
    Studien zum Verhältnis von Dichtung und
    Wirklichkeit in der Frühromantik. 2 Bde. -
    Tübingen 1972 (Studien zur deutschen Litera-
    tur 29/3o).
    zit.: Arendt, Poetischer Nihilismus

312

ARENDT, Dieter: (Hrsg.): Der Nihilismus als
Phänomen der Geistesgeschichte in der
wissenschaftlichen Diskussion unseres
Jahrhunderts. - Darmstadt 1974 (Wege der
Forschung CCCLX).
zit.: Arendt, Geistesgeschichte

BAEUMLER, Alfred: Das Irrationalitätsproblem
in der Ästhetik und Logik des 18. Jahrhunderts bis zur Kritik der Urteilskraft.
- Darmstadt 1967 (Reprogr. Nachdruck der
1. Aufl., Halle/Saale 1923 u.d.T.:
Kants Kritik der Urteilskraft. 1. Bd.).

BAEUMER, Max L.: Die zeitgeschichtliche Funktion
des dionysischen Topos in der romantischen
Dichtung. In: Gestaltungsgeschichte und
Gesellschaftsgeschichte. Literatur, -
Kunst- und Musikwissenschaftliche Studien.
Fritz Martini zum 6o. Geb. Hrsg. v. Helmut
Kreuzer. - Stuttgart 1969, S. 265 - 283.

BAUSCH, Walter: Theorien des epischen Erzählens
in der deutschen Frühromantik. - Bonn 1964
(Bonner Arbeiten zur deutschen Literatur
Bd. 8).
zit.: Bausch, Theorien

BECKER, Ingrid: Morphologische Interpretation
von Brentanos Godwi. - Diss. Bonn o.J.
(1948), (Masch.schr.).
zit.: Becker, Godwi

BEHLER, Ernst: Friedrich Schlegel und Hegel.
- In: Hegel-Studien 2 (1963), S. 2o3 - 25o.
zit.: Behler, Hegel

BEHLER, Ernst: The Origins of the Romantic
    Literary Theory. - In: Colloquia Germanica.
    Internationale Zeitschrift für germanische
    Sprach- und Literaturwissenschaft 2 (1968),
    S. lo9 - 126 (ferner Aufsätze über Romantik
    von K.S. Guthke, H. Meyer, H.H. Remak, K.
    Tober, U. Weisstein, A.L. Willson).

Ders.: Die Theorie der romantischen Ironie im
    Lichte der handschriftlichen Fragmente
    Friedrich Schlegels. - In: Zeitschrift für
    deutsche Philologie 88 (1969), S. 9o - 114
    (Sonderheft: Friedrich Schlegel und die
    Romantik).
    zit.: Behler, Theorie

Ders.: Klassische Ironie - Romantische Ironie
    - Tragische Ironie. Zum Ursprung dieser Be-
    griffe. - Darmstadt 1972 (Libelli
    CCCXXVIII).
    zit.: Behler, Ironie

Ders.: Die Geschichte des Bewußtseins. Zur Vor-
    geschichte eines Hegelschen Themas. - In:
    Hegel-Studien 7 (1972), S. 169 - 216.
    zit.: Behler, Geschichte

Ders.: Die Kunst der Reflexion. Das frühroman-
    tische Denken im Hinblick auf Nietzsche. In:
    Untersuchungen der Literatur als Geschichte.
    Festschrift für Benno von Wiese. Berlin
    1973, S. 219 - 248.

BELGARDT, Raimund: Romantische Poesie. Begriff
    und Bedeutung bei Friedrich Schlegel. -
    Mouton 1969.
    zit.: Belgardt, Poesie

314

BENJAMIN, Walter: Der Begriff der Kunstkritik
in der deutschen Romantik. In: W.B.,
Schriften. 2 Bde. Hrsg. v. Theodor W.
Adorno u. Gretel Adorno unter Mitw. v.
Friedrich Podszus. Bd. II. - Frankfurt/M.
1955, S. 42o - 528.
zit.: Benjamin, Kunstkritik

Biemel, Walter: L'ironie romantique et la
philosophie de l'idéalisme allemand.
- In: Revue Philosophique de Louvain
61 (1963), S. 627 - 643.

BLUMENBERG, Hans: "Nachahmung der Natur". Zur
Vorgeschichte der Idee des schöpferischen
Menschen. - In: Studium Generale 1o
(1958), S. 266 - 283.

Ders.: Wirklichkeitsbegriff und Möglichkeit des
Romans. In: Nachahmung und Illusion. Hrsg.
v. Hans Robert Jauß. 2. Aufl. - München
1969, S. 9 - 27, 219 - 227 (Poetik und
Hermeneutik I).

Ders.: Sprachsituation und immanente Poetik. In:
Immanente Ästhetik - Ästhetische Reflexion.
Lyrik als Paradigma der Moderne. Hrsg. v.
Wolfgang Iser. - München 1966, S. 145 - 155,
453 - 463 (Poetik und Hermeneutik II).

BÖCKMANN, Paul: Das Formprinzip des Witzes in
der Frühzeit der deutschen Aufklärung.
- In: JFDH 1932/33, S. 52 - 13o.
zit.: Böckmann, Witz

Ders.: Die romantische Poesie Brentanos und
ihre Grundlagen bei Friedrich Schlegel und
Tieck. Ein Beitrag zur Entwicklung der Formensprache der deutschen Romantik.
- In: JFDH 1934/35, S. 56 - 176.
zit.: Böckmann, Poesie

BÖCKMANN, Paul: Formensprache. Studien zur
    Literarästhetik und Dichtungsinterpreta-
    tion. - Darmstadt 1966.
    zit.: Böckmann, Formensprache

Ders.: Der Roman der Transzendentalpoesie in der
    Romantik. In: Geschichte, Deutung, Kritik.
    Literaturwissenschaftliche Beiträge zum
    65. Geburtstag Werner Kohlschmidts. - Bern
    1969, S. 165 - 185.
    zit.: Böckmann, Roman

Ders.: Das Laokoonproblem und seine Auflösung
    im neunzehnten Jahrhundert. In: Bildende
    Kunst und Literatur. Beiträge zum Problem
    ihrer Wechselbeziehungen im 19. Jh.
    Hrsg. v. Wolfdietrich Rasch. - Frankfurt/M.
    1970, S. 59 - 78 (Studien zur Philosophie
    und Literatur des 19. Jhs., Bd. 6).
    zit.: Böckmann, Laokoon

Ders.: Formgeschichte der deutschen Dichtung.
    Bd. 1: Von der Sinnbildsprache zur Aus-
    druckssprache. Der Wandel der literarischen
    Formensprache vom Mittelalter zur Neuzeit.
    4. Aufl. - Darmstadt 1973.
    zit.: Böckmann, Formgeschichte

BOEHM, Gottfried: Studien zur Perspektivität.
    Philosophie und Kunst in der Frühen Neu-
    zeit. - Heidelberg 1969 (Heidelberger For-
    schungen 13).

BOOTH, Wayne C.: Die Rhetorik der Erzählunst.
    2 Bde. Übersetzt von Alexander Polzin.
    - Heidelberg 1974.

BORCHERDT, Hans Heinrich: Der Roman der Goethe-
    zeit. - Urach/Stuttgart 1949.

BRÜGGEMANN, Werner: Cervantes und die Figur des
    Don Quijote in Kunstanschauung und Dichtung
    der deutschen Romantik. - Münster 1958
    (Spanische Forschungen der Görresgesell-
    schaft R. 2, Bd. 7).

CAMPE, Joachim Heinrich: Wörterbuch zur Erklä-
    rung und Verdeutschung der unserer Sprache
    aufgedrungenen fremden Ausdrücke. Ein Er-
    gänzungsband zu Adelung's und Campe's
    Wörterbücher. Neue stark vermehrte und
    durchgängig verbesserte Ausgabe. - Braun-
    schweig 1813.

CANETTI, Elias: Der Beruf des Dichters. - In:
    Akzente 23 (1976), S. 97 - 1o7.

CONRADY, Karl Otto: Literatur und Germanistik
    als Herausforderung. Skizzen und Stel-
    lungnahmen. - Frankfurt/M. 1974.

CURTIUS, Ernst Robert: Europäische Literatur und
    lateinisches Mittelalter. 6. Aufl. - Bern
    /München 1967.

DAVID, Claude: Clemens Brentano. In: Die deutsche
    Romantik. Poetik, Formen und Motive. Hrsg.
    v. Hans Steffen. - Göttingen 1967, S.
    159 - 179 (Kleine Vandenhoeck-Reihe 25o S).
    zit.: David, Brentano

DEUBEL, Volker: Die Friedrich-Schlegel-Forschung
    1945 - 1972. - In: DVjs 47 (1973), S. 48
    - 181 (Sonderheft: Forschungsreferate).
    zit.: Deubel, Schlegel-Forschung

EBERT, Theodor: Praxis und Poiesis. Zu einer
    handlungstheoretischen Unterscheidung des
    Aristoteles. - In: Zeitschrift für philo-
    sophische Forschung 3o (1976), S. 12 - 3o.

EICHNER, Hans: Friedrich Schlegel's Theory of
    Romantic Poetry. – In: PMLA 71 (1956),
    S. 1o18 – 1o41.

ELSCHENBROICH, Adalbert: Romantische Sehnsucht
    und Kosmogonie. Eine Studie zu Gotthilf
    Heinrich Schuberts "Geschichte der Seele"
    und deren Stellung in der deutschen Spät-
    romantik. – Tübingen 1971 (Untersuchungen
    zur dt. Literaturgeschichte Bd. 6).

EMRICH, Wilhelm: Eichendorff. Skizze einer
    Ästhetik der Geschichte. In: W.E.,
    Protest und Verheissung. Studien zur
    klassischen und modernen Dichtung. –
    Frankfurt/M. 196o, S. 11 – 24.

Ders.: Das Bild Italiens in der deutschen
    Dichtung. In: W.E., Geist und Widergeist.
    Wahrheit und Lüge der Literatur. Studien.
    – Frankfurt/M. 1965, S. 258 – 286.

Ders.: Romantik und modernes Bewußtsein. In:
    W.E., Geist und Widergeist. Wahrheit und
    Lüge der Literatur. Studien. – Frank-
    furt/M. 1965, S. 236 – 257.

ENCKE, Helga: Bildsymbolik im "Godwi" von
    Clemens Brentano. Eine Strukturanalyse.
    – Diss. Köln 1957.
    zit.: Encke, Bildsymbolik

FAMBACH, Oscar (Hrsg.): Das große Jahrzehnt
    (1796 – 18o5) in der Kritik seiner Zeit.
    – Berlin 1958 (Bd. IV der Reihe: Ein
    Jahrhundert deutscher Literaturkritik
    175o – 185o).
    zit.: A.W. Schlegel, Fambach
    Lucinde, Fambach

FETZER, John: Clemens Brentanos "Godwi":
    Variations on the Melos - Eros Theme.
    - In: The Germanic Review 42 (1967),
    S. 1o8 - 123.

Ders.: Romantic Orpheus. Profiles of Clemens
    Brentano. - Berkeley (u.a.) 1974.
    zit.: Fetzer, Orpheus

FIESEL, Eva: Die Sprachphilosophie der deutschen
    Romantik. - Tübingen 1927.

FRANK, Manfred: Das Problem "Zeit" in der
    deutschen Romantik. Zeitbewußtsein und
    Bewußtsein von Zeitlichkeit in der früh-
    romantischen Philosophie und in Tiecks
    Dichtung. -
    zit.: Frank, Zeit

FREUD, Sigmund: Der Dichter und das Phanta-
    sieren. In: Gesammelte Werke. Bd. 7
    (Werke aus den Jahren 19o6 - 19o9).
    - Frankfurt/M. 1941, S. 215 - 223.

FRÜHWALD, Wolfgang: Stationen der Brentano-
    Forschung 1924 - 1972. - In: DVjs 47
    (1973), S. 182 - 269 (Sonderheft:
    Forschungs-Referate).

Ders.: Der Philister als Dilettant. Zu den
    satirischen Texten Joseph von Eichendorffs.
    - In: Aurora. Jahrbuch der Eichendorff-
    Gesellschaft Bd. 36 (1976), S. 7 - 26.
    zit.: Frühwald, Philister

GADAMER, Hans-Georg: Wahrheit und Methode.
    Grundzüge einer philosophischen Hermeneu-
    tik. 2. erw. Aufl. - Tübingen 1965.
    zit.: Gadamer, Wahrheit

GAJEK, Bernhard: Homo poeta. Zur Kontinuität
    der Problematik bei Clemens Brentano.
    - Frankfurt/M. 1971 (Goethezeit Bd. 3).
    zit.: Gajek, Kontinuität

GOHR, Siegfried: Der Kult des Künstlers und der
    Kunst im 19. Jahrhundert. Zum Bildtyp des
    Hommage. - Köln/Wien 1975 (Dissertationen
    zur Kunstgeschichte 1).

GRENZMANN, Wilhelm: Clemens Brentanos "Godwi".
    - In: Etudes Germaniques 6 (1951),
    S. 252 - 261.

GÜNTHER, Anna Dorothea: Zur Parodie bei Eichen-
    dorff. - Diss. Berlin 1968.

HAMBURGER, Käte: Die Logik der Dichtung. 2.
    stark veränderte Aufl. - Stuttgart 1968.
    zit.: Hamburger, Logik

HASS, Hans Egon: Die Ironie als literarisches
    Phänomen. - Diss. Bonn 1950 (Masch.-schr.).

HECKEL, Hans: Die Gestalt des Künstlers in der
    Romantik. - In: Literaturwissenschaftliches
    Jahrbuch der Görres-Gesellschaft 2 (1927),
    S. 50 - 83.

HEIMRICH, Bernhard: Fiktion und Fiktionsironie
    in Theorie und Dichtung der deutschen
    Romantik. - Tübingen 1968 (Studien zur
    deutschen Literatur Bd. 9).
    zit.: Heimrich, Fiktion

HEINE, Roland: Transzendentalpoesie. Studien zu
     Friedrich Schlegel, Novalis und E.T.A.
     Hoffmann. - Bonn 1974 (Abhandlungen zur
     Kunst-, Musik- und Literaturwissenschaft
     Bd. 144).
     zit.: Heine, Transzendentalpoesie

HEINISCH, Klaus J.: Deutsche Romantik. Inter-
     pretationen. - Paderborn 1966.

HENKEL, Arthur: Was ist eigentlich romantisch?
     In: Festschrift für Richard Alewyn. Hrsg.
     v. Herbert Singer u. Benno von Wiese.
     - Köln/Graz 1967, S. 292 - 3o8.

HERTRICH, Elmar: Joseph Berglinger. Eine Studie
     zu Wackenroders Musiker-Dichtung. -
     Berlin 1969.

HEUER, Fritz: Darstellung der Freiheit. Schillers
     transzendentale Frage nach der Kunst.
     - Köln/Wien 197o (Kölner Germanistische
     Studien Bd. 3).

HINSKE, Norbert: Kants Weg zur Transzendental-
     philosophie. Der 3ojährige Kant.
     - Stuttgart/Berlin/Köln/Mainz 197o.

HOFFMANN, Werner: Clemens Brentano. Leben und
     Werk. - Bern/München 1966.

HORN, Franz: Umrisse zur Geschichte und Kritik
     der schönen Literatur Deutschlands, wäh-
     rend der Jahre 179o - 1818. 2. verm. Aufl.
     - Berlin 1821.

HUGE, Eberhard: Poesie und Reflexion in der
Ästhetik des frühen Friedrich Schlegel.
- Stuttgart 1971 (Studien zur Allgemeinen
und Vergleichenden Literaturwissenschaft
Bd. 6).
zit.: Huge, Reflexion

HUNSCHA, Christa: Stilzwang und Wirklichkeit.
Zu Brentanos "Godwi". - In: Romananfänge.
Versuch zu einer Poetik des Romans. Hrsg.
v. Norbert Miller. - Berlin 1965,
S. 135 - 148.
zit.: Hunscha, Stilzwang

Dies.: Die Realitätskonzeption in den Märchen
Clemens Brentanos. - Diss. Berlin 1969.
zit.: Hunscha, Realitätskonzeption

IMMERWAHR, Raymond: Structural Symmetry in the
Episodic Narratives of "Don Quijote"
- Part One. - In: Comparative Literature
1o (1958), S. 121 - 135.

Ders.: Reality as an object of Romantic
Experience. - In: Colloquia Germanica.
Internationale Zeitschrift für germanische
Sprach- und Literaturwissenschaft 3
(1969), S. 133 - 161.

ISER, Wolfgang: Die Appellstruktur der Texte:
Unbestimmtheit als Wirkungsbedingung
literarischer Prosa. - Konstanz 1970
(Konstanzer Universitätsreden 28).

JÄHNIG, Dieter: Schelling. Die Kunst in der
Philosophie. Bd. I: Schellings Begründung
von Natur und Geschichte. Bd. II: Die
Wahrheitsfunktion der Kunst. -
Pfullingen 1966/69.
zit.: Jähnig, Schelling I/II

JANKE, Wolfgang: Das empirische Bild des Ich.
     Zu Fichtes Bestimmung des Menschen.
     - In: Philosophische Perspektiven
     I (1969), S. 229 - 246.

Ders.: Fichte. Sein und Reflexion - Grundlagen
     der kritischen Vernunft. - Berlin 197o.
     zit.: Janke, Fichte

JAUSS, Hans Robert: Literaturgeschichte als
     Provokation. - Frankfurt/M. 197o
     (edition suhrkamp 418).
     zit.: Jauß, Literaturgeschichte

JOACHIMI, Marie: Die Weltanschauung der
     deutschen Romantik. - Jena/Leipzig 19o5.
     zit.: Joachimi, Weltanschauung

KAPITZA, Peter: Die frühromantische Theorie der
     Mischung. Über den Zusammenhang von roman-
     tischer Dichtungstheorie und zeitgenössi-
     scher Chemie. - München 1968 (Münchner
     Germanistische Beiträge Bd. 4).

Ders.: "Physik" der Poesie. Zu einem naturwis-
     senschaftlichen Begriffsmodell im ästheti-
     schen Programm der Frühromantik. - In:
     Literaturwissenschaftliches Jahrbuch im
     Auftrag der Görres-Gesellschaft N.F. 12
     (1971), S. 97 - 112.

KELLER, Werner: Goethes dichterische Bildlichkeit.
     Eine Grundlegung. - München 1972.
     zit.: Keller, Bildlichkeit

KERR, Alfred: Godwi. Ein Kapitel deutscher
     Romantik. - Berlin 1898.

KLEE, Paul: Das bildnerische Denken. Schriften
     zur Form- und Gestaltungslehre. Hrsg.
     u. bearb. v. Jürg Spiller. - Basel/Stuttgart
     1956.

KLUGE, Gerhard: Spiel und Witz im romantischen
    Lustspiel. Zur Struktur der Komödien-
    dichtung der deutschen Romantik. -
    Diss. Köln 1963.
    zit.: Kluge, Spiel

Ders.: (Hrsg. mit Nachwort) Ludwig Tieck, Gedichte.
    3 Bde. Faksimiledruck nach der Ausgabe von
    1821-23. - Heidelberg 1967 (Deutsche Neu-
    drucke, Reihe Goethezeit).
    zit.: Kluge, Gedichte

Ders.: A.v. Arnim, Das Loch/J.v. Eichendorff,
    Das Incognito. Texte und Materialien zur
    Interpretation besorgt von G. Kluge.
    - Berlin 1968 (Reihe: Komedia. Deutsche
    Lustspiele vom Barock bis zur Gegenwart,
    Bd. 13).
    zit.: Kluge, Komedia

Ders.: Das Lustspiel der deutschen Romantik. In:
    Das deutsche Lustspiel. Teil I. Hrsg. v.
    Hans Steffen. - Göttingen 1968, S. 181
    - 2o3 (Kleine Vandenhoeck-Reihe 271 S).
    zit.: Kluge, Lustspiel

Ders.: Idealisieren - Poetisieren. Anmerkungen
    zu poetologischen Begriffen und zur Lyrik-
    theorie des jungen Tieck. - In: JDSG 13
    (1969), S. 3o8 - 36o; auch in: Ludwig Tieck
    (Wege der Forschung, Bd. CCCLXXXVI). Hrsg.
    v. Wulf Segebrecht. - Darmstadt 1977.
    zit.: Kluge, Idealisieren

Ders.: Vom Perspektivismus des Erzählens. Eine
    Studie über Clemens Brentanos "Geschichte
    vom braven Kasperl und dem schönen Annerl".
    - In: JFDH 1971, S. 143 - 197.
    zit.: Kluge, Perspektivismus

324

KLUGE, Gerhard: Die Leiden des jungen Werthers
     in der Residenz. Vorschlag zur Interpreta-
     tion einiger Werther-Briefe. - In:
     Euphorion 65 (1971), S. 115 - 131.
     zit.: Kluge, Werther

Ders.: Rezension von: Heinz Hillmann, Bild-
     lichkeit der deutschen Romantik.
     Frankfurt/M. 1971 - In: ZfdPh 92
     (1973), S. 286 - 294.

KÖRNER, Josef: Die Urform der Lucinde. - In:
     Das literarische Echo. Halbmonatsschrift
     für Literaturfreunde. Jg. 16 (1913/14),
     Spalte 949 - 954.

Ders.: Neues vom Dichter der Lucinde. - In:
     Preußische Jahrbücher Bd. 183 (1921).
     S. 3o9 - 33o; Bd. 184 (1922), S. 37 - 56.

KOHLFÜRST, Günther: Romantische Ironie und
     Selbstironie bei Joseph von Eichendorff.
     - Diss. Graz 1969 (Masch.-schr.).

KOOPMANN, Helmut: Eichendorff. Das Schloß
     Dürande und die Revolution. - In:
     ZfdPh 89 (197o), S. 18o - 2o7.

KORFF, Hermann August: Geist der Goethezeit.
     4 Bde. - Leipzig 1923 - 1953; hier
     Bd. III (Hochromantik), 194o.

KRABIEL, Klaus-Dieter: Tradition und Bewegung.
     Zum sprachlichen Verfahren Eichendorffs.
     - Stuttgart (u.a.) 1973 (Studien zur
     Poetik und Geschichte der Literatur,
     Bd. 28).
     zit.: Krabiel, Tradition

KRUG, Wilhelm Traugott: Handbuch der Philo-
        sophie und der philosophischen Literatur.
        Photomech. Nachdruck der 3. verbess.
        u. verm. Aufl. Leipzig 1828. Eingeleitet
        von Lutz Geldsetzer. - Düsseldorf 1969
        (Instrumenta Philosophica, Series
        Thesauri III).

KUNZ, Josef: Clemens Brentanos "Godwi". Ein
        Beitrag zur Erkenntnis des Lebensgefühls
        der Frühromantik. - Diss. Frankfurt/M.
        1947 (Mikrofilm).
        zit.: Kunz, Godwi

LANGEN, August: Attitüde und Tableau in der
        Goethezeit. - In: JDSG 12 (1968),
        S. 194 - 258.

LEDERBOGEN, Friedrich: Friedrich Schlegels
        Geschichtsphilosophie. Ein Beitrag
        zur Genesis der historischen Weltan-
        schauung. Leipzig 1908.

LEMPICKI, Sigmund von: Bücherwelt und wirk-
        liche Welt. Ein Beitrag zur Wesenserfassung
        der Romantik. - In: DVjs 3 (1925),
        S. 339 - 386.
        zit.: Lempicki, Bücherwelt

LÜBBE, Fritz: Die Wendung vom Individualis-
        mus zur sozialen Gemeinschaft im romanti-
        schen Roman (von Brentano zu Eichendorff und
        Arnim). Ein Beitrag zur Vorgeschichte des
        Realismus. - Berlin 1931 (Literatur und
        Seele, Bd. 2).
        zit.: Lübbe, Individualismus

LYPP, Bernhard: Ästhetischer Absolutismus und
        politische Vernunft. Zum Widerstreit von
        Reflexion und Sittlichkeit im deutschen
        Idealismus. - Frankfurt/M. 1972.

MAINUSCH, Herbert: Romantische Ästhetik. Untersuchungen zur englischen Kunstlehre des
späten 18. und frühen 19. Jahrhunderts. -
Bad Homburg v.d.H./Berlin/Zürich 1969.

MALLON, Otto: Brentano-Bibliographie. (Clemens
Brentano 1778 - 1842). - Berlin 1926.

MARCUSE, Herbert: Versuch über die Befreiung.
- Frankfurt/M. 1969 (edition suhrkamp 329).

MARQUARD, Odo: Zur Bedeutung der Theorie des Un-
bewußten für eine Theorie der nicht mehr
schönen Künste. In: Die nicht mehr schönen
Künste. Grenzphänomene des Ästhetischen.
Hrsg. v. Hans Robert Jauß. - München 1968,
S. 375 - 392, S. 651 - 668 (Poetik und
Hermeneutik III).
zit.: Marquard, Unbewußtes

Ders.: Zur Geschichte des philosophischen Begriffs "Anthropologie" seit dem Ende des
18. Jahrhunderts. In: O.M., Schwierigkeiten mit der Geschichtsphilosophie.
Aufsätze. - Frankfurt/M. 1973, S. 122 - 144,
213 - 248 (Theorie Suhrkamp).
zit.: Marquard, Geschichtsphilosophie

MEIXNER, Horst: Denkstein und Bildersaal in
Clemens Brentanos "Godwi". Ein Beitrag
zur romantischen Allegorie. - In:
JDSG 11 (1967), S. 435 - 468.
zit.: Meixner, Denkstein

Ders.: Romantischer Figuralismus. Kritische
Studien zu Romanen von Arnim, Eichendorff
und Hoffmann. - Frankfurt/M. 1971
(Ars Poetica, Texte und Studien zur
Dichtungslehre und Dichtkunst, Bd. 13).
zit.: Meixner, Figuralismus

MENNEMEIER, Franz Norbert: Rückblick auf
     Brentanos "Godwi". Ein Roman "ohne
     Tendenz". - In: Wirkendes Wort 16 (1966),
     S. 24 - 33.
     zit.: Mennemeier, Rückblick

Ders.: Fragment und Ironie beim jungen Friedrich
     Schlegel. Versuch der Konstruktion einer
     nicht geschriebenen Theorie. - In: Poetica.
     Zeitschrift für Sprach- und Literaturwissen-
     schaft 2 (1968), S. 348 - 37o.

Ders.: Friedrich Schlegels Poesiebegriff, darge-
     stellt anhand der literaturkritischen Schrif-
     ten. Die romantische Konzeption einer
     objektiven Poesie. - München 1971.
     zit.: Mennemeier, Poesiebegriff

MENZE, Clemens: Der Bildungsbegriff des jungen
     Friedrich Schlegel. - Ratingen 1964.

MITTELSTRASS, Jürgen: Neuzeit und Aufklärung.
     Studien zur Entstehung der neuzeitlichen
     Wissenschaft und Philosophie. - Berlin/
     New York 197o.

NEUBAUER, John: Intellektuelle, intellektuale
     und ästhetische Anschauung. Zur Entstehung
     der romantischen Kunstauffassung. - In:
     DVjs 46 (1972), S. 294 - 319.

NEUREUTER, Hans Peter: Das Spiegelmotiv bei
     Clemens Brentano. Studie zum romantischen
     Ich-Bewußtsein. - Frankfurt/M. 1972
     (Goethezeit, Bd. 5).
     zit.: Neureuter, Spiegelmotiv

NEUSCHÄFER, Hans-Jörg: Der Sinn der Parodie
     im "Don Quijote". - Heidelberg 1963
     (Studia romanica, Bd. 5).

NEUSÜSS, Arnhelm:(Hrsg.) Utopie. Begriff und
      Phänomen des Utopischen. - Neuwied 1968
      (Soziologische Texte 44).
      zit.: Neusüss, Utopie

NIVELLE, Armand: Frühromantische Dichtungstheorie.
      - Berlin 197o.
      zit.: Nivelle, Dichtungstheorie

NÜSSE, Heinrich: Die Sprachtheorie Friedrich
      Schlegels. - Heidelberg 1962 (Germanische
      Bibliothek, Reihe III).
      zit.: Nüsse, Sprachtheorie

ORTH, Johannes: Der psychologische Begriff des
      Unbewußten in der Schelling'schen Schule
      (Novalis, G.H. Schubert, K.F. Burdach,
      C.G. Carus). - Diss. Heidelberg 1914.
      zit.: Orth, Unbewußtes

PAULSEN, Wolfgang: Friedrich Schlegels "Lucinde"
      als Roman. - In: The Germanic Review 21
      (1946), S. 173 - 19o.
      zit.: Paulsen, Lucinde

PERTRICH, Hermann: Drei Kapitel vom romanti-
      schen Stil. - Osnabrück 1964 (Neudruck der
      Ausgabe von 1878).

PÖGGELER, Otto: Dichtungstheorie und Toposfor-
      schung. - In: Jahrbuch für Ästhetik und
      allgemeine Kunstwissenschaft 5 (196o),
      S. 89 - 2o1.

Ders.: Hegel und die Anfänge der Nihilismus-
      diskussion. - In: Man and World. An inter-
      national Philosophical Review. Vol. III
      (197o), p. 163 - 199; auch in Dieter
      Arendt, Geistesgeschichte, S. 3o7 - 349.

PÖGGELER, Otto: "Nihilist" und "Nihilismus". In:
    Archiv für Begriffsgeschichte 1975,
    S. 197 - 21o.

POLHEIM, Karl Konrad: Die Arabeske. Ansichten und
    Ideen aus Friedrich Schlegels Poetik. -
    Paderborn/München/Wien 1966.
    zit.: Polheim, Arabeske

Ders.: Friedrich Schlegels "Lucinde". - In:
    Zeitschrift für deutsche Philologie 88
    (1969), S. 61 - 9o (Sonderheft:
    Friedrich Schlegel und die Romantik).
    zit.: Polheim, Lucinde

Ders.: Zur romantischen Einheit der Künste. In:
    Bildende Kunst und Literatur. Beiträge zum
    Problem ihrer Wechselbeziehungen im 19.
    Jh. Hrsg. v. Wolfdietrich Rasch. -
    Frankfurt/M. 197o, S. 157 - 178
    (Studien zur Philosophie und Literatur
    des 19. Jh., Bd. 6).

Ders.: (Hrsg.) Der Poesiebegriff der deutschen
    Romantik. - Paderborn 1972 (Uni-Taschen-
    buch 6o/61).
    zit.: Polheim (Hrsg.), Poesiebegriff

POSER, Michael von: Der abschweifende Erzähler.
    Rhetorische Tradition und deutscher Roman
    im achtzehnten Jahrhundert. - Bad Homburg
    v.d.H. 1969 (Respublica Literaria, Bd. 5).

PRANG, Helmut: Die romantische Ironie. -
    Darmstadt 1972 (Erträge der Forschung XII).

PREISENDANZ, Wolfgang: Humor als dichterische
    Einbildungskraft. Studien zur Erzählkunst
    des poetischen Realismus. - München 1963
    (Theorie und Geschichte der Literatur
    und der schönen Künste, Bd. 1).
    zit.: Preisendanz, Humor

PREISENDANZ, Wolfgang: Die Auseinandersetzung
mit dem Nachahmungsprinzip in Deutschland.
In: Nachahmung und Illusion. Hrsg. v.
Hans Robert Jauß. 2. Aufl. - München 1969,
S. 72 - 95, S. 196 - 2o3 (Poetik und
Hermeneutik I).
zit.: Preisendanz, Auseinandersetzung

Ders.: Zur Poetik der deutschen Romantik I:
Die Abkehr vom Grundsatz der Naturnachahmung. In: Die deutsche Romantik.
Poetik, Formen und Motive. Hrsg. v.
Hans Steffen. - Göttingen 1967, S. 54
- 74 (Kleine Vandenhoeck-Reihe 25o S).
zit.: Preisendanz, Abkehr

Ders.: Mimesis und Poiesis in der deutschen
Dichtungstheorie des 18. Jahrhunderts.
In: Rezeption und Produktion zwischen
157o - 173o. Festschrift für G. Weydt.
- Bern/München 1972, S. 537 - 552.

RANK, Bernhard: Romantische Poesie als
religiöse Kunst. Studien zu ihrer Theorie
bei Friedrich Schlegel und Novalis.
- Diss. Tübingen 1971.

REHM, Walther: Prinz Rokoko im alten Garten.
Eine Eichendorffstudie. In: W.R., Späte
Studien. - Bern/München 1964, S. 122
- 214.

RIEDEL, Manfred: Artikel "Gesellschaft, Gemein-
schaft". In: Geschichtliche Grundbegriffe.
Historisches Lexikon zur politisch-sozialen
Sprache in Deutschland. Hrsg. v. Otto
Brunner, Werner Conze, Reinhart Koselleck.
Bd. 2. - Stuttgart 1975, S. 8o1 - 862.

RITTER, Joachim: Über das Lachen. - In: Blätter
für Deutsche Philosophie 14 (194o/41), S.
1 - 21; wiederabgedruckt in J.R., Subjektivität. Sechs Aufsätze. - Frankfurt/M.
1974, S. 62 - 92, S. 167.

RITTER, Joachim: Landschaft. Zur Funktion des
    Ästhetischen in der modernen Gesell-
    schaft. - Münster 1963 (Schriften der
    Gesellschaft zur Förderung der Westfäli-
    schen Wilhelms-Universität zu Münster,
    Heft 54); wiederabgedruckt in:
    J.R., Subjektivität. Sechs Aufsätze. -
    Frankfurt/M. 1974, S. 141 - 163, S. 172 ff.

Ders.: (Hrsg.) Historisches Wörterbuch der
    Philosophie. Bd. I ff. - Darmstadt 1971 ff.
    zit.: Ritter, Wörterbuch

SCHANZE, Helmut: Romantik und Aufklärung.
    Untersuchungen zu Friedrich Schlegel und
    Novalis. - Nürnberg 1966 (Erlanger
    Beiträge zur Sprach- und Kunstwissenschaft,
    Bd. 27).

Ders.: (Hrsg.) Die andere Romantik. Eine Doku-
    mentation. - Frankfurt/M. 1967 (sammlung
    insel 29).

Ders.: Friedrich Schlegels Theorie des Romans.
    In: Deutsche Romantheorien. Beiträge zu
    einer historischen Poetik des Romans in
    Deutschland. Hrsg. v. Reinhold Grimm.
    - Frankfurt/M. 1968, S. 61 - 8o.

SCHAUB, Gerhard: Le Génie Enfant. Die Kategorie
    des Kindlichen bei Clemens Brentano. -
    Berlin/New York 1973 (Quellen und Forschun-
    gen zur Sprach- und Kulturgeschichte der
    germanischen Völker, N.F. Bd. 55).
    zit.: Schaub, Génie

SCHILLEMEIT, Jost: Systematische Prinzipien
    in Friedrich Schlegels Literaturtheorie
    (mit textkritischen Anmerkungen). In:
    JFDH 1972, S. 137 - 176.

SCHLAFFER, Heinz: Roman und Märchen. Ein form-
theoretischer Versuch über Tiecks
"Blonden Eckbert". In: Gestaltungsge-
schichte und Gesellschaftsgeschichte.
Literatur-, Kunst- und Musikwissenschaft-
liche Studien. Fritz Martini zum 6o. Geb.
Hrsg. v. Helmut Kreuzer. - Stuttgart 1969,
S. 224 - 241; auch in Ludwig Tieck (Wege
der Forschung, Bd. CCCLXXXVI). Hrsg. v.
Wulf Segebrecht. - Darmstadt 1977.

SCHMIDT-HIDDING, Wolfgang (u.a.): Humor und Witz.
In: Europäische Schlüsselwörter. Bd. I.
- München 1963.
zit.: Schmidt-Hidding, Schlüsselwörter

SCHÖNE, Albrecht: Säkularisation als sprachbil-
dende Kraft. Studien zur Dichtung deutscher
Pfarrersöhne. - 2. Aufl. Göttingen 1968
(Palaestra, Bd. 226).

SCHRÖDER, Rolf: Novelle und Novellentheorie in
der frühen Biedermeierzeit. - Tübingen
197o (Studien zur deutschen Literatur,
Bd. 2o).

SCHULLER, Marianne: Romanschlüsse in der Romantik. Zum frühromantischen Problem von
Universalität und Fragment. - München 1974.
zit.: Schuller, Romanschlüsse

SCHWARZ, Egon: Bemerkungen zu Eichendorffs Erzähltechnik. - In: Journal of English and
Germanic Philology 56 (1957), S. 542 - 549.
zit.: Schwarz, Erzähltechnik

SEEBA, Hinrich G.: Kritik des ästhetischen Menschen. Hermeneutik und Moral in Hofmanns-
thals "Der Tor und der Tod". - Bad Homburg
v.d.H./Berlin/Zürich 197o.
zit.: Seeba, Kritik

SEEBA, Hinrich G.: Wirkungsgeschichte der Wir-
    kungsgeschichte. Zu den romantischen
    Quellen (F. Schlegel) einer neuen Diszi-
    plin. - In: Jahrbuch für internationale
    Germanistik 3 (1971), S. 145 - 167.
    zit.: Seeba, Wirkungsgeschichte

SEIDLIN, Oskar: Versuche über Eichendorff.
    - Göttingen 1965.
    zit.: Seidlin, Versuche

Ders.: Klassische und moderne Klassiker. Goethe,
    Brentano, Eichendorff, G. Hauptmann,
    Thomas Mann. - Göttingen 1972.

STEIN, Volkmar: Die Dichtergestalten in Eichen-
    dorffs "Ahnung und Gegenwart".
    - Diss. Basel 1964.

STEINMETZ, Horst: Rezeption und Interpretation.
    Versuch einer Abgrenzung. - In: Amster-
    damer Beiträge zur neueren Germanistik
    Bd. 3 (1974), S. 37 - 81.
    zit.: Steinmetz, Rezeption

STRAUCH, Christian: Romantische Ironie und
    Satire. Interpretationsbeiträge zu Eichen-
    dorff's "Krieg den Philistern" und "Viel
    Lärmen um nichts". - In: Jahrbuch des
    Wiener Goethe-Vereins. N.F. der Chronik.
    Bd. 7o (1966), S. 13o - 145.

STRAUSS, Anselm: Spiegel und Masken. Die Suche
    nach Identität. Frankfurt/M. 1968
    (Theorie Bd. 2).

STROHSCHNEIDER-KOHRS, Ingrid: Die romantische
    Ironie in Theorie und Gestaltung. - Tübin-
    gen 196o (Hermaea. Germanistische Forschun-
    gen N.F. Bd. 6)
    zit.: Strohschneider-Kohrs, Ironie

STROHSCHNEIDER-KOHRS, Ingrid: Zur Poetik der
     deutschen Romantik II: Die romantische
     Ironie. In: Die deutsche Romantik. Poetik,
     Formen und Motive. Hrsg. v. Hans Steffen.
     - Göttingen 1967, S. 75 - 97 (Kleine
     Vandenhoeck-Reihe 25o S).
     zit.: Strohschneider-Kohrs, Poetik II.

SZONDI, Peter: Friedrich Schlegel und die roman-
     tische Ironie. Mit einer Beilage über
     Tiecks Komödien. - In: Euphorion 48
     (1954), S. 397 - 411; auch erw. in P.S.:
     Satz und Gegensatz. Sechs Essays. - Frank-
     furt/M. 1964, S. 5 - 24.
     zit.: Szondi, Ironie

Ders.: Zur Erkenntnisproblematik in der Literatur-
     wissenschaft. - In: Die neue Rundschau 73
     (1962), S. 146 - 165; wieder in P.S.,
     Hölderlin-Studien. Mit einem Traktat über
     philologische Erkenntnis. - Frankfurt/M.
     1967 (edition suhrkamp 379).
     zit.: Szondi, Erkenntnisproblematik

Ders.: Friedrich Schlegels Theorie der Dicht-
     arten. Versuch einer Rekonstruktion auf
     Grund der Fragmente aus dem Nachlaß. - In:
     Euphorion 64 (197o), S. 181 - 199.
     zit.: Szondi, Dichtarten

Ders.: Poetik und Geschichtsphilosophie. 2 Bde.
     - Frankfurt/M. 1974 (Studienausgabe der
     Vorlesungen Bde. 2/3).
     zit.: Szondi, Poetik I, II

TIELKES, Monika: Schillers transzendentale
     Ästhetik. Untersuchungen zu den Briefen
     "Über die ästhetische Erziehung des
     Menschen". - Diss. Köln 1973.

VERWEYEN, Theodor: Eine Theorie der Parodie.
Am Beispiel Peter Rühmkorfs. - München
1973 (Kritische Information Bd. 6).

VIETOR, Karl: Probleme der literarischen Gattungsgeschichte. - In: DVjs 9 (1931),
S. 425 - 447.

VOLKMANN-SCHLUCK, Karl-Heinz: Novalis' magischer Idealismus. - In: Die deutsche Romantik. Poetik, Formen und Motive.
Hrsg. v. Hans Steffen. - Göttingen 1967,
S. 45 - 53.

VORDTRIEDE, Werner (in Zusammenarbeit mit Gabriele
Bartenschlager):
Clemens Brentano. Dichter über ihre Dichtungen. - München 197o.
zit.: Vordtriede (Hrsg.), Dichter

WALZEL, Oskar: Deutsche Romantik. II. Die
Dichtung. 5. Aufl.- Leipzig 1926.

WEBER, Heinz-Dieter: Über eine Theorie der
Literaturkritik. Die falsche und die
berechtigte Aktualität der Frühromantik.
- München 1971.
zit.: Weber, Literaturkritik

Ders.: Friedrich Schlegels "Transzendentalpoesie". Untersuchungen zum Funktions-
wandel der Literaturkritik im 18.
Jahrhundert. - München 1973 (Theorie
und Geschichte der Literatur und der
schönen Künste, Bd. 12).
zit.: Weber, Transzendentalpoesie

WEINRICH, Harald: (Hrsg.) Positionen der
Negativität. - München 1975 (Poetik und
Hermeneutik VI).

WELLERSHOFF, Dieter: Transzendenz und schein-
    hafter Mehrwert. Zur Kategorie des Poeti-
    schen. In: D.W., Literatur und Lust-
    prinzip. Essays. - Köln 1973, S. 38 - 54
    (pocked 47).

WENDLER, Ursula: Eichendorff und das musikalische
    Theater. Untersuchungen zum Erzählwerk.
    - Bonn 1969 (Abhandlungen zur Kunst-Musik-
    und Literaturwissenschaft Bd. 75).
    zit.: Wendler, Theater

WESEMEIER, Reinhold: Joseph von Eichendorffs
    satirische Novellen. - Diss. Marburg 1915.
    zit.: Wesemeier, Novellen

WIENBRUCH, Ulrich: Das Universelle Experiment.
    Eine Untersuchung zum Verständnis der Liebe
    bei Friedrich Schlegel. - Diss. Köln 1964.

WIESE, Benno von: Brentanos "Godwi". Analyse
    eines "romantischen" Romans. In: B.v.W.,
    Von Lessing bis Grabbe. Studien zur deutschen
    Klassik und Romantik. - Düsseldorf 1968,
    S. 191 - 247.
    zit.: Wiese, Godwi

WILLE, Klaus: Die Signatur der Melancholie im
    Werk Clemens Brentanos. - Bern 1970 (Euro-
    päische Hochschulschriften, Reihe I,
    Bd. 36).